AF532505

Isaac Bashevis Singer

# Der Kabbalist vom East Broadway

Geschichten
Aus dem Amerikanischen
von Ellen Otten

Carl Hanser Verlag

Titel der amerikanischen Originalausgabe:
»A Crown of Feathers«, New York 1973
Farrar, Straus & Giroux
Die Erzählung »Der Sohn aus Amerika« wurde
von Elisabeth Schnack, die Erzählung »Der Bart«
von Alma Singer übersetzt.

1. Auflage 2019

ISBN 978-3-446-26364-2

Umschlag: Peter-Andreas Hassiepen, München
Druck und Bindung: Friedrich Pustet, Regensburg
Printed in Germany

# Der Kabbalist vom East Broadway

Ein Glossar jiddischer und hebräischer Namen und Begriffe befindet sich auf Seite 307–313.

# Der Kabbalist vom East Broadway

Wie es in New York so oft geschieht, hatte sich die Gegend verändert. Aus den Synagogen waren Kirchen geworden, aus den Jeschiwas Restaurants oder Garagen. Hier und da konnte man noch ein jüdisches Altersheim finden, einen Laden, der hebräische Bücher verkaufte, und als Treffpunkt für die ›Landsleit‹ aus Dörfern in Rumänien oder Ungarn diente. Ich mußte mehrmals in der Woche in diese Gegend, weil die jiddische Zeitung, für die ich schrieb, dort noch immer ihre Redaktion hatte. In der Cafeteria an der Ecke konnte man früher jiddische Schriftsteller, Journalisten, Lehrer, Geldsammler für Israel und dergleichen Leute treffen. Damals gab es auch noch die vertrauten Gerichte: Blintzes, Borscht, Kräppelach, Leberhäckerle, Reispudding und Eierküchelach. Jetzt kamen dort hauptsächlich Neger und Puertoricaner hin. Die Stimmen waren anders, die Gerüche waren anders. Trotzdem ging ich noch immer gelegentlich in diese Cafeteria, zu einem schnellen Imbiß oder um eine Tasse Kaffee zu trinken. Jedesmal, wenn ich sie betrat, sah ich auf den ersten Blick einen Mann, ich will ihn Joel Jabloner nennen, einen alten jiddischen Schriftsteller, dessen Spezialität die Kabbala war. Er hatte Bücher veröffentlicht über den heiligen Isaak Luria, über Rabbi Moses Cordovero, den Baalschem und Rabbi Nachman aus Braclaw. Jabloner hatte einen Teil des ›Sohar‹ ins Jiddische übersetzt. Er schrieb auch Hebräisch. Nach meiner Berechnung mußte er Anfang siebzig sein.

Joel Jabloner, groß, mager, mit gelblichem, runzeligem Gesicht, hatte einen glänzenden, völlig kahlen Schädel, eine scharfe Nase, eingefallene Wangen, eine Kehle mit auffallendem Adamsapfel. Seine hervorstehenden Augen waren bernsteinfarben. Er trug einen schäbigen Anzug, und das nicht zugeknöpfte Hemd ließ das weiße Haar auf seiner

Brust sehen. Jabloner hatte nie geheiratet. In seiner Jugend war er schwindsüchtig gewesen, und die Ärzte hatten ihn in ein Sanatorium nach Colorado geschickt. Dort war er, wie jemand mir erzählt hatte, gezwungen worden, Schweinefleisch zu essen und darüber schwermütig geworden. Ich hörte ihn selten ein Wort äußern. Wenn ich ihn begrüßte, nickte er kaum und wendete den Blick oft ab. Er lebte von den paar Dollar, die ihm der jiddische Schriftstellerverband jede Woche auszahlte. In seiner Wohnung in der Broome Street gab es weder ein Bad, noch Telephon oder Zentralheizung. Er nahm weder Fisch, noch Fleisch, nicht einmal Eier, und keine Milch zu sich – nur Brot, Gemüse und Obst. In der Cafeteria bestellte er immer eine Tasse schwarzen Kaffee und eine Portion Backpflaumen. So saß er stundenlang da, starrte die Drehtür an, den Kassierer, oder die Wand, an die vor vielen Jahren einmal ein Plakatmaler den Markt in der Orchard Street mit seinen Schubkarren und Händlern gepinselt hatte. Jetzt blätterte die Farbe ab.

Der Vorsitzende des Schriftstellerverbands erzählte mir, daß zwar alle New Yorker Freunde und Bewunderer von Joel Jabloner gestorben waren, er aber im Lande Israel noch Verwandte und Schüler habe. Man hatte ihn oft eingeladen, sich dort niederzulassen. Man würde seine Bücher veröffentlichen, versprach man ihm (er hatte Koffer voller Manuskripte), man würde ihm eine Wohnung verschaffen und in jeder Weise für ihn sorgen. Jabloner hatte einen Neffen in Jerusalem, der Professor an der dortigen Universität war. Es gab noch immer einige zionistische Führer, die in Joel Jabloner ihren geistigen Vater sahen. Warum saß er dann hier am East Broadway, ein schweigsamer, vergessener Mann? Der Schriftstellerverband würde ihm seine Pension nach Israel schicken, auch hätte er die Altersrente bekommen können, um die er sich aber nie gekümmert hatte. Hier in New York war schon einigemal bei ihm eingebrochen worden. Bei einem Straßenüberfall waren ihm die letzten drei Zähne ausgeschlagen worden. Eiserman, der Zahnarzt, der Shakespeares Sonette ins Jiddische übertragen hatte, erzählte mir, daß er Jabloner angeboten hätte, ihm ein Gebiß zu machen. Aber Jabloner hatte ihm geantwortet: »Es ist nur ein Schritt von falschen Zähnen zu einem falschen Gehirn.«

»Ein großer Mann, aber merkwürdig«, sagte Eiserman zu mir, während er in meinen Zähnen bohrte und einige Plomben machte. »Oder vielleicht will er auf diese Weise für seine Sünden büßen. Ich habe gehört, er soll in seiner Jugend Liebesaffairen gehabt haben.«

»Jabloner und Liebesaffairen?«

»Jawohl, Liebesaffairen. Ich kannte selbst eine Hebräischlehrerin, Deborah Soltis, die war wahnsinnig verliebt in ihn. Sie war eine Patientin von mir. Sie starb vor etwa zehn Jahren.«

Im Zusammenhang damit erzählte mir Eiserman eine merkwürdige Geschichte. Joel Jabloner und Deborah Soltis trafen einander über zwanzig Jahre lang, ergötzten sich an ausgedehnten Gesprächen, diskutierten hebräische Literatur, Feinheiten der Grammatik, Maimonides und Rabbi Juda Halevi, aber das Paar ging nie so weit, sich zu küssen. Am nächsten kamen sie dem noch, als sie gemeinsam die Bedeutung eines Wortes oder einer Redensart in Ben Jehudas großem Wörterbuch nachschlugen und ihre Köpfe sich versehentlich berührten. Jabloner war in einer übermütigen Laune und sagte: »Deborah, laß uns unsere Brillen austauschen.«

»Wozu?« fragte Deborah Soltis.

»Nur so. Nur für ein Weilchen.«

Die beiden Liebenden tauschten ihre Lesebrillen aus, aber er konnte nicht mit ihrer und sie nicht mit seiner lesen. So setzten sie sich wieder ihre eigenen Brillen auf die eigenen Nasen – und das war die intimste Berührung, zu der es zwischen den beiden je kam.

Später ging ich nicht mehr zum East Broadway. Ich schickte meine Artikel mit der Post an die Redaktion. Ich vergaß Joel Jabloner. Ich wußte nicht einmal, ob er noch am Leben war. Und dann, eines Tages, als ich in Tel Aviv die Halle eines Hotels betrat, hörte ich Beifall aus einem angrenzenden Saal. Die Tür zu dem Saal war halb offen und ich schaute hinein. Da stand Joel Jabloner auf dem Podium und hielt einen Vortrag. Er trug einen Alpakka-Anzug, ein weißes Hemd, ein seidenes Käppchen, und sein Gesicht sah frisch, rosig und jung aus. Er hatte den ganzen Mund voller neuer Zähne und hatte sich ein weißes Ziegenbärtchen wachsen lassen. Ich hatte gerade nichts besonderes zu tun, suchte mir einen freien Stuhl und setzte mich.
Jabloner sprach nicht das moderne Hebräisch, sondern das alte biblische, in der Aussprache der aschkenasischen Juden. Wenn er gestikulierte, sah ich die glitzernden Manschettenknöpfe in seinen blütenweißen Manschetten. Ich hörte ihn sagen, in dem beim Studium des Talmud üblichen Singsang: »Wie konnte der Unendliche, der ja allen Raum ausfüllt, das Weltall erschaffen, da es doch, wie der ›Sohar‹ es ausdrückt, keinen Raum gibt, der von Ihm nicht erfüllt wäre.« Rabbi Chajim Vital gab die Antwort: »Vor der Schöpfung waren die Eigenschaften des Allmächtigen denkbar, aber nicht vorhanden. Wie könnte einer König sein ohne Untertanen, und wie kann es Gnade geben, ohne jemanden, sie zu empfangen?«
Jabloner strich sich über seinen Bart und blickte in seine Notizen. Ab und zu nahm er einen Schluck Tee aus einem Glas. Ich sah eine ganze Anzahl von Frauen, sogar junge Mädchen, unter den Zuhörern. Einige Studenten machten Notizen. Seltsam, da saß auch eine Nonne. Sie mußte Hebräisch verstehen. ›Der jüdische Staat hat Joel Jabloner wiederbelebt‹, sagte ich mir. Man hat selten Gelegenheit, sich über das Glück eines anderen zu freuen, und für mich war Joel Jabloners Triumph ein Symbol des Ewigen Ju-

den. Jahrzehnte hatte er als einsamer, vernachlässigter Mann verbracht. Jetzt war er zu seinem Recht gekommen. Ich hörte den Vortrag weiter an, anschließend konnten Fragen gestellt werden. Es war unglaublich, der traurige Mann hatte wirklich Humor. Man sagte mir, der Vortrag sei von dem Komitee veranstaltet worden, das sich die Veröffentlichung von Jabloners Werk zur Aufgabe gemacht hatte. Eines der Mitglieder des Komitees kannte mich und fragte mich, ob ich an dem Bankett zu Ehren Jabloners teilnehmen wollte. »Da Sie Vegetarier sind«, fügte er hinzu, »haben Sie Glück. Es wird nur Gemüse, Früchte und Nüsse geben. Wann gibt es schon mal ein vegetarisches Bankett? Einmal in einem ganzen Leben.«

Zwischen dem Vortrag und dem Bankett ging Joel Jabloner auf die Terrasse, um sich auszuruhen. Es war ein heißer Tag gewesen, jetzt am Spätnachmittag kam eine Brise vom Meer. Ich ging auf ihn zu und sagte: »Sie erinnern sich nicht an mich, aber ich kenne Sie.«

»Ich kenne Sie sehr gut. Ich habe alles gelesen, was Sie geschrieben haben«, erwiderte er. »Selbst hier versuche ich, Ihre Geschichten zu bekommen.«

»Wirklich? Es ist eine große Ehre für mich, Sie das sagen zu hören.«

»Bitte, nehmen Sie Platz«, sagte er und zeigte auf einen Stuhl.

Gott im Himmel, der schweigsame Mann war gesprächig geworden. Er fragte mich nach allem möglichen in Amerika, am East Broadway und über jiddische Literatur. Eine Frau kam auf uns zu. Über ihrem weißen Haar trug sie einen Turban, um die Schultern ein Satincape, und Männerschuhe mit niedrigen breiten Absätzen. Sie hatte einen großen Kopf, hohe Backenknochen, die Hautfarbe einer Zigeunerin, schwarze Augen, die vor Zorn glühten. Mit kräftiger, männlicher Stimme sagte sie zu mir: »Adoni, [mein Herr], mein Mann hat soeben einen anstrengenden Vortrag gehalten. Er muß noch bei dem Bankett sprechen und ich möchte, daß er sich ein wenig ausruht. Seien Sie so freundlich, ihn in Ruhe zu lassen. Er ist kein junger Mann mehr und darf sich nicht zu sehr anstrengen.«

»Oh, verzeihen Sie.«

Jabloner runzelte die Stirn. »Abigail, dieser Herr ist ein jiddischer Schriftsteller und mein Freund.«

»Er mag ein Schriftsteller und dein Freund sein, aber deine Kehle ist überanstrengt. Wenn du dich mit ihm streitest, wirst du nachher heiser sein.«

»Abigail, wir streiten uns nicht.«

»Adoni, bitte hören Sie auf mich! Er kann nicht selber auf sich aufpassen.«

»Wir werden uns später unterhalten«, sagte ich. »Sie haben eine treu ergebene Frau.«

»So sagt man mir.«

Ich nahm an dem Bankett teil. Aß, was es gab, Nüsse, Mandeln, Avocados, Käse und Bananen. Jabloner hielt wieder einen Vortrag, diesmal über den Autor eines kabbalistischen Buches ›Abhandlung über die Chassidim‹. Seine Frau saß neben ihm auf dem Podium. Jedesmal, wenn seine Stimme heiser wurde, reichte sie ihm ein Glas mit weißer Flüssigkeit – eine Art Joghurt. Nach dem Vortrag, in dem Jabloner seine Gelehrsamkeit bewiesen hatte, verkündete der Vorsitzende, daß ein Assistent der Hebräischen Universität an einer Biographie von Jabloner arbeite, und daß für die Veröffentlichung des Buches gesammelt werde. Man rief den Autor auf das Podium. Er war ein junger Mann mit einem runden Gesicht, blitzenden Augen und dem winzigsten Käppchen, das in seine pomadisierten Haare überging. In seinen Schlußworten dankte Jabloner seinen alten Freunden, seinen Studenten, all denen, die zu seinen Ehren erschienen waren. Er dankte auch seiner Frau Abigail, ohne deren Hilfe seine Manuskripte nie in Ordnung gebracht worden wären. Er erwähnte auch ihren ersten Mann, den er ein Genie nannte, einen Heiligen, eine Säule der Weisheit. Aus einer riesigen Tasche, die einem Handkoffer ähnlicher war als einer Damenhandtasche, nahm Frau Jabloner ein rotes Taschentuch, wie sie früher von altmodischen Rabbinern benutzt wurden, und schneuzte sich mit einem Geräusch, das durch den Saal hallte. »Möge er für uns Fürsprache einlegen vor dem Thron der Herrlichkeit!« rief sie aus.

Nach dem Bankett ging ich zu Jabloner und sagte: »Wie oft, wenn ich Sie so ganz allein in der Cafeteria sitzen sah, wollte ich Sie fragen, warum Sie nicht nach Israel gehen. Warum haben Sie so lange gewartet?«

Er schwieg, schloß seine Augen, als ob die Frage Überlegung verlangte, und zuckte die Achseln. »Der Mensch lebt nicht nach den Regeln der Vernunft.«

Wieder vergingen einige Jahre. Der Setzer der Zeitung, für die ich arbeitete, hatte eine Seite meines letzten Artikels verloren, und da dieser am nächsten Tage – Samstag – erscheinen sollte, war keine Zeit, den Durchschlag mit der Post zu schicken. Ich nahm ein Taxi und fuhr direkt in die Setzerei. Ich gab die fehlende Seite dem Setzer und ging dann in die Redaktion, um mit dem Redakteur und ein paar alten Kollegen zu sprechen. Es war ein Wintertag, es wurde früh dunkel. Als ich wieder auf die Straße trat, spürte ich nach langer Zeit wieder einmal das geschäftige Hin und Her des nahenden Sabbats. Obwohl die Gegend nicht mehr vorwiegend jüdisch war, waren einige Synagogen, Jeschiwas und chassidische Lehrhäuser trotzdem geblieben. Hier und da sah ich durch ein Fenster eine Frau die Sabbatkerzen anzünden. Männer in breitkrempigen Velvet- oder Pelzhüten gingen zum Gebet, begleitet von Knaben mit langen Schläfenlocken. Die Worte meines Vaters fielen mir ein: »Der Allmächtige will immer sein Quorum haben.« Ich erinnerte mich an die liturgischen Gesänge vom Sabbatbeginn: »Lasset uns jauchzen«, »Komm, mein Freund«, »Der Palast des Königs«.

Ich hatte es jetzt nicht mehr eilig, und ich entschloß mich, in der Cafeteria eine Tasse Kaffee zu trinken, ehe ich mit der Untergrundbahn nachhause fuhr. Ich stieß die Drehtüre an. Einen Augenblick lang glaubte ich, daß sich nichts geändert hätte, und dachte, ich hörte noch jene Stimmen meiner ersten Jahre in Amerika: die Cafeteria war voller Intellektueller aus der Alten Welt, die laut ihre Ansichten über Zionismus, jüdischen Sozialismus, Leben und Kultur in Amerika äußerten. Aber die Gesichter waren mir nicht mehr vertraut. Spanisch war die Sprache, die ich hörte. Die Wände waren übermalt worden, die Szenen vom Orchard Street Markt mit seinen Schubkarren und Händlern waren verschwunden. Plötzlich sah ich etwas, das ich nicht glauben konnte. An einem Tisch in der Mitte des Raumes saß Joel Jabloner – ohne Bart, in einem schäbigen Anzug und einem nicht zugeknöpften Hemd. Er war abgemagert, runzelig, ungekämmt, sein Mund schien wieder eingefallen und leer. Seine hervorstehenden Augen starrten auf die leere Wand gegenüber. Irrte ich mich? Nein, es war wirklich Jabloner. Sein Gesichtsausdruck zeigte etwas von der Verzweiflung eines Menschen, der in einem unlösbaren Dilemma gefangen ist. Ich blieb stehen, mit der Kaffeetasse in der Hand. Sollte ich ihn begrüßen, ihn bitten, mich an seinen Tisch setzen zu dürfen?

Jemand stieß mich an, und ich verschüttete die Hälfte des Kaffees. Der Löffel fiel klirrend zu Boden. Jabloner drehte sich um, und eine Sekunde lang begegneten sich unsere Augen. Ich nickte ihm zu, aber er erwiderte den Gruß nicht. Dann wandte er sich ab. Ja, er hatte mich erkannt, hatte aber keine Lust zu einer Unterhaltung. Ich bildete mir sogar ein, daß er eine abwehrende Kopfbewegung gemacht hatte. Ich suchte einen Tisch an der Wand und setzte mich. Ich fing an, den Rest meines Kaffees zu trinken, während ich Jabloner von der Seite her aufmerksam betrachtete. Warum hatte er Israel verlassen? Hatte er sich dort nach etwas in New York gesehnt? Lief er vor jemandem davon? Ich hatte das Verlangen, zu ihm zu gehen und ihn zu fragen, aber ich wußte, ich würde nichts aus ihm herausbekommen.

Eine Macht, die stärker war als der Mensch und seine Berechnungen, hatte ihn aus dem Paradies vertrieben, zurück in die Hölle, folgerte ich. Er ging offensichtlich auch nicht einmal zu dem Freitagabend Gottesdienst. Er war nicht nur den Menschen, sondern auch dem Sabbat feindlich gesinnt. Ich trank meinen Kaffee aus und ging.

Einige Wochen später las ich unter den Todesanzeigen, daß Joel Jabloner gestorben war. Er war irgendwo in Brooklyn begraben worden. In dieser Nacht lag ich bis drei Uhr wach und dachte über ihn nach. Warum war er zurückgekommen? Hatte er die Sünden seiner Jugend nicht abgebüßt? Fand seine Rückkehr zum East Broadway möglicherweise eine Erklärung in den Lehren der Kabbala? Hatten sich vielleicht einige heilige Funken aus der Welt der Offenbarung in die Heerscharen des Bösen verirrt? Und war es möglich, daß sie nur in dieser Cafeteria gefunden und an den Ort ihres heiligen Ursprungs zurückgebracht werden konnten? Ein anderer Gedanke kam mir – vielleicht wollte er in der Nähe der Lehrerin liegen, mit der er die Brillen getauscht hatte? Ich erinnerte mich der letzten Worte, die ich von ihm gehört hatte: »Der Mensch lebt nicht nach den Regeln der Vernunft.«

# Eine Krone aus Federn

Reb Naphtali Holischitzer, dem Gemeindevorsteher in Krasnobrod, waren im hohen Alter keine Kinder geblieben. Die eine Tochter war bei der Geburt ihres Kindes gestorben, die andere in einer Choleraepidemie. Ein Sohn war bei dem Versuch, auf einem Pferd den San Fluß zu überqueren, ertrunken. Reb Naphtali hatte nur ein Enkelkind, ein Mädchen namens Aksa, eine Waise. Es war nicht üblich, daß Mädchen in einer Jeschiwa lernten, denn »Des Königs Tochter drinnen ist ganz herrlich«, und jüdische Töchter sind alle Königstöchter. Aber Aksa lernte zuhause. Sie beeindruckte jeden mit ihrer Schönheit, ihrem Wissen und ihrem Fleiß. Sie hatte eine weiße Haut und schwarze Haare; ihre Augen waren blau.
Reb Naphtali verwaltete die Güter, die dem Fürsten Czartoryski gehörten. Da dieser dem Reb Naphtali zwanzigtausend Gulden schuldete, war der Besitz des Fürsten ein Dauerpfand, und Reb Naphtali hatte sich eine Wassermühle und eine Brauerei gebaut und Hunderte von Morgen Land mit Hopfen bepflanzt. Seine Frau, Nescha, kam aus einer wohlhabenden Prager Familie. Sie konnten es sich leisten, für Aksa die besten Lehrer kommen zu lassen. Einer gab ihr Unterricht in der Bibel, ein anderer in Französisch, wieder ein anderer lehrte sie Klavierspielen und ein vierter gab ihr Tanzunterricht. Sie lernte leicht und schnell. Mit acht Jahren spielte sie mit ihrem Großvater Schach. Reb Naphtali brauchte ihr keine Mitgift auszusetzen, denn sie war die Erbin seines gesamten Vermögens.

Schon früh suchte man eine passende Partie für sie, aber ihrer Großmutter konnte man es schwer recht machen. Sie sah den jungen Mann, den der Heiratsvermittler vorgeschlagen hatte, nur kurz an und sagte dann: »Er hat die

Schultern eines Narren«, oder »Er hat die niedrige Stirn eines Ignoranten.«

Ganz unerwartet starb Nescha eines Tages. Reb Naphtali war hoch in den siebzigern und es war nicht daran zu denken, daß er wieder heiraten würde. Die eine Hälfte des Tages widmete er der Religion, die andere den Geschäften. Er stand bei Tagesanbruch auf und brütete über dem Talmud und den Kommentaren und schrieb Briefe an die Gemeindeältesten. Wurde jemand krank, so ging Reb Naphtali, ihn zu trösten. Zweimal in der Woche ging er mit Aksa in das Armenhaus, und sie trug selbst die Gaben, die Suppe und die Hafergrütze. Oft genug krempelte die verwöhnte und gelehrte Aksa dort die Ärmel hoch und machte die Betten.

Im Sommer, nach dem Mittagsschlaf, ließ Reb Naphtali den Wagen anspannen und fuhr mit Aksa über die Felder und durch die Dörfer. Während der Fahrt sprach er mit Aksa über Geschäftliches, und man wußte, daß er auf ihren Rat ebenso hörte wie er auf den ihrer Großmutter gehört hatte.

Aber etwas besaß Aksa nicht – Freunde. Ihre Großmutter hatte versucht, Freundinnen für sie zu finden; sie hatte sogar ihre Ansprüche heruntergeschraubt und Mädchen aus Krasnobrod eingeladen. Aber bei ihrem Geschwätz über Kleider und Haushalt verlor Aksa die Geduld. Da die Lehrer alle Männer waren, hielt man Aksa außerhalb des Unterrichts von ihnen fern. Jetzt war ihr Großvater ihre einzige Gesellschaft. Reb Naphtali hatte in seinem Leben berühmte Edelleute kennengelernt. Er war zu den Märkten nach Warschau, Krakau, Danzig und Königsberg gefahren. Stundenlang konnte er Aksa von Rabbis und Wundertätern erzählen, von den Schülern des falschen Messias Sabbatai Zevi, den Streitereien im Sejm, den Launen der Zamoyskis, der Radziwills und der Czartoryskis – von ihren Frauen, ihren Geliebten und ihren Höflingen.

Manchmal rief Aksa aus: »Ich wünschte, du wärst mein Verlobter, nicht mein Großvater!« und sie küßte seine Augen und seinen weißen Bart.

Reb Naphtali sagte dann: »Ich bin nicht der einzige Mann in Polen. Es gibt noch viele wie mich, und jung obendrein.«

»Wo, Großvater? Wo?«

Nach dem Tode ihrer Großmutter weigerte sich Aksa, bei der Wahl eines Mannes Ratschläge von irgendjemandem anzunehmen, nicht einmal von ihrem Großvater. Während ihre Großmutter nur Schlechtes gesehen hatte, sah Reb Naphtali überall nur Gutes. Aksa verlangte, daß die Heiratsvermittler ihr die Bewerber vorstellten, und Reb Naphtali willigte schließlich ein. Man brachte das junge Paar in einem Zimmer zusammen, bei offener Tür, und eine taube alte Frau stand an der Schwelle, um aufzupassen, daß die Zusammenkunft kurz und ohne Leichtfertigkeiten vor sich ging. Gewöhnlich blieb Aksa nur wenige Minuten bei dem jungen Mann. Die meisten Bewerber schienen langweilig und dumm zu sein. Andere versuchten, gerissen zu sein und machten peinliche Scherze. Aksa entließ sie sofort. Es war merkwürdig, ihre Großmutter gab immer noch ihre Meinung ab. Einmal hörte Aksa sie deutlich sagen: »Er hat die Schnauze eines Schweines.« Ein andermal sagte sie: »Er spricht wie der ›Briefsteller‹.«

Aksa wußte natürlich, daß ihre Großmutter nicht wirklich sprach. Die Toten kehren nicht aus der anderen Welt zurück, um sich über zukünftige Verlobte zu äußern. Wie dem auch sei, es war die Stimme ihrer Großmutter, ihr Stil. Aksa hätte gern mit ihrem Großvater darüber gesprochen, aber sie fürchtete, er würde sie für verrückt halten. Außerdem, ihr Großvater sehnte sich nach seiner Frau, und Aksa wollte seinen Kummer nicht vergrößern.

Als Reb Naphtali Holischitzer bemerkte, daß seine Enkelin die Heiratsvermittler vertrieb, machte er sich Sorgen.

Aksa hatte schon das achtzehnte Jahr vollendet. Die Leute in Krasnobrod klatschten bereits – sie verlange einen Ritter auf einem weißen Pferd oder den Mond vom Himmel; sie würde eine alte Jungfer werden. Reb Naphtali beschloß, ihren Launen nicht mehr nachzugeben. Er ging in eine Jeschiwa und brachte von dort einen jungen Mann namens Zemach mit, eine Waise und ein frommer Gelehrter. Er war dunkel wie ein Zigeuner, klein und breitschultrig. Seine Schläfenlocken waren dicht. Er war kurzsichtig und verbrachte achtzehn Stunden am Tag im Studium, er ›lernte‹. Kaum in Krasnobrod angekommen, ging er schon ins Lehrhaus und begann, sich vor dem aufgeschlagenen Band des Talmud im Rhythmus zu wiegen. Auch seine Schläfenlocken wiegten sich. Talmudschüler kamen, um mit ihm zu sprechen, und er antwortete, ohne den Blick vom Buch zu erheben. Er schien den Talmud auswendig zu können, denn er ertappte jeden bei falschen Zitaten.

Aksa verlangte, ihn zu sehen, aber Reb Naphtali erwiderte, daß sich vielleicht Schneider und Schuhmacher so benehmen könnten, aber nicht ein Mädchen von Aksas Herkommen. Er warnte sie, er würde sie enterben, falls sie Zemach davonjagen sollte. Da während der Verlobungsfeier Männer und Frauen in getrennten Räumen saßen, hatte Aksa keine Gelegenheit, Zemach vor der Unterzeichnung des Ehekontraktes zu sehen. Sie warf einen Blick auf ihn und hörte ihre Großmutter sagen: »Sie haben dir schlechte Ware verkauft.«

Ihre Worte waren so deutlich, daß Aksa glaubte, alle müßten sie gehört haben. Aber niemand hatte sie gehört. Die Mädchen und Frauen drängten sich um sie, gratulierten ihr und rühmten ihre Schönheit, ihr Kleid, ihren Schmuck. Ihr Großvater reichte ihr den Ehekontrakt und einen Gänsekiel, und ihre Großmutter rief laut: »Unterschreibe nicht!« Sie ergriff Aksas Ellbogen, und auf dem Papier erschien ein Klecks.

Reb Naphtali schrie: »Was hast du getan!«
Aksa versuchte, zu unterzeichnen, aber die Feder fiel aus ihrer Hand. Sie brach in Tränen aus. »Großvater, ich kann nicht.«
»Aksa, du bringst Schande über mich.«
»Großvater, verzeih mir.« Aksa barg ihr Gesicht in den Händen. Man hörte Entrüstungsrufe. Männer zischten und Frauen lachten und weinten. Aksa weinte lautlos. Man führte sie halb, halb trug man sie in ihr Zimmer und legte sie auf ihr Bett. Zemach rief: »Ich will diese böse Frau nicht heiraten!«
Er drängte sich durch die Menge und suchte einen Wagen für die Rückfahrt in die Jeschiwa. Reb Naphtali ging ihm nach, versuchte, ihn mit Worten und mit Geld zu beruhigen, aber Zemach warf Reb Naphtalis Geldscheine auf die Erde. Jemand brachte seinen Reisekorb aus dem Gasthaus, in dem er übernachtet hatte. Ehe der Wagen anfuhr, rief Zemach: »Ich werde ihr nicht verzeihen, und Gott wird es auch nicht.«
Danach war Aksa tagelang krank. Reb Naphtali Holischitzer, der sein ganzes Leben lang Erfolg gehabt hatte, war nicht an Fehlschläge gewöhnt. Er wurde auch krank und sein Gesicht bekam eine gelbliche Blässe. Frauen und Mädchen versuchten, Aksa zu trösten. Rabbis und Gemeindeälteste kamen Reb Naphtali besuchen, aber er wurde von Tag zu Tag schwächer. Nach einiger Zeit kehrten Aksas Kräfte zurück und sie verließ das Krankenbett. Sie ging zu ihrem Großvater ins Zimmer und verriegelte die Tür hinter sich. Die Magd, die an der Tür gehorcht und durch das Schlüsselloch geschaut hatte, berichtete, sie habe ihn sagen hören: »Du bist verrückt!«
Aksa pflegte ihren Großvater, gab ihm seine Medizin und wusch ihn mit einem Schwamm, aber der alte Mann bekam eine Lungenentzündung. Er blutete aus der Nase. Er verhielt den Harn. Bald starb er. Sein Testament hatte er

vor Jahren gemacht, er hinterließ ein Drittel seines Besitzes wohltätigen Zwecken, den Rest Aksa.

Nach dem Gesetz sitzt man nicht Schiwe nach dem Tod eines Großvaters, aber Aksa führte das Ritual durch. Sie saß auf einem niederen Schemel und las im Buch Hiob. Sie ordnete an, daß niemand hereingelassen werden durfte. Sie hatte Schande über eine Waise gebracht – einen Gelehrten – und den Tod ihres Großvaters verursacht. Sie wurde melancholisch. Nachdem sie die Geschichte von Hiob gelesen hatte, fing sie an, in der Bibliothek ihres Großvaters nach einem anderen Buch zu suchen. Zu ihrem Erstaunen fand sie eine Bibel, die ins Polnische übersetzt war – das Neue Testament sowohl wie das Alte. Aksa wußte, daß es ein verbotenes Buch war, aber sie blätterte doch darin. Ob ihr Großvater es wohl gelesen hatte, fragte sich Aksa. Nein, das konnte nicht sein. Sie erinnerte sich daran, daß sie an christlichen Festtagen, wenn in Prozessionen Ikone und Heiligenbilder in der Nähe des Hauses vorbeigetragen wurden, nicht aus dem Fenster sehen durfte. Ihr Großvater hatte ihr gesagt, es sei Götzendienst. Sie überlegte, ob ihre Großmutter wohl diese Bibel gelesen hatte. Sie fand zwischen den Seiten ein paar gepreßte Kornblumen – eine Blume, die ihre Großmutter oft gepflückt hatte. Großmutter stammte aus Böhmen; es hieß, ihr Vater habe zu den Anhängern Sabbatai Zevis gehört. Aksa fiel ein, daß Fürst Czartoryski, wenn er auf das Gut kam, immer ihre Großmutter aufgesucht und ihr Polnisch gelobt hatte. Wenn sie kein Judenmädchen wäre, hatte er gesagt, dann hätte er sie geheiratet – ein großes Kompliment.

In dieser Nacht las Aksa das Neue Testament bis zur letzten Seite. Es fiel schwer, zu glauben, daß Jesus Gottes eingeborener Sohn sein sollte, und daß Er aus dem Grabe auferstanden sei, aber das Buch gab ihrem gequälten Geist mehr Trost als die züchtigenden Worte der Propheten, die niemals das Königreich des Himmels oder die Auferstehung der Toten erwähnten. Alles, was sie versprachen, war eine gute Ernte als Belohnung guter Taten, und Hungersnot und Qualen als Strafe für schlechte Taten.

Am siebenten Abend der Trauerwoche ging Aksa zu Bett. Das Licht war gelöscht und sie war schon halb im Schlaf, als sie Schritte hörte, die sie als die ihres Großvaters erkannte. Aus der Dunkelheit trat die Gestalt ihres Großvaters hervor: das helle Gesicht, der weiße Bart, die milden Züge, sogar das Käppchen über seiner hohen Stirn. Mit leiser Stimme sagte er: »Aksa, du hast ein Unrecht begangen.«

Aksa begann zu weinen. »Großvater, was soll ich tun?«

»Alles kann wieder gutgemacht werden.«

»Wie?«

»Bitte Zemach um Verzeihung. Werde seine Frau.«

»Großvater, ich hasse ihn.«

»Er ist der dir Bestimmte.«

Er verweilte noch einen Augenblick, und Aksa nahm den Geruch seines Tabaks wahr, den er mit Nelken und Riechsalz zu mischen pflegte. Dann verschwand er, und in der Dunkelheit blieb ein leerer Raum zurück. Sie war zu überrascht, um sich zu fürchten. Sie lehnte sich gegen das Kopfende und nach einiger Zeit schlief sie ein.

Sie fuhr auf. Sie hörte die Stimme ihrer Großmutter. Das war nicht das leise Murmeln des Großvaters, sondern die kräftige Stimme einer lebenden Person. »Aksa, meine Tochter.«

Aksa brach in Tränen aus. »Großmutter, wo bist du?«

»Ich bin hier.«

»Was soll ich tun?«

»Was dein Herz dir befiehlt.«

»Was, Großmutter?«

»Geh zum Priester. Er wird dir raten.«

Aksa erstarrte. Angst schnürte ihr die Kehle zu. Sie brachte nur heraus: »Du bist nicht meine Großmutter. Du bist ein Dämon.«

»Ich bin deine Großmutter. Weißt du noch, wie wir in jener Sommernacht im Teich wateten, bei dem flachen Hügel, und du einen Gulden gefunden hast?«

»Ja, Großmutter.«

»Ich könnte dir noch andere Beweise geben. Wisse, die Christen haben recht. Jesus von Nazareth ist der Sohn Gottes. Wie geweissagt, ist er vom Heiligen Geist geboren. Die widerspenstigen Juden weigerten sich, die Wahrheit zu erkennen und dafür werden sie bestraft. Der Messias wird nicht zu ihnen kommen, denn Er ist schon hier.«

»Großmutter, ich fürchte mich.«

»Aksa, höre nicht zu!« schrie ihr Großvater plötzlich in ihr rechtes Ohr. »Das ist nicht deine Großmutter. Es ist ein böser Geist in ihrer Verkleidung, der dich überlisten will. Gib seinen Gotteslästerungen nicht nach. Er wird dich ins Verderben ziehen.«

»Aksa, dies ist nicht dein Großvater, sondern ein Kobold von hinter dem Badhaus«, unterbrach die Großmutter. »Zemach taugt nichts und ist obendrein rachsüchtig. Er wird dich quälen, und die Kinder, die er zeugt, werden ebensolches Gewürm sein wie er. Rette dich, so lange noch Zeit ist. Gott ist mit den Christen.«

»Lilith! Dämonin! Tochter des Ketev M'riri!« brummte der Großvater.

»Lügner!«

Der Großvater schwieg, aber die Großmutter fuhr fort zu reden, obwohl ihre Stimme schwächer wurde. Sie sagte: »Dein wirklicher Großvater wurde im Himmel der Wahrheit teilhaftig und wurde bekehrt. Sie tauften ihn mit himmlischem Wasser und er ruht im Paradies. Die Heiligen sind alle Bischöfe und Kardinäle. Aber die in hartnäckiger Ablehnung verharren, werden in den Feuern von Gehenna brennen. Wenn du mir nicht glaubst, frage nach einem Zeichen.«

»Was für ein Zeichen?«

»Knöpfe deinen Kissenbezug auf, reiße die Säume des Kissens auf, und dort wirst du eine Krone aus Federn finden. Keine menschliche Hand könnte so eine Krone fertigen.«

Ihre Großmutter verschwand, und Aksa fiel in tiefen Schlaf. Im Morgengrauen erwachte sie und zündete eine Kerze an. Sie erinnerte sich an die Worte ihrer Großmutter, öffnete die Knöpfe des Kissenbezugs und riß das Kissen auf. Was sie sah, war so außergewöhnlich, daß sie ihren Augen nicht traute: Daunen und Federn waren miteinander zu einer Krone verflochten, mit kleinen Verzierungen und verschlungenen Mustern, wie kein irdischer Meister sie hätte nachmachen können. Oben auf der Krone war ein kleines Kreuz. Es war alles so zart, daß es sich unter Aksas Atem bewegte. Aksa atmete schwer. Wer immer diese Krone gemacht hatte, ein Engel oder ein Teufel, hatte seine Arbeit in der Dunkelheit getan, im Innern eines Kissens. Sie erlebte ein Wunder. Sie löschte die Kerze und streckte sich auf dem Bett aus. Lange Zeit lag sie, ohne zu denken. Dann schlief sie wieder ein.

Am Morgen, als sie erwachte, glaubte Aksa geträumt zu haben, aber auf dem Nachttisch sah sie die Krone aus Federn. In der Sonne glitzerte sie in den Farben des Regenbogens. Es sah aus, als sei sie mit winzigen Edelsteinen bedeckt. Aksa saß da und betrachtete das Wunderwerk. Dann zog sie ein schwarzes Kleid an, legte sich einen schwarzen Schal um und bestellte den Wagen. Sie fuhr zu dem Haus, in dem Koschik, der Priester, seinen Wohnsitz hatte. Die Haushälterin öffnete auf ihr Klopfen. Der Priester war nahe an siebzig und er kannte Aksa. Er war oft auf das Gut gekommen, zur Osterzeit, um das Brot der Bauern zu segnen, oder um den Sterbenden die letzte Ölung zu bringen und bei Hochzeiten und Begräbnissen seines Amtes zu walten. Einer von Aksas Lehrern hatte ein lateinisch-polnisches Wörterbuch von ihm geliehen. Wann immer der Priester kam, hatte Aksas Großmutter ihn ins Wohnzimmer gebeten und sie hatten sich bei Kuchen und Kirschlikör unterhalten.

Der Priester bot Aksa einen Stuhl an. Sie setzte sich und erzählte ihm alles. Er sagte: »Geh nicht zurück zu den Juden. Komm zu uns. Wir werden dafür sorgen, daß dir dein Vermögen erhalten bleibt.«

»Ich habe vergessen, die Krone mitzunehmen. Ich möchte sie bei mir haben.«

»Ja, meine Tochter, geh und hole sie.«

Aksa ging nachhause. Aber eine Magd hatte ihr Schlafzimmer aufgeräumt und den Nachttisch abgestaubt; die Krone war verschwunden. Aksa suchte sie in der Abfallgrube, im Spülicht, aber es war keine Spur zu finden.

Bald danach wurde die furchtbare Neuigkeit, daß Aksa zum Christentum übergetreten war, in Krasnobrod ruchbar.

Sechs Jahre vergingen. Aksa heiratete und wurde die adelige Großgrundbesitzerin Maria Malkowska. Der alte Großgrundbesitzer Wladyslaw Malkowski war ohne direkten Nachkommen gestorben und hatte seinen Besitz seinem Neffen Ludwik hinterlassen. Ludwik war bis zu seinem fünfundvierzigsten Jahr Junggeselle geblieben, und es sah aus, als ob er niemals heiraten würde. Er lebte in dem Schloß seines Onkels mit seiner unverheirateten Schwester Gloria. Seine Liebschaften hatte er mit Bauernmädchen, und er hatte eine Reihe unehelicher Kinder gezeugt. Er war klein und leicht, mit einem blonden Spitzbart. Ludwik war gern allein, er las alte Bücher über Geschichte, Religion und Genealogie. Er rauchte eine Porzellanpfeife, trank allein, jagte allein und mied die Bälle der Edelleute. Die

Gutsgeschäfte besorgte er mit starker Hand und paßte auf, daß sein Verwalter ihn nicht bestahl. Seine Nachbarn hielten ihn für einen Pedanten, und einige betrachteten ihn als halb verrückt. Als Aksa zum christlichen Glauben übergetreten war, bat er sie – jetzt Maria – um ihre Hand. Die Klatschbasen sagten,daß Ludwik, der Geizkragen, sich in Marias Erbschaft verliebt hätte. Der Priester und andere überredeten Aksa, Ludwiks Antrag anzunehmen. Er war ein Nachkomme des polnischen Königs Leszczynski. Gloria, die zehn Jahre älter war als Ludwik, widersetzte sich der Heirat, aber ausnahmsweise hörte Ludwik nicht auf sie.
Die Juden von Krasnobrod fürchteten, daß Aksa ihr Feind werden und Ludwik gegen sie aufhetzen würde, wie es bei Konvertiten oft vorkommt, aber Ludwik fuhr fort, mit den Juden Handel zu treiben, ihnen Fisch, Getreide und Vieh zu verkaufen. SeligFrampoler, ein Hofjude, lieferte Waren aller Art an das Gut. Gloria blieb die Herrin des Schlosses.
In den ersten Wochen ihrer Ehe fuhren Aksa und Ludwik in einem vierrädrigen Wagen spazieren. Ludwik begann sogar, den benachbarten Gutsbesitzern Besuche zu machen und sprach davon, einen Ball zu geben. Er beichtete Maria alle seine früheren Abenteuer mit Frauen und versprach, sich wie ein gottesfürchtiger Christ zu benehmen. Aber es dauerte nicht lange, und er trieb es wie früher; er zog sich von den Nachbarn zurück, fing wieder seine Liebschaften mit Bauernmädchen an, und begann wieder zu trinken. Ein böses Schweigen hing zwischen Mann und Frau. Ludwik kam nicht mehr in Marias Schlafzimmer und sie empfing nicht. Schließlich aßen sie nicht mehr am gleichen Tisch, und wenn Ludwik Maria etwas zu sagen hatte, dann schickte er einen Zettel durch einen Dienstboten. Gloria, die die Finanzen verwaltete, bewilligte ihrer Schwägerin einen Gulden in der Woche; Marias Vermögen gehörte jetzt ihrem Mann. Aksa wurde es klar, daß Gott sie be-

strafte und daß ihr nichts blieb, als auf den Tod zu warten. Aber was würde mit ihr nach dem Tode geschehen? Würde sie auf einem Nadelbrett geröstet und in die Ödnis der Unterwelt geworfen werden? Würde sie als Hund wiedergeboren werden, oder als Maus oder Mühlstein?
Da Aksa nichts hatte, mit dem sie sich beschäftigen konnte, verbrachte sie den ganzen Tag und einen Teil der Nacht in der Bibliothek ihres Mannes. Ludwik hatte sie nicht vermehrt, die Bücher waren alt, in Leder oder Holz gebunden, oder in mottenzerfressenen Samt und verschlissene Seide. Die Seiten waren vergilbt und stockfleckig. Aksa las Geschichten von Königen aus alter Zeit, fernen Ländern, von allerlei Schlachten und Intrigen unter Fürsten, Kardinälen und Herzögen. Sie vertiefte sich in Geschichten von den Kreuzzügen und der Pest. Die Welt wimmelte von Bösem, aber sie war auch voll von Wunderbarem. Die Sterne am Himmel bekriegten und verschluckten einander. Kometen kündeten Katastrophen an. Ein Kind wurde mit einem Schwanz geboren, einer Frau wuchsen Schuppen und Flossen. In Indien gingen Fakire auf bloßen Füßen über rotglühende Kohlen, ohne sich zu verbrennen. Andere ließen sich lebendig begraben, und standen dann aus ihrem Grabe auf.
Es war seltsam, aber nach der Nacht, in der Aksa die Krone aus Federn in ihrem Kissen gefunden hatte, war ihr kein Zeichen mehr zugekommen von den Mächten, die das Weltall regieren. Sie hörte nie mehr von ihrem Großvater oder ihrer Großmutter. Es gab Zeiten, da wollte Aksa nach ihrem Großvater rufen, aber sie wagte nicht, mit ihren unreinen Lippen seinen Namen zu nennen. Sie hatte den jüdischen Gott verraten und sie glaubte nicht mehr an den christlichen, also enthielt sie sich des Gebets. Oft, wenn Selig Frampoler auf das Gut kam und Aksa ihn vom Fenster aus sah, wollte sie ihn nach der jüdischen Gemeinde fragen, aber sie hatte Angst, er könne es für eine Sünde

halten, mit ihr zu sprechen, und daß Gloria sie beschuldigen würde, sich mit Juden abzugeben.

Jahre vergingen. Glorias Haar wurde weiß und ihr Kopf wackelte. Ludwiks Spitzbart wurde grau. Die Dienerschaft wurde alt, taub und halbblind. Aksa, oder Maria, war in den dreißigern, aber sie bildete sich oft ein, eine alte Frau zu sein. Mit den Jahren war sie mehr und mehr davon überzeugt, daß es der Teufel war, der sie zum Übertritt verleitet hatte, und daß er es war, der die Krone aus Federn verfertigt hatte. Aber der Weg zurück war versperrt. Das russische Gesetz untersagte einem Konvertiten, zu seinem Glauben zurückzukehren. Die wenigen Nachrichten, die ihr über die Juden zukamen, waren schlecht: die Synagoge in Krasnobrod war abgebrannt, ebenso die Läden auf dem Marktplatz. Würdige Hausväter und Gemeindeälteste nahmen einen Sack über die Schulter und gingen betteln. Alle paar Monate gab es eine Epidemie. Sie konnte nirgendwohin zurückkehren. Sie erwog oft, sich das Leben zu nehmen, aber wie? Sie hatte nicht den Mut, sich zu erhängen oder die Adern zu öffnen; sie besaß kein Gift.
Langsam kam Aksa zu dem Schluß, daß das Universum von den schwarzen Mächten regiert wurde. Nicht Gott, sondern Satan hatte die Gewalt. Sie fand ein dickes Buch über Zauberei, das genaue Beschreibungen von Zaubersprüchen und Beschwörungen enthielt, von Zaubermitteln, dem Beschwören von Dämonen und Kobolden, den Opfern, die man Asmodi, Luzifer und Beelzebub brachte. Da waren Berichte über die Schwarze Messe; und wie die Hexen ihren Körper salbten, sich im Walde versammelten, Menschenfleisch zu sich nahmen und auf Besen, Schaufeln und Reifen in die Luft flogen, von Scharen von Teufeln und anderen Nachtgestalten begleitet, die Hörner und Schwänze hatten, Fledermausflügel und die Schnauzen von Schwei-

nen. Oft trieben es diese Monstren mit den Hexen, die Wechselbälge zur Welt brachten.
Aksa rief sich das jiddische Sprichwort in Erinnerung: »Wenn du nicht über den Zaun springen kannst, kriech unten durch.« Sie hatte die zukünftige Welt verloren; deshalb entschloß sie sich, die Lustbarkeiten dieser Welt zu genießen. Am Abend rief sie nach dem Teufel und war bereit, mit ihm einen Pakt zu schließen, wie es viele vernachlässigte Frauen vor ihr getan hatten.
Einmal, mitten in der Nacht, nachdem Aksa einen Trank geschluckt hatte, gemischt aus Met, Spucke, menschlichem Blut und Krähenei, gewürzt mit Galbanharz und Alraune, fühlte sie einen kalten Kuß auf ihren Lippen. Im Schein des späten Mondes sah sie eine nackte männliche Gestalt – groß und schwarz, mit langen Elfenlocken, den Hörnern eines Bocks und zwei vorstehenden Hauern, wie die eines Ebers. Die Gestalt beugte sich über sie und flüsterte. »Was befiehlt meine Herrin? Sie darf die Hälfte meines Königreiches verlangen.«
Sein Körper war so durchsichtig wie ein Spinnweb. Er stank nach Pech. Aksa wollte eigentlich sagen: »Du, mein Sklave, komm und nimm mich.« Stattdessen murmelte sie: »Meine Großeltern.«
Der Teufel brach in Lachen aus. »Sie sind Staub.«
»Hast du die Krone aus Federn geflochten?« fragte Aksa.
»Wer sonst?«
»Du hast mich betrogen?«
»Ich bin ein Betrüger«, antwortete der Teufel, und kicherte.
»Wo ist die Wahrheit?« fragte Aksa.
»Die Wahrheit ist, daß es keine Wahrheit gibt.«
Der Teufel verweilte noch ein wenig und verschwand dann. Den Rest der Nacht schlief Aksa nicht, noch war sie wach. Sie hörte Stimmen. Ihre Brüste schwollen an, die Warzen wurden hart, ihr Leib dehnte sich aus. Schmerz bohrte sich in ihren Schädel. Ihre Zähne schlugen aufeinander und

ihre Zunge vergrößerte sich so, daß sie fürchtete, sie würde ihren Gaumen spalten. Ihre Augen traten aus den Höhlen. In ihren Ohren klopfte es so laut, wie das Klopfen eines Hammers auf einen Amboß. Dann fühlte sie sich, als sei sie in Geburtswehen. »Ich bringe einen Dämon zur Welt«, schrie Aksa. Sie begann, zu dem Gott zu beten, den sie verraten hatte. Endlich schlief sie ein, und als sie in der Dunkelheit der Vordämmerung erwachte, waren alle ihre Schmerzen vergangen. Sie sah ihren Großvater am Fußende ihres Bettes stehen. Er trug ein weißes Gewand und eine ebensolche Kappe, wie er sie am Vorabend des Jom Kippur zu tragen pflegte, wenn er Aksa segnete, ehe er zum Kol Nidre-Gebet ging. Ein Licht brach aus seinen Augen und beleuchtete Aksas gesteppte Decke. »Großvater«, murmelte Aksa.

»Ja, Aksa, ich bin hier.«

»Großvater, was soll ich tun?«

»Lauf davon. Sühne, was du getan.«

»Ich bin verloren.«

»Es ist nie zu spät. Suche den Mann, über den du Schande gebracht hast. Werde wieder eine jüdische Tochter.«

Später konnte sich Aksa nicht erinnern, ob ihr Großvater wirklich zu ihr gesprochen oder ob sie ihn ohne Worte verstanden hatte. Die Nacht war vorüber. Tagesanbruch rötete das Fenster. Vögel zwitscherten. Aksa untersuchte ihr Laken. Es war nicht blutig. Sie hatte keinen Dämon geboren. Zum erstenmal seit Jahren sprach sie das hebräische Dankgebet.

Sie stand auf, wusch sich in der Schüssel und bedeckte ihr Haar mit einem Schal. Ludwik und Gloria hatten sie ihrer Erbschaft beraubt, aber sie besaß noch den Schmuck ihrer Großmutter. Sie wickelte ihn in ein Taschentuch und legte ihn in einen Korb, zusammen mit einem Hemd und Unterwäsche. Ludwik war entweder über Nacht bei einer seiner Geliebten geblieben, oder er war bei Tagesanbruch auf die

Jagd gegangen. Gloria lag krank in ihrem Boudoir. Die Magd brachte das Frühstück, aber Aksa aß wenig. Dann verließ sie das Gut. Die Hunde bellten, als sei sie eine Fremde. Die alten Bediensteten blickten erstaunt, als die Herrin durch das Tor ging, mit einem Korb am Arm und einem Tuch auf dem Kopf wie eine Bauersfrau.

Obwohl Malkowskis Besitz nicht weit von Krasnobrod lag, verbrachte Aksa den größten Teil des Tages auf der Landstraße. Sie setzte sich, um auszuruhen und wusch ihre Hände im Fluß. Sie sagte den Segensspruch und aß die Scheibe Brot, die sie mitgenommen hatte.

Nahe beim Friedhof von Krasnobrod stand die Hütte von Eber, dem Totengräber. Davor wusch seine Frau Wäsche in einem Bottich. Aksa fragte sie: »Ist dies der Weg nach Krasnobrod?«

»Ja, immer geradeaus.«

»Was gibt es Neues im Dorf?«

»Wer seid Ihr?«

»Ich bin eine Verwandte von Reb Naphtali Holischitzer.«

Die Frau wischte ihre Hände an der Schürze ab. »Von dieser Familie lebt keine Seele mehr.«

»Wo ist Aksa?«

Die alte Frau zitterte. »Die hätte mit dem Kopf nach unten begraben werden sollen, Vater im Himmel!« Und sie erzählte von Aksas Übertritt zum Christentum. »Sie ist schon in dieser Welt bestraft worden.«

»Was wurde aus dem Jeschiwaschüler, mit dem sie verlobt war?«

»Wer weiß? Er ist nicht aus dieser Gegend.«

Aksa fragte nach den Gräbern ihrer Großeltern, und die alte Frau zeigte auf zwei Grabsteine, der eine gegen den andern geneigt, von Moos und Unkraut überwachsen. Aksa warf sich vor den Steinen nieder und lag dort, bis es Nacht wurde.

Drei Monate lang wanderte Aksa von einer Jeschiwa zur anderen, aber sie fand Zemach nicht. Sie suchte in den Gemeindebüchern, befragte Gemeindeälteste und Rabbiner – ohne Erfolg. Da es nicht in jeder Stadt einen Gasthof gab, schlief sie oft im Armenhaus. Sie lag auf einem Strohsack, mit einer Matte zugedeckt, und betete leise, daß ihr Großvater erscheinen möge und ihr sagte, wo Zemach zu finden sei. Er gab kein Zeichen. In der Dunkelheit hörte sie die Alten und Kranken husten und vor sich hin murmeln. Kinder schrien, Mütter fluchten. Obgleich sie dies als Teil ihrer Strafe annahm, konnte sie das Gefühl der Schmach nicht überwinden. Gemeindeälteste schalten sie. Sie ließen sie tagelang warten, ehe sie sie empfingen. Die Frauen waren mißtrauisch ihr gegenüber – weshalb suchte sie einen Mann, der zweifellos Frau und Kinder hatte oder vielleicht schon im Grabe lag? »Großvater, wohin hast du mich getrieben?« rief Aksa. »Entweder zeige mir den Weg oder schicke mir den Tod.«

An einem winterlichen Nachmittag, während Aksa in einem Wirtshaus in Lublin saß, fragte sie den Wirt, ob er je von einem Mann namens Zemach gehört hätte – klein von Gestalt, dunkel, ein ehemaliger Jeschiwaschüler und ein Gelehrter. Einer der Gäste sagte: »Sie meinen Zemach, den Lehrer aus Izbica?«

Er beschrieb Zemach, und Aksa wußte, sie hatte den gefunden, den sie suchte. »Er war verlobt mit einem Mädchen aus Krasnobrod«, sagte sie.

»Ich weiß. Die Konvertitin. Wer seid Ihr?«

»Eine Verwandte.«

»Was wollt Ihr von ihm? fragte der Gast. »Er ist arm und eigensinnig noch dazu. Man hat ihm alle seine Schüler weggenommen. Er ist ein wilder und widerspenstiger Mann.«

»Hat er eine Frau?«

»Er hat schon zwei gehabt. Eine hat er zutode gequält, und die andere hat ihn verlassen.«

»Hat er Kinder?«
»Nein, er ist zeugungsunfähig.«
Der Gast wollte noch etwas sagen, aber ein Knecht kam, ihn zu holen.
Aksas Augen füllten sich mit Tränen. Ihr Großvater hatte sie nicht verlassen. Er hatte sie den richtigen Weg geführt. Sie sah sich nach einem Beförderungsmittel um, und vor dem Gasthaus stand ein gedeckter Reisewagen, zur Abfahrt bereit.
»Nein, ich bin nicht allein«, sagte sie sich. »Der Himmel kennt jeden Schritt.«
Anfangs waren die Straßen gepflastert, aber bald wurden sie erdige Wege mit Löchern und Rissen. Die Nacht war dunkel und naß. Oft mußten die Reisenden aussteigen und dem Kutscher helfen, den Wagen aus dem Schlamm zu ziehen. Die anderen schalten ihn, aber Aksa nahm die Mühsal ohne Klagen auf sich. Nasser Schnee fiel und es blies ein kalter Wind. Jedesmal, wenn sie aus dem Wagen stieg, sank sie bis über die Knöchel in den Schlamm ein. Sie kamen in Izbica spät abends an. Das ganze Dorf war ein Morast. Die Hütten waren verfallen. Jemand zeigte Aksa den Weg zum Hause des Lehrers Zemach – es lag auf einem Hügel in der Nähe des Schlachthauses. Selbst jetzt, im Winter, lag ein Gestank von Verwesung in der Luft. Fleischerhunde schlichen umher. Aksa sah durch das Fenster von Zemachs Hütte und erblickte abblätternde Wände, einen gestampften Boden und Regale mit zerlesenen Büchern. Ein Docht in einer Schale mit Öl war die einzige Beleuchtung. Am Tisch saß ein kleiner Mann mit einem schwarzen Bart, buschigen Augenbrauen, einem gelben Gesicht und spitzer Nase. Kurzsichtig beugte er sich über einen großen Folianten. Er trug das Futter eines Käppchens auf dem Kopf und eine gesteppte Jacke, aus der die schmutzige Wattierung hervorsah. Während Aksa beobachtend dastand, kam eine Maus aus ihrem Loch und lief zu dem

Bett hinüber, einer Pritsche mit faulendem Stroh, einem unbezogenen Kopfkissen und einem mottenzerfressenen Schaffell als Decke. Obwohl Zemach gealtert war, erkannte Aksa ihn. Er kratzte sich. Er spie auf seine Fingerspitzen und wischte sie an der Stirn ab. Ja, das war er. Aksa wollte gleichzeitig lachen und weinen. Dann wendete sie ihr Gesicht der Dunkelheit zu. Zum erstenmal seit Jahren hörte sie die Stimme ihrer Großmutter. »Aksa, lauf davon.«

»Wohin?«

»Zurück zu Esau.«

Dann hörte sie die Stimme ihres Großvaters. »Aksa, er wird dich aus dem Abgrund retten.«

Aksa hatte ihren Großvater nie mit solcher Leidenschaft sprechen hören. Sie fühlte die Leere, die der Ohnmacht vorangeht. Sie lehnte sich gegen die Tür, die sich öffnete.

Zemach zog eine buschige Augenbraue hoch. Seine Augen waren hervorstehend und gelblich. »Was wollt Ihr?« krächzte er.

»Seid Ihr Reb Zemach?«

»Ja, wer seid Ihr?«

»Aksa, aus Krasnobrod. Einstmals Eure Verlobte . . .«

Zemach schwieg. Er öffnete seinen schiefen Mund und zeigte seinen einzigen schwärzlichen Zahn. »Die Abtrünnige?«

»Ich bin zum Judentum zurückgekehrt.«

Zemach sprang auf. Ein furchtbarer Schrei entrang sich ihm.

»Hinaus aus meinem Haus! Euer Name sei ausgelöscht!«

»Reb Zemach, bitte hört mich an!«

Er lief mit geballten Fäusten auf sie zu. Die Ölschale fiel um und das Licht erlosch. »Unrat!«

Das Bethaus in Holischitz war gestopft voll. Es war der Tag vor Neumond und eine Menge hatte sich versammelt, die Bittgebete zu sprechen. Von der Abteilung der Frauen her hörte man fromme Gebete. Plötzlich öffnete sich die Tür und ein schwarzbärtiger Mann in zerrissenen Kleidern kam mit langen Schritten herein. Ein Sack hing über seiner Schulter. Er führte eine Frau an einem Strick, als sei sie eine Kuh. Sie trug ein schwarzes Tuch auf ihrem Kopf, ein Kleid aus Sackleinwand, und Lumpen an ihren Füßen. Um ihren Hals hing ein Kranz aus Knoblauch. Die Andächtigen unterbrachen ihre Gebete. Der Fremde gab der Frau ein Zeichen, und sie warf sich auf die Schwelle nieder. »Juden, tretet auf mich!« rief sie. »Juden, speit auf mich!«

Aufruhr erhob sich im Bethaus. Der Fremde ging zum Lesepult, klopfte um Ruhe und sprach: »Die Familie dieser Frau kommt aus Eurer Stadt. Ihr Großvater war Reb Naphtali Holischitzer. Sie ist die Aksa, die übergetreten ist und einen Adeligen heiratete. Jetzt hat sie die Wahrheit erkannt und will für ihre Schändlichkeiten büßen.«

Obwohl Holischitz in dem Teil Polens lag, der zu Österreich gehörte, hatte man Aksas Geschichte dort gehört. Einige der Andächtigen erhoben ihre Stimme, daß dies nicht der Weg zur Sühne sei; ein menschliches Wesen sollte nicht an einem Strick gezogen werden wie das Vieh. Andere bedrohten den Fremden mit ihren Fäusten. Es war richtig, daß in Österreich ein Übergetretener nach dem Gesetz des Landes wieder zum Judentum zurückkehren konnte. Wenn aber die Christen zu hören bekämen, daß einer, der zu ihrem Glauben übergetreten war, auf solche Art erniedrigt wurde, könnten strenge Verordnungen und Gegenmaßnahmen die Folge sein. Der alte Rabbiner, Reb Bezalel, ging mit kleinen schnellen Schritten auf Aksa zu. »Steh auf, meine Tochter. Da du bereut hast, bist du eine von uns.«

Aksa erhob sich. »Rabbi, ich habe mein Volk entehrt.«

»Da du bereust, wird dir der Allmächtige vergeben.«

Als die Betenden in der Frauenabteilung hörten, was vor sich ging, liefen sie in den Raum zu den Männern, die Frau des Rabbiners unter ihnen. Reb Bezalel sagte zu ihr: »Nimm sie nachhause und kleide sie anständig. Der Mensch ist nach dem Bilde Gottes erschaffen.«

»Rabbi«, sagte Aksa, »ich will meine Schlechtigkeit sühnen.«

»Ich werde dir eine Strafe vorschreiben. Quäle dich nicht.«

Einige der Frauen fingen an zu weinen. Die Frau des Rabbis nahm ihren Schal ab und hing ihn Aksa um die Schultern. Eine andere ältere Frau bot Aksa ihren Umhang an. Sie führten sie in die Kammer, wo in früheren Zeiten jene, die sich gegen die Gemeinde versündigt hatten, gefangen gehalten wurden – hier stand noch der Block mit der Kette. Dort kleideten die Frauen Aksa an. Jemand brachte ihr einen Rock und Schuhe. Als sie sich um Aksa bemühten, schlug diese mit den Fäusten gegen ihre Brust und zählte die Sünden auf: sie hatte Gott getrotzt, Götzen gedient, sich mit einem Christen vereinigt.

Sie schluchzte: »Ich habe Hexerei betrieben. Ich habe den Teufel beschworen. Er flocht mir eine Krone aus Federn.«

Als Aksa angekleidet war, nahm die Frau des Rabbi sie mit in ihr Haus.

Nach dem Gebet fingen die Männer an, den Fremden zu befragen, wer er sei, und wie er zu Rabbi Naphtalis Enkelin kam.

Er antwortete: »Mein Name ist Zemach. Ich sollte ihr Ehemann werden, aber sie wies mich zurück. Jetzt ist sie gekommen, mich um Vergebung zu bitten.«

»Ein Jude sollte verzeihen.«

»Ich verzeihe ihr, aber der Allmächtige ist ein Gott der Rache.«

»Er ist auch ein Gott der Barmherzigkeit.«

Zemach begann, mit den Gelehrten zu debattieren, und sogleich zeigte sich seine Belesenheit. Er zitierte den Tal-

mud, die Kommentare und die Responsen. Er verbesserte sogar den Rabbi, als dieser falsch zitierte.
Reb Bezalel fragte ihn: »Habt Ihr Familie?«
»Ich bin geschieden.«
»In dem Fall kann alles in Ordnung gebracht werden.«
Der Rabbi lud Zemach ein, mit ihm nachhause zu kommen. Die Frauen saßen mit Aksa draußen in der Küche. Sie drangen in sie, Brot und Chicoree zu essen. Sie hatte drei Tage gefastet. In der Studierstube des Rabbi kümmerten sich die Männer um Zemach. Sie brachten ihm Schuhe, einen Rock und einen Hut. Da sein Körper von Läusen wimmelte, führten sie ihn ins Badhaus.
Am Abend versammelten sich die sieben würdigsten Bürger der Stadt und alle Ältesten von Rang. Die Frauen brachten Aksa. Der Rabbi verkündete, daß Aksa nach dem Gesetz nicht verheiratet sei. Ihre Vereinigung mit dem Gutsbesitzer war nichts als ein Akt der Wollust gewesen. Der Rabbi fragte: »Zemach, willst du Aksa zum Weibe nehmen?«
»Ich will.«
»Aksa, willst du Zemach zum Manne nehmen?«
»Ja, Rabbi, aber ich bin unwürdig.«
Der Rabbi setzte Aksas Sühne fest. Sie mußte jeden Montag und Donnerstag fasten, an den Wochentagen kein Fleisch und keinen Fisch essen, Psalmen rezitieren und bei Tagesanbruch zum Gebet aufstehen. Der Rabbi sagte zu ihr: »Nicht die Strafe ist die Hauptsache, sondern die Reue. ›Und er wird zurückkehren und geheilt sein‹, sagt der Prophet.«
»Rabbi, verzeiht«, unterbrach ihn Zemach. »Diese Art Buße ist für gewöhnliche Sünden, aber nicht für Konversion.«
»Was willst du, daß sie tun soll?«
»Es gibt strengere Arten der Zerknirschung.«
»Was, zum Beispiel?«

»Kiesel in die Schuhe tun. Sich nackt im Schnee wälzen im Winter und in Nesseln im Sommer. Von Sabbat zu Sabbat fasten.«

»Heutzutage sind die Menschen nicht mehr kräftig genug für solche Härten«, sagte der Rabbi nach einigem Zögern.

»Wenn sie die Kraft zum Sündigen hatten, dann sollten sie auch die Kraft zur Buße haben.«

»Heiliger Rabbi«, sagte Aksa, »laßt mich nicht leicht davonkommen. Der Rabbi möge mir eine harte Buße auferlegen.«

»Ich habe gesagt, was Rechtens ist.«

Alle schwiegen. Dann sagte Aksa: »Zemach, gib mir mein Bündel.« Zemach hatte ihren Beutel in eine Ecke gelegt. Er brachte ihn an den Tisch und sie nahm ein Säckchen heraus. Ein Seufzer stieg aus der Gruppe auf, als sie gefaßte Perlen, Diamanten und Rubine ausschüttete. »Rabbi, dies ist mein Schmuck«, sagte Aksa. »Ich verdiene nicht, ihn zu besitzen. Der Rabbi soll darüber nach seinem Gutdünken verfügen.«

»Gehört er dir oder dem adeligen Herrn?«

»Mir, Rabbi, von meiner heiligen Großmutter geerbt.«

»Es steht geschrieben, daß auch der Wohltätigste nie mehr als ein Fünftel abgeben soll.«

Zemach schüttelte seinen Kopf. »Abermals muß ich widersprechen. Sie hat ihre Großmutter im Paradies entehrt. Man sollte ihr nicht erlauben, ihren Schmuck zu erben.«

Der Rabbi griff an seinen Bart. »Wenn Ihr es besser wißt, werdet Ihr der Rabbi.« Er erhob sich von seinem Stuhl und setzte sich dann wieder. »Wovon wollt Ihr leben?«

»Ich kann ein Wasserträger werden«, sagte Zemach.

»Rabbi, ich kann Teig kneten und Wäsche waschen«, sagte Aksa.

»Gut, tut was Ihr wollt. Ich glaube an die Milde, nicht an die Härte des Gesetzes.«

Mitten in der Nacht öffnete Aksa ihre Augen. Mann und Frau lebten in einer Hütte mit gestampften Boden, nicht weit vom Friedhof. Den ganzen Tag lang trug Zemach Wasser. Aksa wusch Wäsche. Außer am Samstag und an den Feiertagen fasteten beide jeden Tag und aßen nur am Abend. Aksa hatte Sand und Kiesel in ihre Schuhe getan und trug ein rauhes wollenes Hemd auf der Haut. Bei Nacht schliefen sie getrennt auf dem Fußboden – er auf einer Matte am Fenster, sie auf einem Strohsack am Ofen. Auf einer Leine, die von Wand zu Wand gespannt war, hingen Leichentücher, die sie für beide genäht hatte.
Sie waren seit drei Jahren verheiratet, aber Zemach hatte sich ihr noch nicht genähert. Er hatte bekannt, daß auch er in Sünde getaucht sei. Während er verheiratet war, hatte er Aksa begehrt. Er hatte seinen Samen wie Onan vergossen. Er hatte sich nach Rache an ihr gesehnt, hatte den Allmächtigen beschimpft und seine Wut an seinen Frauen ausgelassen, von denen eine gestorben war. Konnte er noch mehr besudelt sein?
Obwohl die Hütte in der Nähe eines Waldes lag und sie Holz umsonst haben konnten, erlaubte Zemach nicht, daß der Ofen nachts brannte. Sie schliefen in ihren Kleidern, zugedeckt mit Säcken und Lumpen. Die Leute aus Holischitz behaupteten, Zemach sei ein Verrückter; der Rabbi hatte Mann und Frau rufen lassen und ihnen erklärt, daß es ebenso grausam sei, sich selbst zu foltern wie andere, aber Zemach zitierte aus ›Der Anfang aller Weisheit‹, daß Reue ohne Demütigung ohne Bedeutung sei.
Aksa bekannte jede Nacht vor dem Einschlafen ihre Sünden, und noch immer waren ihre Träume nicht rein. Satan kam zu ihr in Gestalt ihrer Großmutter und beschrieb verlockende Städte, elegante Bälle, leidenschaftliche Edelleute, junge Frauen. Ihr Großvater schwieg wieder.
In Aksas Träumen war Großmutter jung und schön. Sie sang leichtfertige Lieder, trank Wein und tanzte mit Aben-

teurern. Manche Nächte führte sie Aksa in Tempel, in denen Priester sangen, und Götzenanbeter vor goldenen Statuen knieten. Nackte Kurtisanen tranken Wein aus Hörnern und überließen sich Ausschweifungen. Eines Nachts träumte Aksa, daß sie nackt in einem runden Loch stand, Zwerge tanzten im Kreis um sie herum. Sie sangen schamlose Gesänge. Man hörte Trompetenstöße und das Dröhnen von Trommeln. Als sie erwachte, klang der schwarze Gesang noch in ihr nach. »Ich bin auf ewig verloren«, sagte sie sich.

Zemach war ebenfalls erwacht. Eine Zeitlang sah er durch das einzige Fenster, das er nicht mit Brettern verschlagen hatte. Dann fragte er Aksa: »Aksa, bist du wach? Neuer Schnee ist gefallen.«

Aksa wußte nur zu gut, was er meinte. Sie sagte: »Ich habe keine Kraft.«

»Du hattest die Kraft, dich dem Bösen auszuliefern.«

»Meine Knochen schmerzen.«

»Sag das dem Engel der Rache.«

Der Schnee und der späte Mond warfen helles Licht in den Raum. Zemach hatte sein Haar wachsen lassen, wie ein alter Asket. Sein Bart war wild und seine Augen glühten im Dunkel der Nacht. Aksa konnte nie verstehen, woher er die Kraft nahm; den ganzen Tag lang Wasser zu tragen und noch die halbe Nacht zu lernen. Er nahm kaum etwas von dem Abendessen zu sich. Um die Speisen nicht mit Genuß zu essen, schluckte er sein Brot, ohne es zu kauen, er versalzte und verpfefferte die Suppe, die sie ihm gekocht hatte. Aksa selbst war abgemagert. Oft betrachtete sie ihr Spiegelbild im Schmutzwasser und erblickte ein mageres Gesicht, eingefallene Wangen, eine kränkliche Blässe.

»Verzeih, Zemach, ich kann nicht aufstehen.«

»Steh auf, Ehebrecherin. Dies kann deine letzte Nacht sein.«

»Ich wünschte, sie wäre es.«

»Bekenne! Sprich die Wahrheit.«
»Ich habe dir alles gesagt.«
»Hast du die Wollust genossen?«
»Nein, Zemach, nein.«
»Voriges Mal hast du zugegeben, daß du sie genossen hast.«
Aksa schwieg lange. »Sehr selten. Vielleicht eine Sekunde lang.«
»Und du hast Gott vergessen?«
»Nicht ganz.«
»Du kanntest die Gesetze Gottes, aber du hast Ihn absichtlich herausgefordert.«
»Ich glaubte, die Wahrheit sei bei den Christen.«
»Und alles das, weil Satan dir eine Krone aus Federn flocht?«
»Ich hielt es für ein Wunder.«
»Hure, verteidige dich nicht.«
»Ich verteidige mich nicht. Er sprach mit Großmutters Stimme.«
»Warum hast du auf deine Großmutter und nicht auf deinen Großvater gehört?«
»Ich war närrisch.«
»Närrisch? Jahrelang hast du in tiefster Entweihung geschwelgt.«
Nach einer Weile gingen Mann und Frau barfuß in die Nacht hinaus. Zemach warf sich zuerst in den Schnee. Er wälzte sich mit großer Schnelligkeit herum. Sein Käppchen fiel ab. Sein Körper war mit schwarzen Haaren bedeckt, wie mit Pelz. Aksa wartete eine Minute und dann warf sie sich auch hin. Sie drehte sich langsam im Schnee, schweigend, während Zemach rief: »Wir haben gesündigt, wir haben verraten, wir haben geraubt, wir haben gelogen, wir haben gespottet, wir haben rebelliert.« Und dann fügte er hinzu: »Laß es Dein Wille sein, daß mein Tod die Sühne für alle meine Missetaten sein möge.«

Aksa hatte diese Klagen oft gehört, aber jedesmal zitterte sie von neuem. So hatten die Bauern geheult, wenn ihr Mann, der Gutsbesitzer Malkowski, sie auspeitschte. Sie fürchtete sich mehr vor Zemachs Wehklagen als vor der Kälte im Winter und den Nesseln im Sommer. Manchmal, wenn Zemach in milderer Stimmung war, versprach er, zu ihr zu kommen wie ein Mann zu seiner Frau. Er sagte sogar, er wünschte, der Vater ihrer Kinder zu sein. Aber wann? Er suchte immer noch nach Missetaten in ihnen beiden. Aksa wurde von Tag zu Tag schwächer. Die Leichentücher auf der Leine und die Grabsteine auf dem Friedhof schienen ihr zu winken. Sie ließ Zemach geloben, daß er über ihrem Grab Kaddisch sagen würde.

An einem heißen Tag des Monats Tammus ging Aksa auf einer Wiese, die an den Fluß grenzte, Sauerampfer pflükken. Sie hatte den ganzen Tag gefastet und wollte für sich und Zemach zum Abendessen Sauerampfer kochen. Mitten im Pflücken wurde sie von einer Schwäche befallen. Sie streckte sich auf dem Gras aus und schlummerte ein. Nur eine Viertelstunde hatte sie ruhen wollen. Aber ihr Kopf wurde leer und ihre Beine schwer wie Stein. Sie sank in tiefen Schlaf. Als sie die Augen öffnete, war es schon dunkel. Der Himmel war wolkig und die Luft schwer von Feuchtigkeit. Ein Gewitter war im Anzug. Der Duft von Gras und Kräutern stieg von der Erde auf und machte Aksa schwindlig. Sie fand ihren Korb in der Dunkelheit, aber er war leer. Eine Ziege oder eine Kuh hatte ihren Sauerampfer gefressen. Plötzlich fiel ihr ihre Kindheit ein, als die Großeltern sie verwöhnten, in Samt und Seide kleideten und Mägde und Diener ihr aufwarteten. Jetzt erstickte sie fast an Husten, ihre Stirn war heiß, und Kälteschauer zuckten über ihren Rücken. Da der Mond nicht schien und die Sterne verdunkelt waren, fand sie kaum ihren Weg. Ihre bloßen Füße traten in Dornen und Kuhdung. »In welche Falle bin ich geraten!« schrie etwas in ihr. Sie kam zu einem Baum und hielt an, um sich auszuruhen. In diesem Augenblick sah sie ihren Großvater. Sein weißer Bart glänzte in der Dunkelheit. Sie erkannte seine hohe Stirn, sein mildes Lächeln und die liebende Güte seines Blickes. Sie rief laut: »Großvater!« Und in einer Sekunde war ihr Gesicht von Tränen überströmt.

»Ich weiß alles«, sagte ihr Großvater. »Ich kenne deine Leiden und deinen Kummer.«

»Großvater, was soll ich tun?«

»Meine Tochter, deine Qualen sind vorüber. Wir erwarten dich – ich, Großmutter, alle, die dich lieben. Heilige Engel werden kommen, um dich zu holen.«

»Wann, Großvater?«

In diesem Augenblick löste sich die Gestalt auf. Nur die Dunkelheit blieb. Aksa tastete wie eine Blinde ihren Weg nachhause. Schließlich erreichte sie die Hütte. Als sie die Tür öffnete, spürte sie, daß Zemach da war. Er saß auf dem Boden und seine Augen waren wie zwei Kohlen. Er rief: »Bist du das?«

»Ja, Zemach.«

»Wo warst du so lange? Deinetwegen konnte ich mein Abendgebet nicht in Ruhe sagen. Du hast meine Gedanken verwirrt.«

»Verzeihe mir, Zemach. Ich war müde und schlief auf der Wiese ein.«

»Lügnerin! Abtrünnige! Abschaum!!« kreischte Zemach. »Ich habe auf der Wiese nach dir gesucht. Du hast mit einem Hirten gehurt.«

»Was sagst du da? Da sei Gott davor!«

»Sage mir die Wahrheit!« Er sprang auf und fing an, sie zu schütteln. »Hure! Dämon! Lilith!«

Zemach hatte sich nie so wild benommen. Aksa sagte zu ihm: »Zemach, mein Gemahl, ich bin dir treu. Ich schlief auf der Wiese ein. Auf dem Nachhauseweg sah ich meinen

Großvater. Meine Zeit ist abgelaufen.« Sie wurde von so großer Schwäche befallen, daß sie zu Boden sank.
Zemachs Zorn verflog augenblicks. Ein jammervoller Schrei brach aus ihm. »Himmlische Seele, was werde ich ohne dich sein? Du bist eine Heilige. Vergib mir meine Härte. Ich tat es aus Liebe. Ich wollte dich reinigen, auf daß du im Paradies bei den Heiligen Müttern, Sara, Riwka, Rahel und Lea, sitzen könntest.«
»Wie ich es verdiene, so werde ich sitzen.«
»Warum muß dir das geschehen? Gibt es keine Gerechtigkeit im Himmel?« Und Zemach jammerte mit der Stimme, vor der sie sich fürchtete. Er schlug mit seinem Kopf gegen die Wand.

Am nächsten Morgen erhob sich Aksa nicht mehr von ihrem Bett. Zemach brachte ihr Grütze, die er über dem Dreifuß für sie gekocht hatte. Als er sie damit fütterte, lief sie ihr wieder aus dem Mund. Zemach holte den Heilkundigen, aber der Heilkundige wußte nicht, was tun. Die Frauen des Beerdigungs-Vereins kamen. Aksa befand sich in einem Zustand äußerster Schwäche. Ihr Leben versickerte. Mittags ging Zemach zu Fuß in die Stadt Jaroslaw, um den Arzt zu holen. Der Abend kam, und er war nicht zurückgekehrt. Am Morgen hatte die Frau des Rabbi Aksa ein Kissen geschickt. Zum erstenmal seit vielen Jahren schlief sie wieder auf einem Kissen. Gegen abend kehrten die Frauen des Beerdigungs-Vereins wieder zu ihren Familien zurück und Aksa blieb allein. Der Docht brannte in einer Schüssel mit Oel. Ein lauer Wind kam durch das offene Fenster. Der Mond schien nicht, aber die Sterne glitzerten. Grillen zirpten, und Frösche quakten mit menschlichen Stimmen. Ab und zu flog ein Schatten über die Wand gegenüber ihrem Bett. Aksa wußte, daß ihr Ende nahe war, aber sie hatte keine Furcht vor dem Tode. Sie rechnete mit sich ab. Sie war reich und schön geboren, mit mehr Gaben als alle anderen in ihrer Umgebung. Unglück hatte alles in sein Gegenteil verkehrt. Litt sie ihrer eigenen Sünden wegen, oder war sie die Reinkarnation von jemandem aus einer früheren Generation, der gesündigt hatte? Aksa wußte, sie sollte ihre letzten Stunden in Reue und im Gebet verbringen. Aber es war ihr Schicksal, daß der Zweifel sie auch jetzt nicht verließ. Ihr Großvater hatte ihr zu Einem geraten, ihre Großmutter zu etwas Anderem. Aksa hatte in einem alten Buch über die Abtrünnigen gelesen, die Gott leugneten und die Welt als eine zufällige Kombination von Atomen betrachteten. Sie hatte jetzt nur ein Verlangen – daß ihr ein Zeichen gegeben, daß ihr die reine Wahrheit offenbart werde. Sie lag und betete um ein Wunder. Ein leichter Schlaf überkam sie und sie träumte, daß sie in Tiefen fiel, die eng und dunkel waren. Jedesmal, wenn es schien, daß sie den Boden erreicht hatte, brachen die Fundamente unter ihr zusammen, und sie begann wieder mit größerer Geschwindigkeit zu sinken. Das Dunkel wurde schwerer und der Abgrund noch tiefer.

Sie öffnete die Augen und wußte, was sie tun mußte. Mit ihrer letzten Kraft stand sie auf und fand ein Messer. Sie zog den Kissenbezug ab und mit gefühllosen Fingern schlitzte sie die Säume des Kissens auf. Aus der Daunenfüllung zog sie eine Krone aus Federn hervor. Eine verborgene Hand hatte in den oberen Teil die vier Buchstaben des Namen Gottes geflochten.

Aksa legte die Krone neben ihr Bett. Im flackernden Licht des Dochtes konnte sie jeden Buchstaben klar erkennen: das J, das H, das V und das andere H – Jehovah. Aber, überlegte sie, wieso war diese Krone eine sicherere Offenbarung der Wahrheit als die erste? War es möglich, daß es im Himmel verschiedene Glauben gab? Aksa betete um ein neues Wunder. In ihrer Bestürzung erinnerte sie sich an die Worte des Teufels: »Die Wahrheit ist, daß es keine Wahrheit gibt.«

Spät am Abend kam eine der Frauen des Beerdigungs-Vereins zurück. Aksa wollte sie beschwören, nicht auf die Krone zu treten, aber sie war zu schwach. Die Frau trat auf die Krone und das Gebilde löste sich auf. Aksa schloß ihre Augen und öffnete sie nie wieder. Bei Tagesanbruch seufzte sie und gab ihren Geist auf.

Eine der Frauen hob eine Feder auf und hielt sie an Aksas Nasenflügel, aber sie bewegte sich nicht.

Später am Tag wuschen die Frauen des Beerdigungs-Vereins Aksa und hüllten sie in das Leichentuch, das sie sich selbst genäht hatte. Zemach war noch immer nicht aus Jaroslaw zurückgekehrt und man hörte nie wieder von ihm. Man sagte in Holischitz, daß er wohl auf dem Wege umgekommen war. Einige vermuteten, Zemach sei kein Mensch, sondern ein Dämon gewesen. Aksa wurde neben der Grabstätte eines frommen Mannes beigesetzt und der Rabbi pries sie in seiner Grabrede.

Etwas blieb ein Rätsel. In ihren letzten Stunden hatte Aksa das Kissen aufgeschlitzt, das die Frau des Rabbi ihr geschickt hatte. Die Frauen, die ihren Körper gewaschen hatten, fanden Spuren von Daunen zwischen Aksas Fingern. Wie konnte eine sterbende Frau die Kraft dazu finden? Und wonach hatte sie gesucht? Wieviel auch immer die Leute aus der Stadt darüber nachdachten und wieviele Erklärungen auch immer sie dafür zu finden suchten, die Wahrheit entdeckten sie nie.

Denn, wenn es so etwas wie Wahrheit gibt, so ist sie so verschlungen und verborgen wie eine Krone aus Federn.

# Ein Tag in Coney Island

Heute weiß ich ganz genau, was ich in jenem Sommer hätte tun sollen – meine Arbeit. Aber damals schrieb ich fast nichts. »Wer braucht schon Jiddisch in Amerika?« fragte ich mich. Obwohl der Redakteur einer jiddischen Zeitung ab und zu in der Sonntagsausgabe eine Geschichte von mir druckte, sagte er mir doch deutlich, daß kein Mensch sich um die von mir beschriebenen zweihundert Jahre alten Dämonen, Dibbuks und Kobolde schere. Im Alter von dreißig Jahren, und als ein Flüchtling aus Polen, war ich bereits ein Anachronismus. Und als ob das noch nicht genug gewesen wäre, hatte Washington mir die Verlängerung meines Besuchsvisums abgeschlagen. Liebermann, mein Anwalt, versuchte, mir ein Einwanderungsvisum zu verschaffen, aber dazu brauchte man einen Geburtsschein, ein Leumundszeugnis, einen Brief, der bestätigte, daß ich eine Stellung hatte und nicht der Öffentlichkeit zur Last fallen würde, und noch andere Papiere, die ich nicht beschaffen konnte. Ich schrieb Brandbriefe an meine Freunde in Polen. Sie antworteten nicht. Die Zeitungen sagten voraus, daß Hitler jeden Tag in Polen einfallen könnte.

Ich erwachte nach einem unruhigen Schlaf voller Angstträume. Meine Warschauer Armbanduhr zeigte ein Viertel vor elf. Durch die rissigen Sonnenstores drang goldenes Licht. Ich hörte das Rauschen des Ozeans. Seit anderthalb Jahren hatte ich ein möbliertes Zimmer in einem alten Haus in Sea Gate gemietet, nicht weit von Esther (so will ich sie hier nennen), und ich bezahlte im Monat sechzehn Dollar dafür. Frau Berger, die Wirtin, machte mir Frühstück zum Selbstkostenpreis.

Bis man mich nach Polen deportieren würde, genoß ich noch den amerikanischen Komfort. Ich nahm ein Bad in dem Badezimmer auf dem Gang (um diese Tageszeit war es nicht besetzt), und ich sah ein großes Schiff anlegen, das aus Europa kam – entweder die ›Queen Mary‹ oder die ›Normandie‹. Was für ein Luxus, aus dem Badezimmerfenster zu schauen und den Atlantik nebst einem der neuesten und schnellsten Schiffe der Welt zu sehen! Während ich mich rasierte, faßte ich einen Entschluß: ich würde mich nicht von ihnen nach Polen deportieren lassen. Ich würde nicht in Hitlers Klauen fallen. Ich würde illegal dableiben. Man hatte mir gesagt, wenn Krieg ausbrechen würde, hätte ich eine gute Chance automatisch Bürger der Vereinigten Staaten zu werden. Ich schnitt meinem Spiegelbild eine Grimasse. Mein rotes Haar hatte ich schon verloren. Ich hatte wässerigblaue Augen, entzündete Augenlider, eingefallene Wangen und einen hervorstehenden Adamsapfel. Obwohl die Leute von Manhattan nach Sea Gate kamen, um braun zu werden, blieb meine Haut kränklich weiß. Meine Nase war schmal und blaß, mein Kinn spitz, meine Brust flach. Mir kam es oft vor, als sähe ich den Kobolden, die ich in meinen Geschichten beschrieb, nicht unähnlich. Ich streckte mir die Zunge heraus und nannte mich einen verrückten ›Batlan‹, einen weltfremden Müssiggänger.

Ich hatte geglaubt, so spät am Morgen wäre Frau Bergers Küche leer, aber sie waren alle da: Herr Chaikowitz; seine dritte Frau; der alte Schriftsteller Lemkin, der mal ein Anarchist gewesen war; und Sylvia, die mich vor einigen Tagen in das Kino in der Mermaid Street mitgenommen hatte (vor fünf Uhr nachmittags kostete es nur zehn Cents), und mir in gebrochenem Jiddisch übersetzt hatte, was die Gangster in dem Film sagten. In der Dunkelheit hatte sie meine Hand genommen, was mir ein Schuldgefühl gab. Erstens hatte ich mir selbst gelobt, die Zehn Gebote zu halten. Zweitens betrog ich Esther. Drittens hatte ich ein schlechtes Gewissen Annas wegen, die mir noch immer aus Warschau schrieb. Aber ich wollte Sylvia nicht beleidigen.

Als ich in die Küche trat, rief Frau Berger: »Hier kommt unser Schriftsteller! Wie kann ein Mensch nur so lange schlafen? Ich bin schon seit sechs Uhr auf den Füßen.« Ich sah auf ihre dicken Beine, die verkrümmten Zehen und hervorstehenden Ballen. Alle neckten mich. Der alte Chaikowitz sagte: »Ist Ihnen klar, daß Sie die Stunde für das Morgengebet verschlafen haben? Sie gehören wohl der chassidischen Sekte aus Kock an, die spät beten?« Sein Gesicht war weiß, wie auch sein Spitzbart. Seine dritte Frau, eine fette Person mit dicker Nase und fleischigen Lippen, stimmte ein. »Ich wette, dieser Neuling hat nicht einmal Gebetsriemen.« Lemkin sagte: »Wenn Sie mich fragen, er hat sicher die ganze Nacht an einem Bestseller geschrieben.«

»Ich bin zum zweitenmal hungrig«, verkündete Sylvia.

»Was möchten Sie heute haben?« fragte mich Frau Berger.

»Zwei Brötchen mit einem Ei, oder zwei Eier mit einem Brötchen?«

»Was immer Sie mir geben.«

»Ich bin bereit, Ihnen den Mond auf einem Teller zu servieren. Ich habe Angst davor, was Sie über mich in Ihrer jiddischen Zeitung schreiben könnten.«

Sie brachte mir ein großes Brötchen mit Rührei und eine große Tasse Kaffee. Das Frühstück kostete fünfundzwanzig Cents, aber ich schuldete Frau Berger bereits die Miete für sechs Wochen und für sechs Wochen Frühstück.

Während ich aß, erzählte Frau Chaikowitz von ihrer ältesten Tochter, die vor einem Jahr Witwe geworden und nun wieder verheiratet war. »Haben Sie so etwas schon gehört?« sagte sie. »Ein Schluckauf und er fiel tot um. Irgendwas in seinem Gehirn war geplatzt. Gott behüte einen vor den Unglücksfällen, die passieren können. Er hinterließ ihr mehr als fünfzigtausend Dollar Lebensversicherung. Wie lange kann eine junge Frau warten? Der damalige war ein Arzt, der jetzige ist ein Anwalt – der größte in ganz Amerika. Er hatte einen Blick auf sie geworfen und gesagt: ›Das ist die Frau, auf die ich gewartet habe.‹ Nach sechs Wochen heirateten sie und machten die Hochzeitsreise auf die Bermudas. Er hat ihr einen Ring für zehntausend Dollar gekauft.«

»War er Junggeselle?« fragte Sylvia.

»Er war schon mal verheiratet, aber sie war nicht sein Typ und er ließ sich scheiden. Sie bekommt reichliche Alimente von ihm. Möge sie alles für Medizin ausgeben!«

Ich frühstückte schnell und ging. Draußen schaute ich in den Briefkasten, aber für mich war nichts da. Nach nur zwei Straßenblöcken konnte ich Esthers Haus sehen, das sie im vorigen Winter gemietet hatte. Sie vermietete Zimmer an Leute, die ihre Ferien in der Nähe von New York verbringen wollten. Während des Tages konnte ich sie nicht besuchen, aber spät abends schlich ich zu ihr. In diesem Sommer wohnten eine Reihe jiddischer Schriftsteller und Journalisten in ihrem Haus, sie durften von meiner Liebschaft mit Esther nichts erfahren. Warum sollte ich ihren Ruf gefährden, da ich nicht die Absicht hatte, sie zu heiraten? Esther war fast zehn Jahre älter als ich. Sie hatte sich von ihrem Mann scheiden lassen – einem jiddischen Dichter, einem Modernen, einem Kommunisten und Scharlatan. Er war nach Kalifornien gegangen und schickte keinen Pfennig für ihre zwei kleinen Töchter. Er lebte mit einer Malerin zusammen, die abstrakte Bilder malte. Esther brauchte einen Mann, der sie und die Kinder erhalten konnte, und nicht einen jiddischen Schriftsteller, der sich auf Werwölfe und Geister spezialisiert hatte.

Ich lebte schon achtzehn Monate in Amerika, aber Coney Island setzte mich immer noch in Erstaunen. Die Sonne goß Feuer vom Himmel. Der Lärm vom Strand übertönte noch den des Ozeans. Auf der Strandpromenade schlug ein italienischer Wassermelonenverkäufer mit einem Messer auf ein Blech und rief mit wilder Stimme nach Käufern. Jeder brüllte auf seine Weise: Verkäufer von Popcorn und warmen Würstchen, Eiscreme und Erdnüssen, Zuckerwatte und Maiskolben. Ich kam an einer Bude vorbei, in der ein Geschöpf, halb Frau, halb Fisch, ausgestellt war; an einem Wachsfigurenkabinett mit den Gestalten von Marie Antoinette, Buffalo Bill und John Wilkes Booth; in einer anderen Bude saß im Dunkeln ein Astrologe mit Turban, umgeben von Karten und Globen der Himmelskonstellationen, und stellte Horoskope. Pygmäen tanzten vor einem kleinen Zirkus, ihre schwarzen Gesichter waren weiß bemalt, und alle waren mit einem Strick lose aneinandergebunden. Ein mechanischer Affe blies seinen Bauch wie einen Blasebalg auf und lachte heiser. Negerjungen schossen auf Blechenten. Ein halbnackter Mann mit schwarzem Bart und Haaren bis auf die Schultern, verhökerte einen Trank, der die Muskeln stärken, die Haut verschönern und verlorene Manneskraft wiederbringen sollte. Er zerbrach mit seinen Händen schwere Ketten und verbog Münzen zwischen seinen Fingern. Ein wenig weiter kündigte ein Medium an, daß sie die Geister Verstorbener herbeirufen, die Zukunft voraussagen und in Liebes- und Ehegeschichten Rat erteilen könne. Ich hatte eine polnische Ausgabe von Payots »Die Erziehung des Willens« bei mir. Dieses Buch, das lehrte, wie man die Faulheit überwinden und systematische geistige Arbeit leisten könne, war mir zu einer zweiten Bibel geworden. Aber ich tat das Gegenteil von dem, was das Buch predigte. Ich vergeudete meine Zeit mit Träumen, Sorgen und leeren Phantastereien, und verstrickte mich in Sachen, die keine Zukunft hatten.

Am Ende der Strandpromenade setzte ich mich auf eine Bank. Jeden Tag versammelte sich dort die gleiche Gruppe alter Männer und ereiferte sich über den Kommunismus. Ein kleiner Mann mit einem runden, roten Gesicht und

schaumweißem Haar schüttelte heftig den Kopf und schrie: »Wer wird die Arbeiter retten – Hitler? Mussolini? Dieser Sozialfaschist Léon Blum? Dieser Opportunist Norman Thomas? Lang lebe Genosse Stalin! Gesegnet seien seine Hände!«
Ein anderer Mann, dessen Nase von kleinen Äderchen gezeichnet war, schrie zurück: »Und was ist mit den Moskauer Prozessen? Und den Millionen von Arbeitern und Bauern, die Stalin nach Sibirien verbannt hat? Was ist mit den sowjetischen Generälen, die dein Genosse Stalin umgebracht hat?« Sein Körper war kurz und breit, als ob die Mittelpartie herausgesägt worden wäre. Er spuckte in sein Taschentuch und kreischte: »Ist Bucharin wirklich ein deutscher Spion? Hat Trotzki Geld von Rockefeller genommen? War Kamenew ein Feind der Arbeiterschaft? Und wie hältst du es selbst mit dem Proletariat? Du ausbeuterischer Hausbesitzer!«
Ich stellte mir oft vor, daß diese Männer ihre Diskussionen nicht einmal zum Essen oder Schlafen unterbrachen. Sie gingen aufeinander los wie rasende Böcke. Ich hatte einen Notizblock herausgezogen und einen Füllfederhalter, um etwas aufzuschreiben (vielleicht über diese Debattierer), aber stattdessen begann ich ein kleines Männchen zu zeichnen, mit langen Ohren, einer Nase wie ein Widderhorn, Gänsefüßen und zwei Hörnern auf dem Kopf. Nach einiger Zeit bedeckte ich seinen Körper mit Schuppen und fügte Flügel hinzu. Ich betrachtete »Die Erziehung des Willens«. Disziplin? Konzentration? Was würde mir das schon nützen, wenn ich dazu verdammt war, in Hitlers Konzentrationslagern umzukommen? Und selbst wenn ich überlebte, wie könnte ein Roman von mir, oder eine Geschichte, der Menschheit helfen? Die Metaphysiker hatten zu früh aufgegeben, entschied ich. Die Wirklichkeit ist weder Solipsismus noch Materialismus. Man sollte am Anfang beginnen: was ist Zeit? Was ist Raum? Hier lag der Schlüssel zu dem

ganzen Rätsel. Wer weiß, vielleicht war ich dazu ausersehen, es zu lösen.
Ich schloß meine Augen und beschloß ein für allemal, den Zaun zwischen Idee und Sein, den Kategorien der reinen Vernunft und des Dings an sich, niederzureißen. Durch meine Lider sah ich die rote Sonne. Das Donnern der Wellen und der Lärm der Menschen verschmolzen ineinander. Ich fühlte, fast greifbar, daß ich nur einen Schritt von der Wahrheit entfernt war. »Zeit ist nichts, Raum ist nichts«, murmelte ich. Aber dieses Nichts ist der Hintergrund des Weltbilds. Und was ist das Weltbild? Ist es Materie? Geist? Ist es Magnetismus oder Schwerkraft? Und was ist Leben? Was ist Leiden? Was ist Bewußtsein? Und wenn es einen Gott gibt, was ist Er? Eine Wesenheit mit unendlichen Eigenschaften? Die Monade aller Monaden? Blinder Wille? Das Unbewußte? Kann Er das Geschlechtliche verkörpern, wie die Kabbalisten andeuten? Ist Gott ein nie endender Orgasmus? Ist das universale Nichts das Prinzip der Weiblichkeit? Ich konnte jetzt zu keiner Entscheidung kommen, entschied ich. Vielleicht am Abend, im Bett ...
Ich öffnete meine Augen und ging in die Richtung von Brighton. Die Pfeiler der Hochbahn warfen ein Netz von Sonne und Schatten auf das Pflaster. Ein Zug aus Manhattan flog mit ohrenbetäubendem Gerassel vorbei. Ganz gleich, wie man Zeit und Raum definierte, dachte ich, man kann nicht gleichzeitig in Brooklyn und Manhattan sein. Ich ging an Schaufenstern vorüber, in denen Matratzen, Muster von Dachziegeln oder koschere Hühner ausgestellt waren. Ich blieb vor einem chinesischen Restaurant stehen. Sollte ich hier essen? Nein, in der Cafeteria war es vielleicht fünf Cents billiger. Ich war völlig abgebrannt. Wenn meine Geschichte »Nach der Scheidung« nicht in der Sonntagsnummer erschien, blieb mir nur noch der Selbstmord.
Auf dem Rückweg wunderte ich mich über mich. Wie hatte ich es nur dahin kommen lassen können, daß ich kaum

noch einen Cent in der Tasche hatte. Es ist wahr, Touristen durften nicht arbeiten, aber wie konnte die Einwanderungsbehörde wissen, ob ich in einem Restaurant Teller wusch, oder als Laufjunge arbeitete, oder als Hebräischlehrer? Es war verrückt, so lange zu warten, bis man ganz pleite war. Gewiß, ich hatte mich davon überzeugt, daß ich von den Resten auf den Cafeteriatischen hätte leben können. Aber früher oder später hätten der Manager oder Kassierer den menschlichen Geier bemerkt. Die Amerikaner werfen lieber das Essen in den Abfallkübel, als daß sie es jemanden ohne Bezahlung essen ließen. Der Gedanke an Essen machte mich hungrig. Ich erinnerte mich daran, was ich über das Fasten gelesen hatte. Wenn er Wasser zu trinken hat, kann ein Mensch ungefähr sechzig Tage ohne zu essen leben. An anderer Stelle hatte ich gelesen, daß Amundsen auf einer seiner Expeditionen zum Süd- oder Nordpol einen seiner Schuhe gegessen hatte. Mein augenblicklicher Hunger, redete ich mir ein, war nichts als Hysterie. Zwei Eier und ein Brötchen enthalten genügend Stärke, Fett und Protein für einige Tage. Trotzdem, in meinem Magen nagte es. Meine Knie waren weich. Ich sollte am Abend Esther treffen, und Unterernährung führt zu Impotenz. Mit Mühe erreichte ich die Cafeteria. Ich trat ein, nahm einen Bon aus dem Automaten und näherte mich der Theke. Ich weiß, daß zum Tode Verurteilte noch eine letzte Mahlzeit bestellen; der Mensch will nicht einmal hingerichtet werden mit leerem Magen. Dies, dachte ich, ist der Beweis dafür, daß Leben und Tod keine Verbindung haben. Da der Tod keine Substanz hat, kann er nicht das Leben beenden. Er ist nur der Rahmen für Lebensvorgänge, die ewig sind.

Ich war damals noch nicht Vegetarier, aber ich beschäftigte mich mit den vegetarischen Grundsätzen. Trotzdem suchte ich mir Rindfleisch in Meerrettichsauce aus, mit gekochten Kartoffeln und Saubohnen, eine Tasse Nudelsuppe, ein großes Brötchen, eine Tasse Kaffee und ein Stück Kuchen – alles für sechzig Cents. Ich ging mit meinem Tablett an Tischen mit den Resten von Mahlzeiten vorbei, blieb aber an einem sauberen stehen. Auf einem Stuhl lag das Mittagsblatt. Obwohl ich es gern gelesen hätte, fielen mir Payots Worte ein: Intellektuelle sollten langsam essen, jeden Bissen gründlich kauen und nicht dabei lesen. Trotzdem schielte ich nach den Überschriften. Hitler hatte abermals den polnischen Korridor verlangt. Smigly-Rydz hatte im Sejm verkündet, daß Polen um jeden Zentimeter Boden kämpfen würde. Der deutsche Gesandte in Tokio hatte eine Audienz beim Mikado gehabt. Ein englischer General im Ruhestand hatte die Maginot-Linie kritisiert und vorausgesagt, daß sie beim ersten Angriff fallen würde. Die Mächte, die die Welt regierten, bereiteten die Katastrophe vor.

Als ich meine Mahlzeit beendet hatte, zählte ich mein Geld und mir fiel ein, daß ich bei der Zeitung anrufen müßte, um nach meiner Geschichte zu fragen. Ich wußte, ein Anruf von Coney Island nach Manhattan kostete zehn Cents, und der Redakteur der Sonntagsausgabe, Leon Diamond, kam selten ins Büro. Aber ich konnte nicht alles dem Schicksal überlassen. Zehn Cents würden die Situation kaum ändern. Entschlossen stand ich auf, fand eine leere Telephonzelle und verlangte die Nummer. Ich betete zu den gleichen Mächten, die die Weltkatastrophe vorbereiteten, mir eine falsche Verbindung zu ersparen. So deutlich ich mit meinem Akzent die Nummer aussprechen konnte, tat ich es. Ich mußte die Münze einwerfen. Das Telephonfräulein in der Redaktion meldete sich, und ich verlangte Leon Diamond. Ich war ganz sicher, sie würde sagen, er sei nicht in der Redaktion. Dann hörte ich seine Stimme. Ich begann zu stottern und mich zu entschuldigen. Als ich meinen Namen nannte, sagte er kurz: »Ihre Geschichte wird am Sonntag drin sein.«

»Danke. Ich danke Ihnen.«

»Schicken Sie mir eine neue Geschichte. Wiedersehen.«

»Ein Wunder! Ein Wunder des Himmels!« rief ich laut. Kaum hatte ich angehängt, als ein weiteres Wunder geschah: Geld strömte aus dem Telephon – fünfer, zehner, fünfundzwanziger. Einen Augenblick lang zögerte ich; das Geld zu nehmen, war Diebstahl. Aber die Telephongesellschaft würde es bestimmt nicht bekommen, und jemand, der es weniger nötig brauchte als ich, könnte es finden. Wie oft hatte ich nicht selbst Münzen eingeworfen, ohne eine Verbindung zu bekommen! Ich sah mich um und bemerkte eine dicke Frau in Badeanzug und breitrandigem Strohhut, die auf die Zelle wartete. Ich grapschte die Münzen, schob sie in die Tasche und verließ die Zelle, ein anderer Mensch. In Gedanken entschuldigte ich mich bei den allwissenden Mächten. Ich trat von der Cafeteria auf die Straße und schlenderte in die Richtung von Sea Gate. Ich rechnete: wenn ich fünfzig Dollar für die Geschichte bekam, könnte ich Frau Berger dreißig für Miete und Frühstück geben und mir blieben noch immer zwanzig. Außerdem würde ich bei ihr wieder Kredit haben und bleiben können. In dem Fall müßte ich Liebermann, den Anwalt, anrufen. Wer weiß, vielleicht hatte er schon Nachricht vom Konsul in Toronto. Ein Tourist konnte kein Einwanderungsvisum erhalten, so lange er sich in den Vereinigten Staaten aufhielt. Ich würde nach Kuba oder nach Kanada fahren müssen. Die Reise nach Kuba war zu teuer, aber würde Kanada mich hereinlassen? Liebermann hatte mich darauf vorbereitet, daß ich von Detroit nach Windsor geschmuggelt werden müßte, und wer immer mich über die Brücke brachte, würde hundert Dollar dafür verlangen.

Plötzlich bemerkte ich, daß ich nicht einen, sondern zwei Diebstähle begangen hatte. In meiner Begeisterung hatte ich vergessen, für meinen Lunch zu zahlen. Ich hielt den Zettel noch in der Hand. Das war gewiß das Werk Satans.

Der Himmel stellte mich auf die Probe. Ich entschloß mich, zurückzugehen. Ich ging schnell, fast lief ich. In der Cafeteria stand neben dem Kassierer ein Mann in weißer Uniform. Sie sprachen Englisch. Ich wollte abwarten, bis sie fertig waren, aber sie redeten immer weiter. Der Kassierer sah mich von der Seite an und fragte. »Was wollen Sie?«
Ich antwortete auf Jiddisch: »Ich habe vergessen, zu bezahlen.«
Er schnitt ein Gesicht und murrte vor sich hin: »Ach was. Scheren Sie sich fort.«
»Aber –«
»Raus hier«, knurrte er und blinzelte mir zu.
Endlich verstand ich, was da vor sich ging. Der Mann in der weißen Uniform war wohl der Besitzer oder der Manager, und der Kassierer wollte nicht, daß er entdeckte, ein Gast sei ohne Bezahlung durchgeschlüpft. Die höheren Mächte hatten sich verschworen, mir einen Glücksfall nach dem anderen zu bescheren. Ich ging hinaus und sah durch die Glastür, wie der Kassierer und der Mann in der weißen Uniform lachten. Sie lachten über mich, den unerfahrenen Neuling mit seinem Jiddisch. Aber ich wußte, der Himmel wollte mich prüfen, er legte meine Verdienste und meine Missetaten auf die Waage: verdiente ich es, in Amerika zu bleiben, oder mußte ich in Polen zugrunde gehen? Ich schämte mich meines Glaubens, nachdem ich mich selbst einen Agnostiker, einen Ungläubigen genannt hatte, und ich sagte zu meinen unsichtbaren Kritikern: »Schließlich ist selbst nach Spinoza alles vorherbestimmt. Im Universum gibt es keine kleinen oder großen Ereignisse. Der Ewigkeit ist ein Sandkorn so wichtig wie die Milchstraße.«
Ich wußte nicht, was ich mit der Rechnung anfangen sollte. Sollte ich sie bis morgen behalten oder wegwerfen? Ich beschloß, das Geld dem Kassierer ohne Rechnung zu geben. Ich zerriß das Papier und warf es in den Abfallkorb.

Zuhause angekommen, brach ich auf meinem Bett zusammen und sank in einen tiefen Schlaf, in dem ich die Rätsel von Zeit und Raum und Kausalität löste. Es schien unglaublich einfach, aber so bald ich die Augen öffnete, war alles vergessen. Was blieb, war der Geschmack von etwas Jenseitigem, Wunderbarem. Im Traum gab ich meiner philosophischen Entdeckung einen Namen, der Lateinisch, Hebräisch, Aramäisch oder eine Kombination aller drei Sprachen gewesen sein mag. Ich erinnerte mich, gesagt zu haben: »Sein ist nichts als ...« und dann kam das Wort, das alle Fragen beantwortete. Draußen war schon Dämmerung. Die Badenden und Schwimmenden waren verschwunden. Die Sonne sank in den Ozean und hinterließ einen feurigen Streifen. Der Wind brachte den Geruch von fauligem Wasser. Eine Wolke in Gestalt eines riesigen Fisches tauchte aus dem Nichts auf, und der Mond schlich hinter die Schuppen des Fisches. Das Wetter schlug um; schrill tönte das Nebelhorn des Leuchtturms. Ein Schlepper zog drei dunkle Leichter. Er schien unbeweglich, als hätte sich der Atlantik in das gefrorene Meer verwandelt, von dem ich in Märchenbüchern gelesen hatte.

Jetzt mußte ich nicht mehr knausern, ich ging in das Café in Sea Gate und bestellte Kaffee und Käsekuchen. Ein jiddischer Journalist, ein Mitarbeiter der Zeitung, die meine Geschichten druckte, setzte sich an meinen Tisch. Er hatte weißes Haar und ein gerötetes Gesicht.

»Wo stecken Sie denn eigentlich? Niemand sieht Sie. Ich habe gehört, daß Sie hier in Sea Gate wohnen.«

»Ja, ich lebe hier.«

»Ich habe ein Zimmer bei Esther gemietet. Sie wissen sicher, wer sie ist – die geschiedene Frau des verrückten Dichters. Kommen Sie doch mit hinüber. Die ganze jiddische Presse ist dort. Man hat verschiedentlich von Ihnen gesprochen.«

»So? Wer?«

»Oh, die Schriftsteller. Selbst Esther lobt Sie. Ich finde auch, daß Sie begabt sind, aber Sie suchen sich Themen aus, die niemanden interessieren und an die niemand glaubt. Es gibt keine Dämonen. Es gibt keinen Gott.«
»Sind Sie sicher?«
»Ganz sicher.«
»Wer hat die Welt erschaffen?«
»Ach, die alte Frage. Alles ist Natur. Evolution. Wer hat Gott erschaffen? Sind Sie wirklich religiös?«
»Manchmal bin ich es.«
»Aus Trotz! Wenn es einen Gott gibt, wie kann Er erlauben, daß Hitler unschuldige Menschen nach Dachau verschleppt? Und wie steht es mit Ihrem Visum? Haben Sie sich darum bemüht? Wenn nicht, wird man Sie aus Amerika rausschmeißen, und Ihr Gott wird sich sehr wenig darum kümmern.«
Ich erzählte ihm all meine Schwierigkeiten und er sagte: »Es gibt nur einen Ausweg für Sie – heiraten Sie eine Amerikanerin. Das legalisiert Sie. Später können Sie Ihre Einbürgerung beantragen und selbst Amerikaner werden.«
»Das würde ich nie tun«, sagte ich.
»Warum nicht?«
»Es ist eine Beleidigung, für die Frau und für mich.«
»Und in die Hände von Hitler fallen, ist besser? Das ist nur Ihr dummer Stolz. Sie schreiben wie ein reifer Mann, aber Sie benehmen sich wie ein Knabe. Wie alt sind Sie?«
Ich sagte es ihm.
»In Ihrem Alter bin ich wegen revolutionärer Umtriebe nach Sibirien verschickt worden.«
Der Kellner kam, und ich wollte bezahlen, als der Schriftsteller meine Rechnung nahm. Zu viel Glück heute, dachte ich.
Ich sah zur Tür und bemerkte Esther. Sie kam oft am Abend in dies Café, weshalb ich es gewöhnlich mied. Esther und ich hatten beschlossen, unser Verhältnis geheim zu

halten. Außerdem war ich in Amerika pathologisch schüchtern geworden. Ich errötete wieder wie in meiner Jugend. In Polen war ich mir nie klein vorgekommen, aber unter den amerikanischen Riesen wurde ich es. Mein Warschauer Anzug wirkte hier fremdländisch, mit seinen breiten Revers und den wattierten Schultern. Zudem war er für das heiße Wetter in New York viel zu schwer. Esther warf mir immer vor, daß ich bei dieser Hitze einen steifen Kragen, eine Weste und einen Hut trug. Jetzt sah sie mich und war so geniert wie ein polnisches Kleinstadtmädchen. Wir waren nie zusammen ausgegangen. Wir verbrachten unsere Zeit im Dunkeln, wie zwei Fledermäuse. Sie wollte umkehren, aber mein Tischgenosse rief sie an. Unsicher kam sie näher. Sie trug ein weißes Kleid und einen Strohhut mit einem grünen Band. Sie war sonnverbrannt und ihre schwarzen Augen leuchteten wie die eines jungen Mädchens. Sie sah nicht aus wie eine Frau, die sich den vierzigern nähert, sie war schlank und jugendlich. Sie kam herüber und begrüßte mich wie einen Fremden. Auf europäische Art schüttelte sie mir die Hand. Sie lächelte befangen und sagte ›Sie‹ statt ›du‹ zu mir.
»Wie geht es Ihnen? Ich habe Sie lange nicht gesehen«, sagte sie.
»Er versteckt sich«, rügte mich der Schriftsteller. »Er tut nichts wegen seines Visums und man wird ihn nach Polen zurückschicken. Bald wird der Krieg ausbrechen. Ich habe ihm geraten, eine Amerikanerin zu heiraten, denn auf diese Weise würde er sein Visum bekommen, aber er hört nicht auf mich.«
»Warum nicht?« fragte Esther. Ihre Wangen waren gerötet. Ihr Lächeln war wehmütig, liebevoll. Sie setzte sich auf den Rand des Stuhles.
Wie gern hätte ich eine kluge, witzige Antwort gegeben. Stattdessen sagte ich blöde: »Ich würde nicht heiraten, um ein Visum zu bekommen.«

Der Schriftsteller lächelte und blinzelte mir zu. »Ich bin kein Heiratsvermittler, aber ihr beide würdet ein gutes Paar abgeben.«

Esther sah mich fragend an, bittend und vorwurfsvoll. Ich wußte, ich mußte sofort antworten, entweder ernsthaft oder mit einem Scherz, aber ich brachte kein Wort heraus. Mir war heiß. Mein Hemd klebte an mir und ich am Stuhl. Ich hatte das schmerzhafte Gefühl, mein Stuhl kippe um. Der Fußboden hob sich, die Lichter an der Decke flossen ineinander, wurden länger und nebelhaft. Das Café drehte sich wie ein Karussell.

Esther stand jäh auf. »Ich muß noch jemand treffen«, sagte sie und wandte sich ab. Ich sah sie zur Tür eilen. Der Schriftsteller lächelte wissend, nickte und ging an einen anderen Tisch. um mit einem Kollegen zu plaudern. Ich blieb sitzen, verwirrt über diesen plötzlichen Wandel meines Glückes. In meiner Bestürzung fing ich an, die Münzen aus meiner Tasche zu nehmen und sie zu zählen und wieder zu zählen, ich erkannte sie mehr durch Fühlen als durch Sehen und stellte schwierige Berechnungen an. Jedesmal kam etwas anderes heraus. So wie das Spiel mit den höheren Mächten jetzt stand, sah es aus, als hätte ich einen Dollar und ein paar Cents gewonnen, aber meine Zuflucht in Amerika und die Frau, die ich wirklich liebte, verloren.

# Gefangene

Während der Zwanzigerjahre, in der Zeit des Expressionismus, Kubismus und anderen Ismen der Malerei, war Zorach Kreiter ein überzeugter Impressionist geblieben. Er gehörte zu jenen Lodzern, die gewöhnlich in Warschau leben; dort hatte er den Ruf, fleißig und produktiv zu sein. Er arbeitete sogar beim Essen. Zorach Kreiter saß im Schriftsteller-Klub, kaute an einem Würstchen, und zeichnete die Menschen um sich herum auf Papierservietten oder auf das Tischtuch. Er war groß und dunkel, mit gelbgrünen Augen, einem spitzen Schädel bar jeden Haares, und mit einem Mund, der nie stillstand. Entweder prahlte er mit seinen Heldentaten bei Frauen oder er erzählte Unglaubliches aus Lodz und Paris, wo er sich häufig aufhielt. Irgendwo in Lodz hatte er auch eine Frau, aber er schien getrennt von ihr zu leben. Sein Vater, so erzählte er, war von einem Geschäftspartner um sein Vermögen gebracht worden. Er tischte so viele Lügen auf, daß ich nie wußte, ob er wirklich sein eigenes Atelier in Warschau hatte, wie er behauptete, oder ob er es mit irgendjemandem teilte; ob er viel Geld verdiente oder hungerte. Ich erinnere mich, ihn immer in dem gleichen braunen Anzug gesehen zu haben, dessen Taschen mit Zeichenblöcken, Kohlestiften und Zeitungen vollgestopft waren. Er ging nicht, sondern rannte auf seinen langen Beinen, immer hing eine Zigarette an seiner Unterlippe. Kreiter sprach nicht, er schrie, brüllte, schlug mit der Faust auf den Tisch und sprudelte vor Begeisterung über Dinge, die niemanden interessierten. Ich zahlte ihm fünf Zlotys für jede der beiden Zeichnungen, die er von mir machte. Jedesmal bemerkte er dazu: »Wenn ich wollte, könnte ich sie für tausend Zlotys verkaufen.«

»Warum tun Sie das nicht?«

»Was soll ich mit so viel Geld? Nehmen Sie die Zeichnungen. In fünfzig Jahren werden sie ein Vermögen wert sein.«

Anfang der dreißiger Jahre wollte er, daß ich ihm für ein Ölbild sitzen sollte. Er hielt aber die Verabredung nicht ein. Bald darauf erfuhr ich, daß er nach Frankreich gegangen sei. Wenig später verbreitete sich im Schriftsteller-Klub die Neuigkeit, Zorach Kreiter habe »Paris erobert«. In der französischen Presse erschienen Artikel über ihn. Die Museen kauften seine Arbeiten. Man erzählte mir, er habe seiner Frau keinen Pfennig geschickt. Also folgte sie ihm nach Paris und machte einen Skandal. Während all dies noch im Gang war, fuhr ich nach Amerika und ließ Kreiters Zeichnungen in meinem möblierten Zimmer zurück.

Der zweite Weltkrieg hatte begonnen. 1945 hörte ich, Kreiter sei umgekommen. Obwohl er die Möglichkeit gehabt hätte, nach Marokko zu fliehen, war er in Paris geblieben, und die Nazis hatten ihn in ein Konzentrationslager verschleppt. Seine Frau, der es gelungen war, nach Palästina zu entkommen, überlebte.

All dies erfuhr ich von Tobias Anfang, einem anderen Maler, der 1940 aus Paris nach New York gekommen war. Anfang war ein stiller kleiner Mann mit einem runden Gesicht, blondem Kraushaar und den rötlichen Augen eines Albino. Er hatte lange in Deutschland gelebt und eine deutsche Frau geheiratet, mit der er zwei Söhne hatte. Als Hitler an die Macht kam, schwor die Frau vor Gericht, die Kinder seien nicht von Anfang, ihr Vater sei ein Arier. Die Ehe wurde für nichtig erklärt. Tobias Anfang floh nach Paris, wo er mit Zorach Kreiter ein Atelier teilte. Er bestand darauf, Zorach Kreiter sei ein Genie gewesen. Anfang kannte auch Zorachs Frau, Sonja. Ich fragte ihn, was sie für eine Person sei. »Ein aggressives Stück«, sagte er.

Diese Unterhaltung fand in einer Cafeteria am unteren Broadway statt. Tobias Anfang hatte mich nach einem Photo in einer jiddischen Zeitung erkannt und ein Treffen vorgeschlagen. Er trug ein beiges Corduroy Jackett mit einem schwarzen Halstuch. Während er mir seine Zeichnungen in einem Skizzenbuch zeigte, erzählte er Geschichten über Zorach Kreiter. Kreiter konnte zwanzig Brötchen zu einer Mahlzeit verschlingen und die nächsten drei Tage fasten. Er konnte sich auf eine Bank im Park legen und geschlagene zehn Stunden durchschlafen. Einmal war Tobias Anfang Zeuge gewesen, wie Zorach es mit zehn Prostituierten trieb, mit einer nach der anderen. Sonja, Zorachs Frau, beschrieb er als häßliche, hysterische Nymphomanin und gerissene Geschäftsfrau.

Nachdem jeder von uns zwei Portionen Reispudding und viele Tassen Kaffee zu sich genommen hatte, lud mich Tobias Anfang in sein Atelier ein. Es war ein winziger Raum in einer Pension in Greenwich Village. Die Möbel bestanden aus einem zerbrochenen Stuhl und einer eisernen Bettstatt, die mit Leinwänden, Paletten, Pinseln, Rahmen und Lumpen bedeckt war. Der Fußboden war mit Zigarettenstummeln übersät. Das Fenster ging auf eine rote Ziegelmauer. Er zeigte mir Bilder, die mich verwirrten, ich hatte niemals solche Farben und Formen gesehen. Er hörte sich mein Lob an, bedankte sich überschwenglich und sagte dann: »Das alles ist einen Dreck wert.«

»Glauben Sie denn nicht mehr an die Kunst?«

»Ich glaube überhaupt an nichts mehr.«

»Was sollte man denn tun?«

»Nichts. Alles ist verloren – alles war von Anfang an kaputt.«

Ich mochte ihn, und obwohl ich selbst kein Geld hatte, wollte ich gern ein Portrait bei ihm bestellen. Er lehnte ab. »Wozu brauchen Sie das? In einer Welt, in der man Menschen in Gaskammern umbringt, was soll man da mit Kunst? Der ganze Unsinn sollte aufhören.«

Eines Abends lud ich ihn ein, mit mir zu essen, und wir

gingen in die gleiche Cafeteria. Wiederum sprach er von Zorach Kreiter. »Wo mag er jetzt sein? Eine Handvoll Asche. Glauben Sie an die Existenz der Seele? Nach dem, was Sie schreiben, würde ich denken, ja. Die Seele ist also Asche.«

»Wer hat die Welt erschaffen?«

»Irgendwo im Kosmos war Materie vorhanden und lange Zeit lag sie da und stank. Dieser Gestank war der Ursprung des Lebens.«

»Und wo kam die Materie her?«

»Das ist doch ganz gleich. Wichtig ist nur, daß wir keine Verantwortung tragen, weder uns noch anderen gegenüber. Das Geheimnis des Universums ist Apathie, Gleichgültigkeit. Die Sonne, die Erde, die Felsen, sie alle sind gleichgültig, und das ist eine Art passive Kraft. Vielleicht sind Gleichgültigkeit und Schwerkraft das gleiche.« Er sprach und gähnte. Er aß und rauchte.

»Warum rauchen Sie so viel?« fragte ich.

»Dadurch bleibe ich gleichgültig.«

Eine Zeitlang trafen wir uns öfters in der Cafeteria oder in der Bibliothek. Schließlich fing er doch an, mein Portrait zu malen und ruinierte ein paar Leinwände. Ich bot ihm einen Vorschuß an, den er ablehnte. Während der Arbeit sprach er unentwegt von Zorach Kreiter. Offenbar hatte Zorach vor Sonja eine andere Frau gehabt, eine Näherin, die sich das Leben genommen hatte. In Paris hatte er eine Freundin gehabt – eine Malerin, die den Verstand verloren hatte und in einem Irrenhaus geendet war.

Tobias Anfang sagte: »Ich weiß, daß es keine Seele gibt, aber irgendwie spüre ich Kreiters Gegenwart. Nachts, wenn ich das Licht lösche, dann ist er da.«

»Sehen Sie ihn?«

»Nein. Wenn ich ihn sehen würde, wäre ich selbst reif für das Irrenhaus. Es ist ein ganz subjektives Gefühl. Er hatte starke hypnotische Kräfte.«

»Und warum benutzte er die nicht, um seine Lage zu verbessern?«
»Wer solche Kräfte besitzt, sucht nicht seinen eigenen Vorteil. Im Gegenteil, diese Menschen laufen vor sich selbst davon und beginnen erst zu leben, wenn sie tot sind.«
Nach vielen Versuchen gab Tobias Anfang es auf, mich zu malen. Wie oft er auch einen Anlauf nahm, er brachte keine Ähnlichkeit zustande. Sein Kommentar dazu war: »Sie haben jeden Tag ein anderes Gesicht. Ihr Gesicht ändert sich sogar während einer Sitzung. Es brauchte einen Zorach, den Ausdruck einzufangen.«
Eines Tages teilte mir Tobias Anfang mit, daß er nach Paris zurückkehre. »Dort habe ich zwar auch nichts zu tun«, erklärte er mir, »aber dort ist es leichter, gleichgültig zu sein.«

In den fünfziger Jahren besuchte ich Israel, und in der Presse erschien eine Notiz über meine Ankunft. Eines Morgens läutete mein Telephon. Als ich den Hörer abnahm, vernahm ich nur ein Murren und Murmeln. »Wer ist da?« fragte ich. »Bitte sprechen Sie etwas lauter.«
»Mein Name ist Tobias Anfang. Sie werden sich nicht an mich erinnern.«
»Ich erinnere mich Ihrer sehr wohl.«
»Dann haben Sie ein gutes Gedächtnis.«
»Wie lange sind Sie schon im Gelobten Land?«
Er antwortete nicht gleich. Endlich sagte er: »Ich bin seit fünf Jahren hier, aber niemand weiß es. Das ist eine lange Geschichte.«
»Leben Sie versteckt?«
»Man könnte es so nennen.«
»Aber warum?«
»Ach, das kann man nicht so schnell erzählen und ich muß ganz besonders vorsichtig hier am Telephon sein. Ich wür-

de Sie gern sehen. Ich sitze in einer Falle, könnte man sagen, und –« Tobias Anfang beendete den Satz nicht.

»Hat es was mit der Regierung zu tun? Sind Sie illegal hier?«

»Wie kann ein Jude illegal sein in Israel?«

»Ja, was ist denn los?«

»Ich kann es Ihnen am Telephon nicht erzählen. Vielleicht können wir uns irgendwo treffen. Ich gehe selten aus, aber ich könnte Sie besuchen. Ich bin kein richtiger Gefangener«, sagte er und kicherte.

»Kommen Sie in mein Hotel.«

»Das ist eine ziemliche Reise von mir aus. Das dauert ein bischen.«

»Gut. Ich freue mich, Sie zu sehen.«

»Erzählen Sie niemandem etwas von meinem Anruf, ich flehe Sie an. Ich bin ein Vergessener hier – sozusagen ein Geist, wenn auch nicht einer von denen, über die Sie schreiben. Sind Sie allein?«

»Ja, ganz allein.«

»Gut, ich danke Ihnen. Verzeihen Sie mir, daß ... bis später.«

Tobias Anfangs Worte erregten meine Neugier. Was konnte ihm zugestoßen sein? War seine deutsche Frau wieder aufgetaucht und er versteckte sich vor ihr? Ich ging hinunter zum Frühstück, kaufte eine hebräische Zeitung und setzte mich damit draußen an einen Tisch, vor der Sonne durch eine grüne Markise geschützt. Durch einen Strohhalm schlürfte ich geeisten Kaffee. Auf der anderen Straßenseite verkaufte ein arabischer Händler Feigen, Datteln und Trauben von einem Eselskarren. Ich hörte ihn Hebräisch sprechen mit Jiddisch und Arabisch gemischt. Gelegentlich stampfte der Esel mit dem Huf, dann stand er wieder unbeweglich. Die Sonne verströmte trockenes Feuer. Von irgendwo tauchte ein Schmetterling auf und ließ sich auf der Blechwaage des Arabers nieder. Aus einer Nebenstraße kam ein Bettler auf mich zu, den Kopf nach links verdreht, eine steife Hand gekrümmt ausgestreckt. Ich gab ihm ein paar Piaster. In der Zeitung las ich von Diebstählen, Autounfällen und Schießereien an der Grenze. Eine Seite war voller Todesanzeigen. Nein, der Messias war noch nicht erschienen. Die Auferstehung war noch nicht in Sicht. Auf der anderen Seite der Straße waren in einem Laden orthopädische Schuhe ausgestellt.

Nach dem Frühstück kehrte ich in mein Zimmer zurück und versuchte, ein wenig zu schlafen, da ich eine schlechte Nacht gehabt hatte. Aber das Telephon störte mich dauernd, und nach einer knappen Stunde stand ich auf, öffnete die Läden und ließ das Licht herein. Gegenüber auf einem Balkon lag ein älterer, kränklich aussehender Mann auf einem Liegebett, mit Kissen gestützt, unter einem Sonnenschirm. Er trug ein schwarzes, seidenartiges Gewand und ein passendes Käppchen. Eine junge Frau, wahrscheinlich seine Tochter, brachte ihm ein Getränk, und ich konnte sehen, daß er seine Lippen im Gebet bewegte, ehe er trank. Ich blickte zu dem blaßblauen Himmel empor, den kein Wölkchen trübte. Wo war der Gott Israels? Warum wartete Er so lange?

Kurz vor drei Uhr klopfte es an meiner Tür. Ich öffnete, und Tobias Anfang kam herein. Er schien noch kleiner als er in New York gewesen war – blaß, gealtert und gebeugt. Was ihm an Haar geblieben, war goldgrau. Er sah mich prüfend an, unter flachsfarbenen Augenbrauen, blinzelte mit seinen rötlichen Albinoaugen und sagte: »Unglaublich, Sie sehen keinen Tag älter aus.«

Ich schlug vor, auf der Terrasse zu sitzen, aber er lehnte ab. Ich rief unten an und bestellte Erfrischungen. Anfang sah sich so gründlich im Zimmer um, als ob er vermutete, jemand habe sich versteckt, um ihm aufzulauern.

»Sind Sie sicher, daß uns niemand hören kann?« fragte er.

»Niemand.«
Wir sprachen über Israel und Amerika. Schließlich sagte Anfang: »Was mir widerfuhr, ist seltsam, aber je mehr ich darüber nachdenke, desto mehr fühle ich die Unausweichlichkeit. Es ist nicht einmal tragisch, es ist komisch.«
»Was ist denn geschehen? Ist Ihre deutsche Frau zurückgekehrt?« fragte ich, um ihm zu zeigen, daß ich eine Ahnung von seinem Leben hatte.
Er wurde ernst, beinahe zornig: »Ich habe weder von ihr noch von den Kindern gehört. Wenn sie noch leben, so sind sie erwachsen. Sie sind völlig verschwunden.«
»Versuchen Sie, sie zu finden?«
»Nein.«
Das jemenitische Zimmermädchen klopfte an die Tür und brachte Tee und Gebäck. Tobias Anfang betrachtete sie voller Mißtrauen und schüttelte den Kopf. »Nein, es hat nichts mit meiner Frau zu tun. Ich habe gehört, daß sie einen Nazi geheiratet hat, und der ist irgendwo in Rußland vermißt. Nachdem sie geschworen hat, mich betrogen zu haben – was soll ich da noch? Für mich sind sie vollkommen gestorben. Ich kam hierher, zuallererst um Jude zu sein, und dann, um vielleicht einen Weg zur jüdischen Kunst zu finden. Wo sonst hätte ich ohne einen Pfennig hingehen sollen? Und wen, glauben Sie, habe ich hier gefunden? Zorach Kreiters Witwe, Sonja. Sie erzählte mir, daß sie eine Anzahl Bilder ihres Mannes retten konnte und sie verkauft sie. Es schien mir recht unwahrscheinlich – wie konnte man in der Hast der Flucht vor den Nazis Bilder retten? Was ich Ihnen jetzt berichte, ist ein Geheimnis – Gott verhüte, daß Sie je ein Wort davon wiederholen. Ich wollte natürlich gerne Kreiters letzte Arbeiten sehen und ich fragte Sonja, wann ich kommen könnte. Sie machte alle möglichen Ausflüchte. Schließlich gestand sie mir, die Bilder, die sie verkaufte, seien nicht wirklich von Kreiter.«

»Von wem denn?«
»Sie hatte die Bekanntschaft irgend eines Klecksers gemacht – eines Kopisten – und er lieferte die Fälschungen. Wie sie vor den Kritikern und Kunstexperten bestanden, ist ein Rätsel, aber auch nicht so ein großes. Die sind ja ein Haufen von Idioten.«
»Und Sonja ist eine Schwindlerin«, sagte ich.
»Auch ich bin ein Schwindler.«
»Wie meinen Sie das?«
»Nachdem dieser Scharlatan auf und davon gegangen war – ich glaube, nach Australien –, wurde ich der Maler von Kreiters Bildern.«
»Warum taten Sie das?«
»Ich will mich nicht verteidigen, aber ich war hungrig und krank dazu. Ich brauchte eine Frau. In New York kann man leicht ein Asket sein; in diesem Klima hier ist es unmöglich. Sie nahm mich auf und gab mir, was ich brauchte. Ich bin ein Mann ohne Ehrgeiz und jetzt, so scheint es, auch ohne Charakter.«
»Und man glaubt, daß die Bilder echt sind?«
»Ich bin tatsächlich eine Reinkarnation von Zorach Kreiter geworden.«
Wir schwiegen, dann sagte Tobias Anfang: »In dem Augenblick, als ich im ›Haaretz‹ von Ihrer Ankunft las, kam mir der Gedanke, Ihnen die Wahrheit zu sagen. Ein solches Geheimnis belastet das Gemüt. Sonja und ich sind in eine richtige Verschwörung verwickelt. In der Nacht trage ich die Bilder zu ihr. Wenn jemand sich die Mühe machen würde, der Betrug wäre leicht herauszufinden. Sie hat schon mehr Kreiters verkauft, als er während seines ganzen Lebens gemalt haben könnte. Aber weder die Kunsthändler noch die Käufer scheinen neugierig zu sein. Vielleicht hat der Besitzer der Galerie einen Verdacht, aber was gehts ihn an? Er bekommt seine Prozente. Ich habe gehört, daß es in Amerika Leute gibt, die anderen die Feder führen, so-

genannte ›ghost-writers‹, aber daß es auch welche gibt, die für andere den Pinsel führen, das ist Sonjas Erfindung. Ich weiß gar nicht, warum ich Ihnen diese Geständnisse mache. Ich habe genügend Entschuldigungen für mein Verhalten. Ich bin überzeugt, daß ich den Leuten für ihr Geld gute Ware liefere, wenn auch die Signatur gefälscht ist. Das Wörterbuch nennt das Mystifikation, nicht Betrug. Hat nicht Rabbi Mosche de Leon den ›Sohar‹ unter dem Namen des Rabbi Simon ben Jochai geschrieben?«

»Ja, das ist wahr.«

»Haben Sie ein bischen Geduld?«

»Ich habe viel Geduld.«

»Ich habe genügend von Ihnen gelesen, um zu wissen, daß Sie meine Lage verstehen werden«, sagte Tobias Anfang. »Ich habe oft das Gefühl, Kreiters Seele habe von mir Besitz ergriffen. Sie kennen meine Bilder aus New York. Als ich sie malte, war ich noch ich selbst – Welten entfernt von Zorach Kreiter. Hier bin ich Kreiter geworden. Was ich jetzt male, ist nicht eine Nachahmung, es ist mir völlig natürlich. Es bedarf keiner Kunstgriffe. Wenn ich versuche, wieder so zu malen wie früher, so ist mir das unmöglich. Ich spielte mit der Idee, in zwei verschiedenen Stilen zu malen, und die Bilder auszustellen, die mir entsprachen – es ging nicht. Tobias Anfang ist nicht mehr – das klingt wie aus den okkulten Büchern oder wie ein Fall von Persönlichkeitsspaltung. Es war sehr schwierig für mich, diese Verwandlung durchzumachen. Es ist wahr, ich bewunderte ihn, aber wir waren doch ganz entgegengesetzter Art. Er war von Natur aus extravertiert, während ich introvertiert bin. Er war in jeder Beziehung ein ungewöhnlicher Mensch. Ich lebe mit seiner Witwe und höre Dinge über ihn, die mich verblüffen, so grotesk sind sie. Manchmal bin ich nicht ganz sicher, mit wem ich die Nacht verbringe – mit ihr oder mit ihm. Ich geniere mich, es einzugestehen, aber ich bin ihr Gefangener, buchstäblich. Sie läßt mich nirgends hingehen, nicht einmal mit anderen Künstlern zusammen. Wir wohnen beide in Jaffa. Sie bekam das große Haus eines geflohenen Arabers – eines Scheichs oder so etwas ähnlichem. Alles, was ich bekommen konnte, war eine halbzerfallene Hütte, umgeben von Jemeniten und den Ärmsten der Armen. Es gibt nicht einmal ein Café in der Gegend. Früher lebte dort ein arabischer Schuster, und ich nehme an, Sie wissen, unter wie armseligen Bedingungen arabische Handwerker leben. Mein Zimmer hat kein Fenster. Anstelle der Tür gibt es nur einen Vorhang. Draußen scheint die Sonne, aber in meinem Raum herrscht ägyptische Finsternis. Ich male im Dunkeln und oft denke ich, es geschieht ganz automatisch. Meine Hand wird geführt. Wenn ich die Leinwand auf die Staffelei stelle, weiß ich noch nicht, was ich malen werde, und verstehe erst, was ich tue, wenn es schon fast vollendet ist. Aber das Merkwürdigste ist die Verwandlung, die auch mit Zorach vor sich gegangen ist. Er war als Maler mehr oder weniger naturalistisch. Langsam hat sich sein Stil gewandelt – er ist nicht völlig, aber doch teilweise abstrakt geworden. Ich male mit unglaublicher Leichtigkeit und das erschreckt mich. Glaubte ich an die Unsterblichkeit der Seele und alles, was damit zusammenhängt, wäre ich nicht so verwirrt.«

»Das ist Ihr Unterbewußtsein.«

In Tobias' Augen erschien ein Lächeln. »Ich fürchtete schon, Sie würden das sagen. Sie sollten sich schämen. Das ist nur ein leeres Wort.«

»Nicht leerer als die Worte ›Bewußtsein‹, ›Wille‹, oder ›Gefühl‹.«

»Es ist eine hohle Phrase. Was ist das Unterbewußtsein?«

Wir tranken Tee, knabberten an dem Gebäck und saßen dann schweigend da. Ich fragte: »Was für ein Teufel ist diese Sonja?«

Tobias Anfang schob sein Glas zurück. »Sie ist eine Hexe. In Paris haßte ich sie wie die Pest. Zorach lief vor ihr davon. Wir saßen im Café, in der Coupole oder im Dôme, und sie tauchte auf und machte Szenen. Mehr als einmal habe ich gesehen, wie er sie verprügelte. Ich selbst habe ihr oft genug meine Meinung gesagt. Ich fand sie so abstoßend, daß ich überhaupt nicht verstand, wie jemand wie Zorach sich in sie verlieben konnte. Hier benimmt sie sich ganz anders. Sie ist von einem Dibbuk besessen – wie ich, ist sie eine Reinkarnation von Zorach Kreiter geworden. In Wirklichkeit braucht sie mich gar nicht. Ich vermute, sie könnte Zorachs Werk selbst weiterführen, aber sie ist faul. Tagsüber ist sie nie zuhause. Sie verbringt ihre Zeit damit, in den Cafés von Tel Aviv zu sitzen. Sie kennt viele Leute. Sie fährt nach Jerusalem und Haifa, verkehrt mit Professoren, Schriftstellern und Politikern. Es gibt hierzulande eine Clique von wichtigtuerischen Witwen, und sie ist ihre Anführerin. Früher wußte hier niemand etwas von Zorach Kreiter, aber durch sie ist er jetzt berühmt. Man schreibt über sie in den Zeitungen – am Freitag, auf der Klatschseite. Und durch all dies gibt es keinen Tobias Anfang mehr.«

»Haben Sie gar keine Verwandten?«

»Hier nicht. Ich hatte ein paar Freunde in Paris und Amerika, aber die wissen nicht, wo ich bin. Ich hätte Sie auch heute nicht treffen können, wenn Sonja nicht nach Safed gefahren wäre. Dort lebt eine Kolonie von Künstlern und sie versucht, sie zu managen. Wirklich, es ist zu komisch.«

»Lassen Sie den Tee nicht kalt werden.«

»Nein.«

»Wie können Sie mit so einem Stück schlafen?«

Tobias Anfang rührte in seinem Tee. »Das ist eine Geschichte für sich. Ich bin nicht wirklich mit ihr zusammen, sondern mit Zorach, als ob ich homosexuell geworden wäre auf meine alten Tage. Wir reden nur von ihm. Ohne das würde sich bei mir nichts regen. Sie erwähnten das Unterbewußtsein. Ich habe Freud und die anderen gelesen. Ich kenne alle Theorien, aber Dinge beim Namen nennen, heißt noch nicht, sie heilen. Außerdem, mich auf die Couch des Analytikers zu legen, dafür bin ich nicht geschaffen. Ganz Israel ist ein kleines Dorf. Wenn sich eine Fliege auf Ihre Nase setzt, weiß es gleich jeder. Sonja ist vorsichtig genug, die Bilder nicht auf Ausstellungen zu schicken, damit kein Kritiker Verdacht schöpfen kann. Sie hat großen geschäftlichen Scharfsinn und erzielt immer Höchstpreise. Das hindert sie aber nicht, mir nur einen Hungerlohn zu zahlen. Sie behandelt mich wie eine Katze oder einen Hund – das ist die Wahrheit.«

»Sie kann Sie doch nicht zwingen, hierzubleiben. Sie könnten doch nach Paris oder Amerika zurückkehren.«

»Was? Ich habe mich in Israel verliebt. Das Land fasziniert mich. Früher hatte ich einmal eine Philosophie der Gleichgültigkeit. Hier kann man nicht gleichgültig sein. Nachts, wenn der Mond scheint und ich durch die engen Gassen gehe, bin ich verzaubert. Ginge ich in ein anderes Land, ich würde vor Sehnsucht sterben. Ich spaziere am Meer entlang und ich höre buchstäblich die Worte der Propheten. Ich weiß, das ist nur in meiner Phantasie so, aber ich bin von den alten Israeliten umgeben, sogar von den Kanaaniten und all den Völkern, die Josua vorangingen, dem Sohn von Nun. Ich habe in Algerien und Marokko gelebt. Dort sind die Geister wilde Apachen, Mörder, Wahnsinnige. Dieses Land hier wimmelt von Heiligen und Helden. Obwohl ich nicht an Gott glaube, höre ich Seine Stimme .Ein Atavismus hat sich unserer bemächtigt und er ist noch stärker als der Lebenstrieb. Fühlen Sie es nicht?«

»Ich fange an, es zu fühlen.«

»Zu Ihrem Besten, laufen Sie davon, ehe es zu spät ist. Nur noch ein halbes Jahr hier, und Sie werden sich nicht mehr losreißen können.«

»Und Sie halten sich immer noch für einen Atheisten?« fragte ich.
»Was macht es schon für einen Unterschied, was ich bin? Ich möchte gern, daß Sie Sonja kennen lernen und meine Bilder sehen. Sie hat Ihre Bücher gelesen, und als Ihre Ankunft in der Presse gemeldet wurde, war sie ganz aufgeregt. Gewöhnlich schläft sie wenig, immer nur zwei bis drei Stunden in der Nacht. Aber in dieser Nacht lag sie wach und sprach von Ihnen, bis der Morgen dämmerte.«
»Was weiß sie denn von mir?«
»Zorach hat ihr von Ihnen erzählt. Und ich habe auch oft über Sie mit ihr gesprochen – warum, das weiß ich selbst nicht.«
»Wie soll ich mich denn an sie wenden?«
»Rufen Sie sie an, aber erwähnen Sie mich nicht. Sie dürfen nicht wissen, daß ich hier bin. Wenn sie Lust dazu hat, wird sie uns zusammenbringen. Aber kommen Sie als Zorachs Freund. nicht als meiner. Sie hat immer Angst, ihr Geheimnis könnte herauskommen. Das ist ihre fixe Idee.«
Er schwieg, und ich öffnete die Tür zum Balkon. Hitze schlug mir ins Gesicht. Ich schaute über die Dächer, Fenster, Balkone und Läden. Worin unterschied sich dies alles von Brooklyn? fragte ich mich. Nein, dies hier war nicht nur der übliche Chamsinwind, das war eine Flamme vom Sinai. Der Himmel dort oben war nicht nur die Atmosphäre, sondern ein Himmel voller Engel, Seraphime und Gott. Der orthopädische Schuhmacher war ein Nachkomme derer, die aus der babylonischen Gefangenschaft zurückkehrten und vielleicht auch derer, die später aus Spanien vertrieben worden waren. Der Herr hat ihn in das Land zurückgeführt, das er Abraham versprach, als er den Bund mit ihm schloß. Er und alle anderen hier sind Gefangene, ganz wie Tobias Anfang.

Sonja und ich saßen in dem kleinen Wagen, Sonja am Steuer, und fuhren nach Jaffa. Sie steuerte nur mit der linken Hand. Goldene Anhänger, Glückssymbole aller Art, hingen von ihrem Handgelenk. In der rechten Hand hielt sie eine brennende Zigarette. Ab und zu sah ich sie von der Seite an. Sie war klein, mager, mit dunklem Teint und hohen Backenknochen; ihre flache Stupsnase hatte Nasenlöcher, so groß wie bei einer Bulldogge. Ihr behaarter Unterkiefer sprang vor. Sie hatte wulstige Lippen und große schiefstehende Zähne. Sie hupte dauernd und verfluchte alle, die ihr im Weg waren.

»Was brauchen Sie Amerika?« sagte sie. »Dies hier ist ein jüdisches Land. In Amerika wird es auch Antisemitismus geben, genau wie in Polen. Es gibt ihn schon. Sicher, sie haben dort ein paar jüdische Senatoren und vielleicht sogar einen Gouverneur, aber auf jeden der Senatoren kommen Tausende von Juden, die unter Vorurteilen zu leiden haben. Bleiben Sie lieber hier. Man wird Sie mit offenen Armen aufnehmen.«

Sie hielt vor einem Gebäude mit einer Kuppel. Ein Hund kam herausgelaufen und bellte. Im sandigen Garten arbeitete ein dunkelhäutiger kleiner Mann, der ein Araber oder ein jemenitischer Jude sein mochte. Wir betraten eine große Halle, mit Wänden voller Bilder – wie in einem Museum. Die Läden waren geschlossen und Sonja öffnete sie nicht. In dem halben Licht erkannte ich Szenen aus Polen, Paris, einen Markt in Warschau, Frauen mit Scheitel, Talmudschüler, Hochzeitsmusikanten, chassidische Tänzer.

»Gott allein weiß, wie ich es fertig gebracht habe, all diese Bilder zu retten«, sagte Sonja. »Aber es geschehen Wunder. In seinen letzten Jahren malte Zorach Tag und Nacht. Nie in seinem Leben war er so produktiv wie in dieser Zeit – als hätte er eine Vorahnung des nahen Endes gehabt. Er schrieb auch seine Erinnerungen, Hunderte von Seiten. Sie wissen das wahrscheinlich nicht, aber in den letzten Jahren

lebten wir wieder zusammen. All unsere Mißverständnisse hatten sich gelöst und er war ein treuer Ehemann. Er diktierte mir seine Autobiographie. Er erwähnt Sie oft darin und mit größter Bewunderung.«
»Wie ich sehe, wurde er ein eher abstrakter Maler«, unterbrach ich sie.
»In den letzten Monaten kam ein anderer Zorach zum Vorschein. Früher schimpfte er furchtbar auf Chagall. Plötzlich, ohne Vorwarnung, wurde er selbst ein Moderner. ›Was ist schon so besonderes daran, die Natur abzubilden?‹ fragte er mich. ›Der Künstler muß sein eigenes Weltall erschaffen‹. Das waren seine Worte. Er erklärt es auch alles in seiner Autobiographie. Unglücklicherweise ist mein Jiddisch nicht auf literarischem Niveau. Und meine Handschrift ist ein einziges Gekrakel. Nur ich kann sie lesen und manchmal ist es selbst für mich zu viel. Ich bräuchte einen Schriftsteller von Ihrem Rang, um Ordnung in dieses Chaos zu bringen. Ich könnte Ihnen Tausende von Details liefern, und zusammen würden wir ein Buch produzieren, das die Welt staunen machen würde.«
»Ich muß nach Amerika zurück. Warum suchen Sie sich nicht jemand anderen?«
»Wen könnte ich schon finden? Die hebräischen Schriftsteller haben ihr Jiddisch vergessen. Außerdem, sehr wenige von ihnen taugen etwas. Die besten wurden von den Nazis ermordet. Die paar jiddischen Schriftsteller, die wir noch haben, sind alt, krank und verbittert. Aber, und das ist wichtiger, Sie schätzten Zorach und er schätzte Sie.«
»Was wurde eigentlich aus Tobias Anfang?« fragte ich. »Er und Zorach waren doch eng befreundet. Vor vielen Jahren traf ich Tobias in Amerika. Plötzlich war er verschwunden.«
Sonja sah mich mit ihren hervorquellenden Augen prüfend an. »Er ist in Israel, aber er arbeitet nicht mehr. Er hat einfach sein Talent verloren.«

»Was tut er denn? Hat er geheiratet?«

»Geheiratet? Das glaube ich nicht. Da er nicht arbeitet, wer würde ihn heiraten? Er ist nicht der einzige. Die Künstler, die sich hier niedergelassen haben, erleben entweder eine Auferstehung oder sie verkümmern. Ich sehe ihn manchmal in Jaffa oder in Tel Aviv. Ich glaube, er lebt in dieser Gegend. Er ist nicht mehr der gleiche Tobias Anfang, nur noch ein Schatten seiner selbst. Aber in Israel läßt man einen Künstler nicht verhungern. Irgendwie kommt er durch. Ich will mich dessen nicht rühmen, aber ich habe ihm mehr als einmal geholfen.«

Im Nebenzimmer läutete das Telephon. Sonja verschwand nach nebenan und ließ mich allein. Mir schienen die Gerüche der Araber, die hier einst gelebt hatten, noch in der Luft zu hängen. Ein süßlich würziger Duft erfüllte den Raum. Vielleicht war dies ein Harem gewesen. Sonja kam nicht so bald zurück. Als sie eintrat, sagte sie: »Kommen Sie, wir werden jetzt essen.«

»Danke, ich bin nicht hungrig.«

»Mein Gast hat hungrig zu sein. Außerdem muß ein Mann essen, sonst –«

Sie nahm meinen Arm und drückte ihn an ihren Körper, mit einem wissenden Lächeln. Das Speisezimmer hatte einen Steinfußboden. Auch hier hingen an allen Wänden Bilder. Auf der marmornen Tischplatte standen Schüsseln mit Fruchtsalat, saurer Sahne, weißem Käse und Tomaten, dazu Körbe mit Pitta, dem arabischen Brot. Ein dickes jemenitisches Mädchen, mit Augen so groß wie die eines Pferdes, servierte Kaffee in winzigen Tassen. Die Mahlzeit hatte etwas Orientalisches und gleichzeitig Zeremonielles an sich – es war zu spät für Lunch und zu früh für das Abendessen. Einige Male streifte mich Sonjas Bein. Ich konnte sie jetzt besser sehen. Ihr Gesicht war sonnverbrannt, vertrocknet und runzelig. Um ihren mageren Hals, voller blauer Adern, trug sie Ketten und Perlschnüre.

Ihre Augen waren noch schwärzer als die der Jemenitin. Eine geheimnisvolle Dunkelheit glänzte in ihnen. Man konnte sich schwer vorstellen, daß diese intensive Schwärze das Licht des Tages sehen konnte. Wie merkwürdig – plötzlich wurde ich von Begierde nach diesem häßlichen Geschöpf ergriffen.

Ich hörte mich selbst fragen: »Wie kommt es, daß Sie nicht wieder geheiratet haben?«

Sonja schob ihre Kaffeetasse zurück. »Nach Zorach? Eine Frau, die das Glück oder das Unglück gehabt hat, mit einem echten Künstler zu leben, kann nicht – verzeihen Sie den Ausdruck – mit irgendeinem Mann ins Bett gehen, sei er Arzt, Professor oder Ben Gurion selber. Wenn ein Künstler eine Frau besitzt, so bleibt sie auf immer seine Gefangene. Für mich ist Zorach nicht tot – ich lebe noch immer mit ihm, ich bewundere seine Malerei, ich höre seine Worte. So bald ich meine Augen schließe, ist er da. Ohne seine Führung könnte ich nicht das vollbracht haben, was ich vollbracht habe. Er hat mir sogar von Ihrem bevorstehenden Besuch hier gesprochen, vielleicht schon, ehe Sie selbst die Reise beschlossen hatten.«

»Wie spricht er zu Ihnen?«

»Oh, auf viele Arten. Ich besitze ein Ouija-Brett, eine Alphabettafel, und manchmal sitze ich damit auf bis spät in die Nacht. Die kleine Schreibvorrichtung läuft mit unheimlicher Geschwindigkeit. Meine Finger berühren sie kaum. Ich erfahre Dinge, von denen ich keine Ahnung hatte. Ich schreibe ganz automatisch. Ich nehme einen Bleistift, breite ein Blatt Papier aus, und Zorach führt meine Hand. Ich höre auch seine Stimme. Ich muß Ihnen etwas sagen und ich hoffe, Sie werden es gut aufnehmen: Sie sind nicht nur auf einen Besuch hergekommen. Sie wurden geschickt, weil Zorach seine Erinnerungen veröffentlicht sehen möchte, und Sie sind der einzige Mensch, der das durchführen kann.«

»Ich muß nach Amerika zurück.«
»Sie müssen gar nicht. Sie können bleiben. Ich werde Ihnen ein Zimmer geben und alles, was Sie brauchen. Sie haben keine Angehörigen in Amerika – zu wem müssen Sie zurückkehren? Hier gibt es viele interessante Frauen. Glauben Sie mir, Sie werden hier nicht fasten müssen.« Und Sonja blinzelte mir zu. Das Telephon läutete wieder. Sie ging ins Nebenzimmer. Ich sah, daß ihre Beine krumm und dünn wie Stecken waren. Wieder blieb sie eine ganze Weile fort. Ich konnte sie ins Telephon murmeln hören. Bei ihrer Rückkehr strahlte sie.
»So ein merkwürdiger Zufall. Tobias Anfang rief an. Ich habe seit ewigen Zeiten nichts mehr von ihm gehört. Ist das nicht seltsam? Grade sprachen wir über ihn. Aber so etwas passiert mir dauernd. Als ich ihm sagte, daß Sie hier sind, wurde er schrecklich aufgeregt. Er hat sich einfach selbst eingeladen und wird bald hier sein. Anfang braucht Ermutigung. Er hat keinen einzigen Freund hier. Wenn Sie in Israel bleiben, wird er wieder zum Leben erwachen. Und dann können wir, Sie und ich, Zorachs Erinnerungen für die Veröffentlichung vorbereiten –«
Ich aß von den Süßigkeiten und spülte sie mit starkem Kaffee hinunter.
Sonja sagte: »Glauben Sie an ein zukünftiges Leben?«
»Ja.«
»Ich dachte es mir, nach dem, was ich von Ihnen gelesen habe. Allerdings weiß man nie, ob ein Schriftsteller wirklich von etwas selbst überzeugt ist, oder ob er es nur für den Gebrauch des Lesers erfindet. Ich glaube an die Seele. Zorach ist gerade jetzt bei mir. Ich sehe ihn in Ihnen.«
»Wie kann denn das sein? Wir waren ganz entgegengesetzte Naturen.«
»Das glauben Sie nur. Wenn ein Mensch stirbt, tritt seine Seele in die seiner Freunde ein, die ihm nahe waren und ihn bewunderten. Eine Zeitlang waren er und Tobias An-

fang sehr eng befreundet, und als Tobias gerade jetzt anrief, glaubte ich einen Augenblick lang, Zorachs Stimme zu hören. Diese Dinge kann man nicht erklären. Ich sitze neben Ihnen und ich fühle Zorachs Gegenwart. Sie waren sein Lieblingsautor. Er erwähnt Sie oft in seinen Erinnerungen. Vor einigen Wochen lag ich eines Nachts wach, und er sprach zu mir über Sie eine ganze Stunde lang.«

»Was sagte er?«

Sonja sah mich listig und mit unterdrücktem Vergnügen an. »Das ist noch ein Geheimnis.«

Ich wußte, daß ich im Begriff war, eine Torheit zu begehen, eine Unbesonnenheit und einen Verrat, aber ich blickte auf eines der Bilder und fragte: »Wer hat das gemalt – Anfang?«

Sonja straffte sich. »Wie kommen Sie darauf? Es ist von Zorach. Eine seiner letzten Arbeiten.«

»Es erinnert mich an Anfang«, antwortete ich gegen meinen Willen. Es war, als ob ein anderer durch mich sprach.

»Ich habe keine Arbeiten von Anfang«, sagte Sonja ärgerlich. »Ich sagte Ihnen doch, daß er aufgehört hat, zu malen. Er gehört zu denen, die hier aufgegeben haben.«

Sie warf mir einen wütenden Blick zu. Ich erschrak. Eine Frau wie sie war imstande, mich zu vergiften.

Ich stand auf und sagte: »Es ist alles Schwindel. Zorach hat keine Bilder hinterlassen und Erinnerungen hat er auch nicht geschrieben.«

Ich lief zur Tür und sie rannte hinter mir her. Ich bildete mir ein, daß sie einen Teller nach mir warf. In der Diele tappte ich nach der Tür. Draußen erstickte mich fast die ungeheure Hitze. Mir wurde schwindlig. Meine Beine gaben nach, und ich war in Schweiß gebadet. Ich hatte das Gefühl, daß es mir gerade noch gelungen war, einer großen Gefahr zu entrinnen. Noch einen Augenblick, und ich wäre verloren gewesen. Ich blickte auf und sah am anderen Ende der Straße Tobias Anfang – gebeugt, schäbig, verwelkt – ein alter Mann auf schlurrenden Füßen. Er sah mich und begrüßte mich. Ich sah mich um und da stand Sonja. Sie wartete auf mich, mit ausgebreiteten Armen, ihr Gesicht von einem triumphierenden Lachen gefältelt, als ob meine Flucht nur ein Streich und ein Zeichen unserer Vertrautheit gewesen sei. Sie winkte mich mit ihrem Zeigefinger heran, und ich hörte sie mit schriller Stimme rufen: »Meschuggener literat, kum krik.« (»Verrückter Schreiber, komm zurück.«)

In dieser Nacht blieb ich bei Sonja. Tobias hatte darauf bestanden, früh zu gehen. Im Morgengrauen begannen die Regenfälle. Blitze leuchteten auf und es donnerte. Der Wind heulte wie ein Haufen Schakale. Die Sonne ging auf – ein blakender Docht inmitten schwarzer Wolken. Der Morgen war so dunkel wie die Abenddämmerung. Aus dem Radio kam die Nachricht, daß die Straße nach Tel Aviv überschwemmt sei. Dienstmänner mußten die Fußgänger von einer Seite der Straße zur anderen tragen. Spät am Abend setzte ich mich mit Sonja vor den Kamin, und mit Hilfe des Ouija-Bretts diktierte sie mir das erste Kapitel der Erinnerungen von Zorach Kreiter.

# Der Schneesturm

Das Lehrhaus stand auf einem Hügel, und mir schien, daß in diesem Winter mehr Schnee darauf fiel, als auf irgendein anderes Haus in der Gegend. Sein Giebeldach sah aus wie ein Zuckerhut. Diejenigen, die zum Beten hierherkamen, verließen das Lehrhaus wieder gegen fünf Uhr, gleich nach dem Abendgebet. Die Talmudschüler gingen gegen neun Uhr, aber ich blieb länger. Später versammelten sich im Lehrhaus Männer, die in größeren Städten ins Wirtshaus gegangen wären. Aber in Bilgoraj war das Wirtshaus nur an Markttagen für die Bauern geöffnet.

Zwischen neun und elf Uhr abends war ich dort allein. Der gemauerte Ofen war geheizt. Über dem Tisch, an dem ich saß, hing eine Petroleumlampe mit einem Blechschirm. Ich nahm vom obersten Brett, wo die selten gelesenen Bücher standen, den Band ›Der Baum des Lebens‹ herunter. Die Seiten waren vergilbt, die Buchdeckel aus Eichenholz. In das Grübeln über die Kabbala Texte mischten sich meine Phantasien über Mädchen. Ich trug ein Notizbuch bei mir, in dem ich meine Gedanken niederschrieb, Menschen zeichnete, auch Tiere und was mir sonst durch den Kopf schoß.

Ich hörte schwere Schritte, das Stampfen von Füßen und das Schnaufen von jemandem, der an Kurzatmigkeit litt. Ich wußte, wer es war: Bendit, das Väterchen. Väterchen war sein Spitzname. Er war der Vater zweier Töchter, die während des Krieges Huren geworden waren. Sie führten ein Bordell, das erst von den russischen Soldaten, dann von den Österreichern und jetzt von den Polen frequentiert wurde. Die ältere Tochter Sewtel hatte einen Mann in Amerika, aber bald nach dem Krieg schickte er ihr den Scheidebrief. Ich war in der Stube meines Onkels Joseph zugegen, als man ihr das Dokument aushändigte. Sie hatte ihre jüngere Schwester Bascha mitgebracht. Beide trugen Kopftücher und bis auf die Knöchel reichende lange Kleider, wie anständige Frauen. Ihre Mutter war während der Cholera Epidemie gestorben. Bendit wurde das Väterchen genannt, weil man wußte, er nahm Geld von seinen Töchtern. Früher war er Nachtwächter gewesen. Jetzt war er zu alt dafür. Aber er konnte es sich nicht abgewöhnen, bis spät in die Nacht aufzubleiben.

Bendit war klein, für seine Größe ungewöhnlich breit, mit riesigen Händen und Füßen, einer kurzen Nase, langer Oberlippe und schrägen Augen, er hatte schon das siebzigste Jahr überschritten. Aber in seinem schütteren Bart waren nur wenige graue Haare. Er trug einen Schaffellmantel, einen Hut aus dem gleichen Material und schwere Stiefel. Er stürzte in den Raum, keuchend und so hastig, als werde er von Räubern verfolgt. Er schüttelte den Schnee von seinen Kleidern und rieb die Hände aneinander, um sie zu wärmen. Sein Gesicht, für gewöhnlich rot, hatte eine bläuliche Farbe. Er rief mit rauher Stimme: »Was für eine Nacht! Man würde keinen Hund hinausjagen!« Er setzte sich neben den warmen Ofen, seufzte, hustete und murmelte vor sich hin, unter seinen Stiefeln bildete sich eine Lache. Er rief zu mir herüber: »Warum lernst du noch so spät?«

»Ich lerne gern.«

»Du schlägst nach deinem Großvater, möge er für uns bitten.«

Ein wenig später kam Tewele Schmierer herein. Er wurde Schmierer genannt, weil er während der österreichischen Besetzung der Busenfreund des Stadtkommandanten geworden war und als Mittelsmann zwischen ihm und den Schmugglern der Stadt gedient hatte. Die Schmuggler brachten aus Galizien Tabak und lieferten dafür Mehl, Hafergrütze und Fleisch dorthin. Tewele bestach den Kommandanten und die Gendarmen, und behielt sich ein Gutteil. Eine Zeitlang schaffte er auch Ochsen von Bilgoraj

an die italienische Front. Tewele war noch nicht dreißig. Er war groß, dunkel und angezogen wie ein Geck. Auch jetzt trug er ein kurzes Jackett, Reithosen und Schuhe mit hohen Schäften. Er rauchte eine Zigarette in einer Bernsteinspitze. In einer Tasche hatte er eine Flasche Wodka, in der anderen eine Tüte mit Salzbrezeln. Er kam so munter herein, als sei es Hochsommer. Das Lächeln in seinen dunklen Augen war gleichzeitig verschlagen und gütig.
»Tewele, ist dir nicht kalt?« fragte Bendit.
»Ich habe eingeheizt«, antwortete er, auf seinen Bauch zeigend. Unter dem Jackett trug er eine schwarze Bluse und einen Soldatengürtel mit Messingschnalle.
Der letzte, der hereinkam, war Schmuel Klepke, ein Junggeselle gegen vierzig, groß, dunkel, mit schwarzen träumerischen Augen. Schmuel Klepke war wegen seiner Faulheit berühmt. Seine Schwester unterhielt ihn. Er hatte viele Jahre in Rußland gelebt und dort die Revolution, die Pogrome und den Bürgerkrieg durchgemacht. Man sagte in Bilgoraj, er sei der Liebhaber der Frau eines Polizisten gewesen. Alle möglichen Geschichten wurden über ihn erzählt. Es gab Gerüchte, daß er in Rußland hingerichtet werden sollte, aber im letzten Augenblick die Freiheit erhalten hatte. Er umgab sich mit Geheimnis. Viele Heiraten wurden ihm vorgeschlagen, aber er weigerte sich, zu heiraten. Er hörte den Heiratsvermittler geduldig an, um dann zu sagen: »Wozu?«
Und er lächelte oft traurig. Er rollte seine eigenen Zigaretten, die er ohne Spitze rauchte. Er trug den kleinen russischen Backenbart. Sein lockiges Haar war so dunkel, daß es blau schimmerte.
Sie hatten ihre Routine. Tewele Schmierer zog die Flasche Wodka heraus, nahm einen Schluck und reichte die Flasche Schmuel Klepke. Der trank und gab die Flasche an Bendit. Bendit öffnete den Mund, zeigte dabei einen schwärzlichen Zahn in seinem sonst leeren Zahnfleisch, und ächzte beim

Trinken. Seine Augen füllten sich mit Tränen. Er leerte die Flasche und schnitt ein Gesicht, als hätte er es aus Versehen getan. Er sagte: »Früher hat Wodka einen noch umgehauen. Heute ist er wie Wasser.«

»Er hat neunzig Prozent Alkohol«, sagte Tewele Schmierer.

»Neunzig schmeunzig.«

Mir bot man keinen Wodka an, aber Tewele gab mir ein paar Salzbrezeln. Dann unterhielten sie sich und bald kamen sie, wie immer, auf Geschichten. Bendit sagte: »Nach einem solchen Winter gibt es einen frühen Sommer. Ich fürchte, bei der Schneeschmelze wird unser Fluß über die Ufer treten.«

»Das Wasser kommt nie weiter als bis zur Brückengasse«, sagte Tewele.

»Das sagst du! Du bist ja noch ein Knabe, was weißt du schon? Ich erinnere mich an ein Pessachfest, an dem das Wasser in die Synagoge lief. Der Vorsänger auf dem Podium war gerade bei dem Gebet um Tau angelangt, als plötzlich aus dem Vorraum ein Wasserstrom sich in die Synagoge ergoß, und die Gemeinde bis zu den Knien im Wasser watete.«

»Fuhr der Vorsänger im Gottesdienst fort?«

»Die Männer hätten vielleicht weitergemacht, aber bei den Frauen entstand Unruhe.«

»Vielleicht dachten sie, das Wasser würde bis zu ihnen auf die Empore steigen?«

»Du weißt doch, wie Frauen sind. Gib mir eine Zigarette.«

Tewele gab Bendit eine seiner besonderen Zigaretten. Als Tewele ihm ein Streichholz reichte, bedeckte Bendit es mit beiden Händen, als ob er es vor Wind schützen müßte. Er stieß den Rauch aus und sagte: »Mit Wasser ist nicht zu spaßen. Was ich jetzt erzähle, geschah vor eurer Zeit. In der Nähe von Krzeszewo gab es ein Schloß, in dem ein alter Edelmann lebte. Er gehörte zu der Familie der Zamoyskis. Das war noch vor der Befreiung der Leibeigenen. Seine Felder und Dörfer reichten von Zamość bis zum Fluß San. Er war schon in fortgeschrittenem Alter, aber seine Frau war jung und eine große Schönheit. Wahrscheinlich stammte sie aus einer verarmten Familie und darum hatte sie den Mann, der vierzig Jahre älter war als sie, geheiratet. Die polnischen Gutsbesitzer waren ewig in Prozesse verstrickt. Wenn sie vor einem Gericht verloren, gingen sie vor das nächst höhere, bis sie schließlich vor dem Sejm landeten oder Gott weiß wo. Das kostete alles sehr viel Geld, und mancher Edelmann verlor sein ganzes Hab und Gut, selbst wenn er den Prozeß gewann. Trunkenbolde waren sie alle – vom kleinsten Adligen bis hinauf zu den Radziwills und Czartoryskis. Viele wurden krank durch das Trinken. Jeder Großgrundbesitzer hatte seinen Hofjuden, und ohne ihn hätte keiner von ihnen auch nur ein Hemd auf dem Leibe gehabt. Der Hofjude kümmerte sich um alle Angelegenheiten der Edelleute, weil ihre Verwalter, Kommissare, Haushofmeister und wie immer sie sich nannten, nichts anderes konnten als saufen und die Bauern auspeitschen. Der eigentliche Macher war der Hofjude. Und trotzdem, wenn der Edelmann einen Ball gab, mußte der Hofjude sich als Bär verkleiden. Man zog ihn am Schwanz und machte sich lustig über ihn, aber dem Juden schien es nichts auszumachen.

Jener Gutsbesitzer von Krzeszewo nun liebte seine junge Frau abgöttisch. Er hatte einen Hofjuden, Reb Sekele, mit dem er oft Schach spielte. Sekele spielte besser als der Herr, aber er ließ diesen gewinnen. Als er ihn einmal zu leicht gewinnen ließ, wurde der Herr so wütend, daß er versuchte, ihn mit der Pistole zu erschießen. Seine Gemahlin war zufällig dabei und sie riß ihm die Pistole aus der Hand. Eines Tages wurde die Herrin krank. Ich glaube, sie hatte die Pocken, und das war ihr Ende. Der Herr hatte

die größten Ärzte aus Lublin rufen lassen, aber sie konnten ihr nicht helfen. Die Christen klagen für gewöhnlich nicht so laut am Grab, wie wir Juden es tun, aber der Herr heulte so laut, daß man den Gesang der Priester nicht hören konnte.
Damals besaß jeder Gutsbesitzer eine Familiengruft, ein Häuschen mit einem Dach darauf. Ich weiß nicht, ob die Särge dort beerdigt wurden oder ob man sie nur in die Häuser stellte – was ist schon der Unterschied, die Würmer fressen uns alle, ob wir in der Erde liegen oder in einem goldenen Sarg. Hab ich recht? Gib mir noch eine Zigarette.«
»Was hat all das mit dem Wasser zu tun?« fragte Tewele.

Bendit zog an seiner Zigarette und sagte: »Es gibt ein Sprichwort ›Was die Erde deckt, soll man vergessen‹. Die Leute dachten, der Herr würde ein paar Wochen lang weinen und dann eine andere Frau nehmen oder sich zu Tode trinken. Aber nein, er verfiel in – wie nennt man das? – in Melancholie. Er ließ den Reb Sekele rufen und fragte ihn: ›Was hat das Menschenleben für einen Sinn, wenn es doch nur dazu führt, daß er in der Erde verfault?‹ Und er sagte zu ihm: ›Wir Christen wissen es nicht. Vielleicht haben die Juden eine Antwort.‹ Sekele sprach zu ihm von dem, was in den heiligen Büchern steht, aber der Herr wurde so wütend, daß er nach seiner Peitsche griff und den Hofjuden züchtigen wollte. Sekele kam gerade noch mit ungebrochenen Knochen davon. Der Herr ging sogar zum Rabbiner – nicht zu deinem Großvater, zu seinem Vorgänger. Was konnte ihm der Rabbiner anderes sagen als ›Es ist Gottes Wille‹. Aber dem Herrn war das nicht genug.
Ich will es nicht länger hinziehen. Es gab in Krzeszewo einen Tischler, Meir, der alle Särge in der ganzen Gegend zimmerte. Der Herr ging zu Meir und befahl: ›Mache mir ein

Bett, das wie ein Sarg aussieht, so daß ich, wenn ich sterbe, in meinem eigenen Bett begraben werden kann.‹ Meir dachte sich wahrscheinlich, der Herr habe den Verstand verloren, aber in jenen Zeiten tat ein Handwerker, was man von ihm verlangte. Er zimmerte einen Sarg, der groß genug war für eine Matratze, ein Kissen und eine gesteppte Decke. Der Herr rief die Leute des Schlosses zu sich und sprach zu ihnen: ›Da eines jeden Menschen Ende der Sarg ist, werde ich von nun an in diesem Sarg schlafen.‹ Im Winter stand der Sarg in seinem Schlafzimmer. Im Sommer stellte er ihn in das kleine steinerne Haus und schlief dort, bis es wieder kalt wurde. Seine Freunde fragten ihn: ›Was nutzt es, in einem Sarg zu schlafen?‹ Er antwortete: ›Ich will immer an mein Ende denken. Und außerdem möchte ich meiner Frau so nah wie möglich sein.‹

Ihr kennt den San Fluß. Im Vergleich zur Weichsel ist er ein kleiner Fluß. Aber in jenem Winter schneite es Tag und Nacht. Nach dem Pessachfest ließ der Herr seinen Sarg in das steinerne Haus bringen und schlief dort jede Nacht. Mitten in einer dieser Nächte trat der Fluß über seine Ufer. Der Herr schlief und wußte von nichts. Die Tür des steinernen Hauses stand offen. Das Wasser rauschte herein, und bald schwamm der Sarg wie ein Boot. Er schwamm durch die Tür hinaus, während der Gutsbesitzer weiterschnarchte – wahrscheinlich hatte er mehr als gewöhnlich getrunken.

Als man im Schloß merkte, was geschehen war, schickte man Bauern aus, den Herrn zu retten, aber das Wasser war tief und kein Boot war vorhanden. Sie warteten tagelang, bis das Wasser zurückging, doch dann war von dem Sargbett keine Spur zu finden. Einige sagten, es hätte wohl die Weichsel erreicht und sei von dort ins Meer getrieben. Andere glaubten, Dämonen hätten es erbeutet. Sogar in den Zeitungen in Lublin und Warschau schrieb man darüber, und in halb Polen wurde davon geredet.

Aber wie lange erinnern sich die Leute an irgendetwas? Hin ist hin. Der Herr hatte einen Neffen im Ausland, ich glaube, in Paris, und der war der Erbe. Er kehrte zurück und übernahm den ganzen Besitz. Er war noch ein Junggeselle, aber er heiratete bald die Tochter eines Grafen, die noch mehr Dörfer und noch mehr Bauern in die Ehe brachte. Der alte Gutsbesitzer war so vergessen, als hätte es ihn nie gegeben. Die alten Weiber murmelten beim Flachsspinnen, der Herr sei jenen Geschöpfen, die halb Weib, halb Fisch sind, zum Opfer gefallen, verzaubert von ihren Gesängen.

Zehn Jahre vergingen. Einmal, als der Neffe des Herrn gerade mit seiner Familie bei Tisch saß, kam eine Bäuerin zum Tor des Schlosses, an der Hand einen kleinen Knaben von acht oder neun Jahren. Der Wächter fragte nach ihrem Begehr, und sie verlangte, den jungen Herrn zu sprechen. Der Wächter hielt sie für verrückt – wer hat jemals gehört, daß eine Bäuerin mit dem Herrn spricht? Er hob seinen Stock, um es ihr zu geben, aber die Bauersfrau schrie: ›Ich bin die Frau des alten Herrn und dies ist sein Kind!‹ Der Mann warf nur einen Blick auf den Knaben und sah, daß er dem verschwundenen Herrn ähnelte wie ein Tropfen Wasser dem anderen. Es gab Unruhe im Schloßhof, als man die Bauersfrau zu dem jungen Herrn brachte. Sie erzählte ihm, sie lebte in einem Dorf, einen Tagesmarsch von Krzeszewo entfernt. Ihr Mann war ein Waldarbeiter des Gutsbesitzers jener Gegend. Das Paar hatte keine Kinder.

In der Nacht der Wassersnot war ihr Mann in einer kleinen Hütte im Walde gewesen und dort ertrunken. In der gleichen Nacht hatte das Wasser auch ihr Haus erreicht. Sie war ohne Nachbarn. Als das Wasser bis zu ihrem Fenster kam, stieg sie auf den Dachboden. Das Mondlicht war so hell, daß es fast Tag schien, und sie sah auf dem Wasser allerlei Gegenstände treiben – Tische, Stühle, Fässer und sogar Wiegen. Plötzlich erblickte sie einen schwimmenden Sarg. Darin saß ein Mann und rief um Hilfe. Zuerst glaubte sie, es sei eine Erscheinung und ein Zeichen, daß ihr Mann tot sei. Dann aber sprang der Mann aus dem Sarg und zog ihn zu ihrem Haus. Wäre dies einer Frau aus der Stadt passiert, wäre sie vor Schreck tot umgefallen. Sie aber war eine abgehärtete Frau vom Lande. Sie schrie: ›Was wollen Sie? Wer sind Sie?‹ Und er rief zurück: ›Ich bin Graf Zamoyski.‹ Man wußte in der Nachbarschaft, daß er in einem Sarg schlief und vielleicht erkannte sie ihn auch. Eine Scheune war nahe beim Haus und das Tor stand offen. Der Gutsbesitzer zerrte den Sarg in die Scheune, verschloß das Tor mit einer Kette, und halbnackt kletterte er zu der Frau auf den Dachboden. Dort warteten sie zwei Tage und zwei Nächte, bis das Wasser sich verlief. Bald darauf fanden Bauern ihren toten Mann. Der Herr blieb auf dem Dachboden bis nach der Beerdigung.«

»Ich bin sicher, der Herr wußte in diesen beiden Tagen, was mit ihr anzufangen«, bemerkte Tewele Schmierer.

»Das glaube ich auch. Nach der Beerdigung gab die Witwe dem Herrn die Kleider ihres Mannes und tat, als ob sie ihn als Hilfe beschäftigte. Nicht alle Bauern waren damals Leibeigene. Förster und andere hatten kleine Besitzungen. Viele Bauern wurden von den Adligen freigelassen oder kauften sich selbst frei. So hatte sie also einen Helfer. Sie erhielt eine Pension. Als sie nach einigen Monaten schwanger wurde und kein uneheliches Kind wollte, heiratete der alte Gutsbesitzer sie. Ihr Kind kam zur Welt. Und das war der Knabe, den die Frau mitgebracht hatte.«

»Warum kehrte der Herr denn nicht auf sein Gut zurück?« fragte Tewele Schmierer.

»Das möchte ich auch gern wissen. Es gibt eine Redensart: ›Mal hat man selbst von Kräppelach genug.‹ Wenn du sechzig Jahre lang Gutsbesitzer gewesen bist, möchtest du auch mal was anderes. Außerdem, wenn einer in einem Sarg schläft, ist er doch nicht mehr ganz bei Verstand.«

»Und was geschah dann?«

»Anfangs konnte der junge Herr all das nicht glauben. Er fragte: ›Wie lange ist mein Onkel schon tot?‹ Die Frau erwiderte: ›Er starb erst gestern und liegt in seinem Sarg in der Scheune.‹ Sie sagte auch, er habe gebeten, seinen Sarg neben den seiner ersten Frau zu setzen. Inzwischen waren der Geistliche und die anderen Adligen gekommen und alle fuhren nun in Wagen zur Hütte der Bauersfrau. Dort fanden sie den Sarg, und darin den verstorbenen Herrn in Bauernkleidern. Sie erkannten ihn alle. Sie ließen ihn in die Kirche tragen, wo er eine Nacht lang aufgebahrt lag, und dann wurde er neben seiner ersten Frau beigesetzt.«

»Was wurde aus dem Knaben?« fragte Tewele Schmierer.

»Sie schickten ihn in die Schule, nach Lublin oder nach Warschau. Dort bekam er Scharlach und starb.«

»Sie werden ihn wahrscheinlich vergiftet haben.«

»Wer würde ein Kind in der Schule vergiften? Allerdings, möglich ist alles.«

»Hatte denn der Herr nicht verlangt, daß sein Sohn den Besitz erben sollte?«

»Es scheint, er wollte ihn als Bauernkind aufwachsen lassen. So lange der alte Mann lebte, lernte das Kind nichts.«

»Und die Mutter, was wurde aus ihr?«

»Sie ging in ihre Hütte zurück.«

»Und es kam nicht zu einem Prozeß?«

»Nein, kein Prozeß.«

»Die Geschichte habe ich noch nie gehört«, sagte Schmuel Klepke.

»Was wißt ihr jungen Leute denn überhaupt?«

Bendit erhob sich. Er rieb eine Hand an der anderen und sah auf die Tür. Nach einigem Zögern sagte er: »Ich muß hinaus.«

»In diese Kälte?«

»Ich kann es doch nicht hier tun.«
Er öffnete die Tür und ging hinaus. Tewele Schmierer kniff die Augen zu. »Er hat seine Geheimnisse.«
»Geht er immer noch zu seinen Töchtern?« fragte Schmuel Klepke.
»Ich habe ihn selbst dort gesehen. Ich hatte in Bujary zu tun und kam spät abends zurück. Plötzlich sah ich Bendit. Ich versteckte mich hinter einem Zaun und sah, wie er in das Bordell ging.«
»Haben sie denn nachts keine Kundschaft?«
»Nicht mitten in der Nacht.«
»Ich würde solche Töchter nicht besuchen.«
»Vater bleibt Vater. Außerdem, was soll er in seinem Alter tun? Ihm bliebe nur das Armenhaus.«
Die Tür öffnete sich. Bendit kam in einer Dampfwolke wieder herein. Seine Kleider, seine Stiefel, sein Hut, alles war weiß von Schnee.
»Ein Schneesturm.«
»Wir werden hier vielleicht einschneien und nicht nachhause können«, sagte Tewele Schmierer.
»Ha, für euch ist das ein Scherz«, sagte Bendit. »Aber hört zu. Nicht weit von Goraj ist ein Wald und einmal im Monat Cheschwan gingen zwei Gutsbesitzer dort auf die Hasenjagd. Es war Sonntag und sie nahmen ihre Frauen mit. Es war warm wie an einem Sommertag. Den ganzen Tag schossen sie Wild und Vögel. Plötzlich bezog sich der Himmel und es begann zu schneien. Es hagelte auch. Eisstücke, groß wie Gänseeier, fielen vom Himmel. Ich erinnere mich noch an diesen Cheschwan wie heute. Es donnerte wie mitten im Sommer. Alle Pfade verschwanden und die Herren verirrten sich. Sie wären erfroren, wenn sie nicht eine Höhle gefunden hätten. Sie dachten, der Schneesturm würde über Nacht aufhören und dann könnten sie am Morgen nachhause zurückkehren. Meine lieben Leute, sie blieben in der Höhle fast eine Woche. Ich sah die Höhle

später selbst und konnte mir nicht vorstellen, wie vier Leute darin Platz gehabt hatten. Sie müssen aufeinander gekrochen sein wie die Würmer. Sie aßen rohes Fleisch und tranken Schnee. Man sandte Bauern aus, sie zu suchen, aber die Bauern verirrten sich auch. Nach einer Woche hörte der Schneefall auf und die Sonne kam heraus. Sie verließen die Höhle und schleppten sich nach Goraj. Inzwischen sahen sie aus wie die Wilden. Ihre Zehen waren erfroren und der Arzt aus Janow mußte sie mit der Axt abschlagen. Sonst hätten sie den Brand bekommen. Beide Paare kehrten auf ihre Güter zurück.

Unterbrecht mich nicht. Eine der Frauen wurde schwanger und so um den Monat Aw herum brachte sie ein Kind zur Welt. Es ist schwer, bei einem so kleinen Kind zu sagen, wem es ähnlich sieht, aber die Hebamme erkannte nach einem Blick, daß es nicht von diesem Herrn sein konnte, sondern von dem anderen sein mußte, der mit ihnen im Wald gewesen war. Sie hielt ihren Mund, aber immer mehr Leute bemerkten es, je größer das Kind wurde. Der Herr, der als Vater galt, war dunkel und seine Frau war auch eine Brünette, aber das Kind hatte rotes Haar wie der andere Herr. Die polnischen Edelleute hatten alle Scharen von armen Verwandten, die als Dauergäste auf ihren Gütern schmarotzten. Die meisten waren alte Jungfern und lagen sich ständig in den Haaren. Als das Kind geboren wurde, fingen die alten Mädchen an, zu wispern, daß es ein Bastard sei. Das Gerede erreichte den Gutsherrn, außerdem war er ja nicht blind.

Bei den Adligen ist die Ehre das allerwichtigste. Warum wurde Polen in Stücke gerissen? Weil jeder Adlige König sein wollte. Sagte im Sejm ein Adliger, es sei Sonntag, so schrie ein anderer, es sei Montag. Als die Kosaken Polen angriffen und ganze Dörfer abschlachteten, lagen die Herren betrunken in ihren Schlössern und bekämpften einander. Als der Feind sich näherte, zwirbelten die Herren ihre Schnurrbärte, kleideten sich in Zobelpelze wie für einen Ball, hängten sich Säbel um, jeder eine Tonne schwer, und trugen sogar Goldketten um den Hals. Ihre Pferde waren fett und faul. Der Herr ritt in den Krieg mit seinem Gefolge, das auf Trompeten blies! Der Kosak war leicht wie eine Feder und sein Pferd flitzte wie der Pfeil vom Bogen. Er war schnell wie der Teufel, schlug dem Herrn den Kopf ab und spießte ihn auf seine Lanze. Auf diese Weise zerfiel Polen.

Ja, die Ehre! Der betrogene Ehemann wandte sich an zwei seiner Freunde und bat sie als Zeugen für das Duell. Der rothaarige Adlige war ein Riese, während der dunkle Herr klein war und einen Schnurrbart trug, der bis auf die Schultern reichte. Als die Zeugen dem rothaarigen Herrn die Forderung überbrachten, konnte man sein Lachen über das ganze Gut hören. Er sagte: ›Was will er? Wir waren in der Höhle zusammengequetscht wie die Wanzen. Wer konnte wissen, mit wem er schlief? Aber wenn er ein Duell will, soll er es haben. Welche Waffen hat er gewählt, Säbel oder Pistolen?‹ Die Zeugen hätten sicher vermitteln können. Aber was war ihnen daran gelegen? Sie wählten Pistolen. Am nächsten Morgen trafen sich die beiden Gutsbesitzer auf einer Wiese. Zuerst begrüßten sie sich mit Komplimenten, wie es bei den Polen üblich ist. Dann schoß der kleine Herr und traf den Rothaarigen mitten ins Herz.

Die russische Regierung hatte zwar Duelle verboten, aber die Russen selbst traten gegeneinander an, um des Spaßes willen. Der kleine Herr versteckte sich für eine Woche oder zwei. Dann kehrte er nachhause zurück, und seine Ehre war wieder hergestellt.

Er war reich. Er kümmerte sich selbst um seinen Besitz, während der Rothaarige ein Spieler gewesen war und zahllose Weibergeschichten gehabt hatte. Seine Witwe erstickte in Schulden, und ihr Besitz sollte zur Bezahlung der Gläu-

biger unter den Hammer kommen. Frauen in solcher Lage nehmen es mit ihrer Ehre nicht so genau. Sie ließ anspannen und fuhr zum Mörder ihres Mannes. Sie trat in sein Zimmer und sagte: ›Stanislaw‹ – so hieß er – ›du mußt mir helfen‹. Sie hatte in der Höhle mit ihm geschlafen und konnte jetzt ungezwungen mit ihm umgehen. Der kleine Herr begrüßte sie wie eine der seinen und befahl dem Mädchen, das Kind zu bringen. Die Besucherin warf einen Blick auf das Kind und rief: ›Es sieht genau aus wie Zdzislaw!‹ Zdzislaw war der Name des rothaarigen Herrn gewesen. Sie begann, das Kind zu küssen als sei es ihr eigenes. Der kleine Herr sagte: ›Wenn du das Kind so liebst, dann werde seine Pflegerin und ich übernehme all deine Schulden.‹
Um es kurz zu machen, sie stimmte zu. Sie wurde die Erzieherin des Kindes, und der dunkle Herr übernahm all ihre Verpflichtungen. Er war so gerissen, daß er sich mit ihren Gläubigern noch zu seinem Vorteil einigte. So bekam er den Rest des Vermögens des andern Gutsbesitzers und seine Frau obendrein.«

»Und seine eigene Frau hatte gar nichts dazu zu sagen?« fragte Schmuel Klepke.

»Sie fürchtete ihn wie den Teufel.«

»So hatte er also zwei Frauen?«

»Das war nichts Ungewöhnliches für einen Herrn.«

»Was noch?«

»Ich muß wieder hinaus.«

»Hast du Rhizinusöl eingenommen?«

»Wenn man alt wird, hat man Schwierigkeiten mit dem Wasserlassen. Ich fühle einen Druck in der Blase, und wenn ich hinausgehe – drei Tropfen.«

»Gerate nicht in eine Höhle«, scherzte Tewele Schmierer.

Bendits Gesicht leuchtete auf. »Wenn ich jemanden bei mir hätte, bliebe ich mit ihr bis nach dem Pessachfest fort.«

»Ein kräftiger kleiner Kerl«, sagte Schmuel Klepke, als Bendit gegangen war.
»Er war berühmt wegen seiner Kraft«, sagte Tewele Schmierer. »Einmal kamen die Räuber von Piaski nachts nach Bilgoraj. Bendit war der Nachtwächter. Er blies auf seiner Pfeife, aber der Wind blies auch, und so hörte ihn niemand. Allein, nur mit seinem Stock, schlug er drei der Räuber bewußtlos und die anderen liefen mit leeren Händen davon.«
»Warum hat er nicht wieder geheiratet?« fragte Schmuel Klepke.
»Warum heiratest du nicht?« fragte Tewele Schmierer zurück.
»Wenn man sieht, was ich gesehen habe, dann vergeht einem der Appetit.«
»Trotzdem, ein Mann kann nicht auf die Dauer alleine leben«, sagte Tewele Schmierer.
»Da kannst du genau so gut eine von Bendits Töchtern heiraten.«
Bendit öffnete die Tür. »Kinder, Gott hat sich mit seiner Frau gezankt und sie hat das Federbett aufgeschlitzt. Die Welt ist ganz weiß.«
Ein Weilchen schwiegen alle. Bendit sah mich an. »Was sitzt du hier und hörst zu? Du solltest lernen und nicht unserem Geschwätz zuhören.«
»Ich habe den ganzen Tag gelernt.«
»Dein Großvater hat nicht nur den ganzen Tag, er hat auch die ganze Nacht hindurch gelernt. Gleich nach dem Abendgebet ging er nachhause, und deine Großmutter, sie möge in Frieden ruhen, setzte ihm das Abendessen vor. Er aß nur zweimal am Tage, morgens und abends. Sofort nach dem Essen ging er schlafen, und um Mitternacht stand er auf und fing mit dem Studium der Bücher an. Ich muß es wissen, ich war dreißig Jahre lang Nachtwächter, und ich bin oft durch die Synagogengasse gegangen. Manchmal,

wenn es kalt war, klopfte ich bei deinem Großvater an die Läden, und er öffnete mir die Tür. Einigen unserer Gemeindeältesten gilt ein armer Mann weniger als der Schmutz unter ihren Nägeln, aber dein Großvater, der berühmte Gelehrte, bot mir einen Stuhl an. Ein dampfender Samowar stand immer auf dem Tisch, und er goß mir ein Glas Tee ein.

In Bilgoraj gab es einen Mann namens Melech Wischkower, einen reichen Holzhändler. Er hatte eine Frau, die Zippa hieß, und diese Zippa war ein Höllenbraten. Sie hatte keine Kinder. Wenn Melech die Gemeinde an Festtagen zu sich ins Haus einlud, verschloß sie die Tür und ließ sie nicht herein. Sie verdächtigte alle Frauen, ihr den Mann wegnehmen zu wollen. Und trotzdem fluchte sie ganz abscheulich auf ihn. Sie ließ ihre Wut selbst an den Geschöpfen Gottes aus. Wenn ein Hund oder eine Katze an ihrem Haus vorüberschlich, war sie imstande, einen Stein zu werfen. Ihr Mann behandelte sie gut. Sie hätte sich eine Magd halten können, aber keine hielt es lange bei ihr aus.

Plötzlich wurde Zippa krank und kratzte ab. Man sollte so etwas zwar nicht sagen, aber es war ein Festtag für die ganze Stadt. Gleich nach dem Schiwe sitzen ging der Mann in den Wald. Alle Welt wußte, er würde sie nicht lange betrauern. Kaum drei Monate waren vergangen, da kam er mit einer neuen Frau wieder. Er hatte ein achtzehnjähriges Mädchen geheiratet, gut aussehend und eine Waise, sanft wie eine Taube. Sie hieß Ittele. Die Frauen des Ortes summten um sie herum wie die Bienen um den Honig. Nach einigen Monaten verbreitete sich die gute Nachricht von Itteles Schwangerschaft. Ich erinnere mich, daß meine Mutter, sie ruhe in Frieden, sagte: ›Na, mal sehen, ob Zippa das dulden wird.‹

Sie duldete es nicht. Eines Nachts mitten im Winter, als Ittele in ihrem Bett lag, plusterte sich das Federbett auf wie eine Lunge und schlug der Waise um das Gesicht. Das Kopfkissen hüpfte unter ihrem Kopf. Ittele hatte eine Magd, eine Verwandte von mir, Breindel. Ittele schrie um Hilfe, und Breindel stürzte herbei. Auch sie begann zu schreien, und beide liefen in ihren Nachthemden auf die Straße. Die ganze Stadt wachte auf. Im allgemeinen fürchten sich Geister vor Menschen, aber nicht Zippa. Jede Nacht gab es einen anderen Tumult. Heiße Steine fielen auf das Dach. Der Kamin spie Feuer. Schüsseln zerbrachen. Einmal, als Ittele in die Küche ging, schlug eine Kartoffelreibe ihr ins Gesicht. Ihr müßt schon entschuldigen, aber Zippa leerte auch einen Nachttopf in Itteles Bett. Als Melech nachhause kam und sah, was dort vor sich ging, lief er zum Rabbi von Turysk und der Rabbi befahl ihm, Zippa zu einem Verhör zu laden. Zu so einem Verhör braucht man drei Rabbiner. Aber dein Großvater war nicht bereit dazu. Er hielt das alles für Hexerei und Götzendienst.

Als die Chassidim von Turysk hörten, was dein Großvater gesagt hatte, wurden sie seine Feinde. Man holte zwei Rabbiner aus anderen Dörfern. Zehn Männer, die vom Gesetz vorgeschriebene Anzahl, gingen an Zippas Grab, klopften mit ihren Stöcken daran und befahlen sie zum Verhör. Am nächsten Morgen wurde eine Ecke der Synagoge mit einem Tuch abgegrenzt, so daß Zippas Seele erscheinen konnte. Die Synagoge war so voll, daß nicht eine Nadel hätte zu Boden fallen können. Der Rabbiner von Turysk rief laut: ›Zippa, Tochter von Beila Dobba, da du nicht ruhig in deinem Grab liegen willst und deinem früheren Mann und seiner Frau Pein bereitest, deshalb haben wir dich vor dieses Gericht gerufen –.‹ Er gebrauchte viele hebräische Worte und bedrohte Zippa mit dem Bann unter Blasen des Schofars und bei schwarzen Kerzen. Die Frauen weinten wie an Jom Kippur, dem Versöhnungstag. Ich war dabei und sah alles. Auf einmal bewegte sich das Tuch, es blähte sich auf, als ob jemand dahinter sei und versuche, herauszukommen. Fragt mich lieber nicht, was geschah. Es gab ein solches Geschrei und eine solche Panik, daß drei Leute totgetreten wurden.«

»Ich habe die Geschichte schon gehört«, nickte Tewele Schmierer.

»War es wirklich Zippa?« fragte Schmuel Klepke lächelnd.

»Es war der Gemeindebock. Es gab ein paar Neunmalkluge in der Stadt, die nicht an Geister glaubten. Die Mauer auf der rechten Seite der Synagoge hatte ein Fenster zum Vorraum. Als das Verhör begann und der Vorraum leer war, zerrten sie den Gemeindebock herbei und schoben ihn durch das Fenster in die Synagoge hinter das Tuch. Es war alles geplant. Ehe noch jemand wagte, das Tuch hochzuheben und damit den Bock zu entdecken, war schon die Hälfte der Weiber in Ohnmacht gefallen. Die drei wurden getötet, als sie zu entkommen suchten. Einer der Unfugstifter kam ins Gefängnis. Ich wollte nur sagen, dein Großvater war ein weiser Mann. Er sah voraus, daß so etwas schlecht enden müßte.«

»Was wurde aus Melech Wischkower und seiner neuen Frau?« fragte Schmuel Klepke.

»Er verkaufte sein Haus und sie verließen die Stadt.«

»Das Verhör hatte also nicht geholfen?«

»Nein, Zippa verfolgte sie immer weiter.«

Es wurde still und Bendit sagte: »Kinder, laßt uns nachhause gehen. In Pincyow bricht schon der Tag an.«

»Ich habe Angst, alleine zu gehen«, sagte ich.

Bendit lächelte und zeigte dabei seinen einzigen schwarzen Zahn. »Wovor fürchtest du dich? Zippa ist schon seit langem still geworden.«

Der Schnee draußen fiel schwer und trocken wie Salz. Der Wind wirbelte den Schnee in Spiralen herum. Tewele Schmierer und Schmuel Klepke bogen in die Lublingasse

ein, in der sie beide lebten. Bendit ging mit mir. Von Zeit zu Zeit blieb er stehen, um Atem zu holen. »Daß deine Mutter dich so spät noch lernen läßt.«
»Zweimal in der Woche tue ich es.«
»Ich könnte dir eine Geschichte darüber erzählen, aber ich tue es besser nicht.«
»Warum nicht?«
»Du würdest dich danach vor deinem eigenen Schatten fürchten.«
Er brachte mich bis zu unserem Haus. Die Läden in der Küche waren nicht geschlossen und als ich drinnen war, konnte ich Bendit durch das Fenster sehen. Dort stand er mit hochgezogenen Schultern, schlurrte mit den Füßen, und schrieb mit seinem Stock Buchstaben in den Schnee und blickte nach rechts und links. Er schüttelte den Kopf und schien einem unsichtbaren Wesen zuzumurmeln und Zeichen zu geben. Dann ging er in die Richtung der Gasse, in der seine Töchter ihr Bordell hatten.

# Eigentum

Ich saß im Café Royal mit Max Peschkin – so werde ich ihn hier nennen. Ich war jung und gerade erst aus Polen gekommen; er war ein ehemaliger Anarchist, dessen Erinnerungen eben in drei Bänden erschienen waren. In den dreißiger Jahren hatte der Anarchismus in den Vereinigten Staaten schon ausgespielt (das war Peschkins eigener Ausdruck), aber es gab noch Reste der alten Gruppe und die veröffentlichte eine jiddische Zeitschrift. Max Peschkin hatte mich zum Lunch eingeladen und mir seine Bücher als Geschenk mitgebracht. Er war klein, hatte milchweißes Haar, ein rundes rotes Gesicht und Augen, die noch keineswegs müde waren.
Wir aßen Zwiebelbrötchen mit saurer Sahne, tranken Kaffee im Glas und Peschkin sagte: »Was es früher hier einmal gab, das ist vorbei. Unsere Sozialisten sind mächtig abgekühlt. Sie gebrauchen zwar noch die alten Phrasen, aber es steckt nichts mehr dahinter. Und was unsere Kommunisten angeht, die lesen jeden Morgen das Rote Blatt und wiederholen es wie Bibelworte. Gestern war Bucharin ein großer Führer; heute ist er ein Verräter. Und stünde in ihrem Blatt, daß Stalin ein Feind des Volkes sei und ein toller Hund, würden sie auch das wiederholen. Die Anarchisten waren anders. Der Anarchismus zog immer Leute mit eigener Persönlichkeit an – noch die Unwissenden unter ihnen hatten eine Art Unabhängigkeit. Als ich in den frühen neunziger Jahren nach Amerika kam, ging es mit dem aktiven Anarchismus schon bergab, obwohl noch immer über die Protestversammlung im Haymarket in Chicago gesprochen wurde und auch über die Vier, die man aufgehängt hatte: Spies, Parsons, Fischer und Engel. Die Marxisten hatten die Führung übernommen. Aber in der jiddischen Gegend an der Lower East Side blühte der Anarchismus noch. Nicht alle von uns wollten darauf warten, bis

der Konzentrationsprozeß des Kapitals abgeschlossen war und Kautsky oder de Leon das Zeichen gab, daß die Stunde der Revolution gekommen sei. Es ist richtig, wir hatten keine bedeutenden Theoretiker oder Führer in New York, aber wir bekamen Schriften aus London, wo Kropotkin König war. Außerdem kamen Besucher aus Rußland und Deutschland, manchmal sogar aus Spanien. Unsere Versammlungen waren immer überfüllt. Die meisten der russischen Delegierten sprachen jiddisch. Wir waren so verblendet zu glauben, daß wenn ein paar Bomben explodieren würden, die Massen wie ein Mann aufstehen und alle Regierungen abschaffen würden.

Ich brauche Ihnen nicht zu sagen, daß Anarchismus ein Name für viele verschiedene Theorien und Bewegungen ist. Zwischen Proudhon und Bakunin besteht ein großer Unterschied. Und was Stirner angeht, der ist ein Kapitel für sich. Ehe ich nach Amerika kam, war ich Student. Ich las alle Theoretiker – erst in Rußland, dann in England. Aber hier, in der Lower East Side, konnten die meisten unserer Leute nicht einen vom anderen unterscheiden. Sie waren gefühlsmäßige Anarchisten. Sie pflegten zu sagen: ›Laßt uns erst einmal die Tyrannen loswerden, dann geschieht schon etwas.‹ Alexander Berkman saß im Gefängnis und war schon halb vergessen, aber Emma Goldman und ihre Predigten über die freie Liebe machten riesigen Eindruck – besonders auf die Frauen.

Wenn Sie meine Erinnerungen lesen, werden Sie die Namen von Maurice und Libby finden. Ich konnte nicht alles schreiben, was ich über die beiden weiß, weil noch Leute leben, die sie gekannt haben und die sie wiedererkennen würden, selbst mit veränderten Namen. Hinzu kommt, daß nur ein Romanschriftsteller dieser Geschichte gerecht werden könnte. Vielleicht interessiert es Sie. Wenn Sie Zeit haben und nichts Besseres zu tun, würde ich sie Ihnen gern erzählen.«

»Ich habe Zeit und auch nichts Besseres zu tun«, versicherte ich ihm.

»Gut. In fünfzig Jahren wird man nichts mehr von all dem wissen. Sie sind aber noch ein junger Mann. Wie alt sind Sie? Noch nicht fünfunddreißig? Ich hielt Sie für älter.«

»Im Juli werde ich dreiunddreißig.«

»Nu, da sind Sie noch ein Säugling. Maurice lernte ich etwa 1893 kennen, vielleicht war es auch 94 oder 95. Hier in den Vereinigten Staaten redeten die Anarchisten damals nur, aber in Rußland ging es wild zu. Da gab es ein Dutzend verschiedener Gruppen: ›Die schwarze Fahne‹, ›Brot und Freiheit‹, › Anarchie‹, ›Die Motivlosen‹. Die bemerkenswerteste Gruppe von allen war die letztere, die behauptete, der Mensch dürfe töten, rauben, Feuer legen, ohne jedes Motiv, nur um der staatlichen Autorität zu trotzen. Ich weiß nicht mehr, wann es war, aber sie warfen eine Bombe in das Hotel Bristol in Warschau. Sie waren damals wahrscheinlich noch nicht auf der Welt. In Odessa jagten sie ein Schiff in die Luft. In Bialystok wurde eine Führerin des ›Bunds‹, Esther Riskin, von einer ihrer Bomben getötet. Später hörten wir, eine Anzahl dieser Anarchisten seien gewöhnliche Banditen geworden – vielleicht waren sie es von Anfang an.

Maurice war ein kleiner Mann mit schwarzen Augen und langem, lockigem Haar. Er trug auch einen Bart – einen winzigen. Er sprach immer auf unseren Versammlungen. Ich geniere mich, es zu gestehen, aber von allem, was wir anstellten, waren unsere berüchtigten Jom Kippur Bälle das wichtigste Ereignis. Es galt unter Atheisten als ›mizwa‹, als Vorschrift, ausgerechnet am Jom Kippur, dem höchsten Feiertag, einen Ball zu veranstalten, nicht koscher zu essen, mit Vorliebe sogar Schweinefleisch, und damit den Allmächtigen zu ärgern. Maurice war die Seele dieser Veranstaltungen – nicht als Tänzer, sondern als Propagandist. Was er für seinen Lebensunterhalt tat? Nichts, so viel ich

weiß. Seine Frau Libby war der Verdiener. Sie nähte Damenblusen für die Konfektion. Ich glaube, sie nähte auch Herrenhemden.
Obwohl ich selbst noch ein Neuling war, unterrichtete ich Ausländer in Englisch, in einem Bildungsverein. Ich suchte damals gerade ein Zimmer. Wo ich wohnte, war es schrecklich schmutzig. Das Essen war unbeschreiblich. Irgendjemand erzählte mir, Maurice habe ein Zimmer zu vermieten. Er war ein komischer Typ. Er trug immer eine Pelerine, einen schwarzen, breitrandigen Hut und einen flatternden Schlips. Obgleich er klein und zart war, hielt er feurige Reden. Für gewöhnlich hatte er eine sanfte Stimme, aber wenn er das Thema ›Kapitalismus‹ anschnitt, dann wurde sie schrill. Er griff die Anarchisten, die sich nur mit Propaganda beschäftigten, heftig an. Er glaubte nur an Terror. Seine Frau kam meistens mit und hörte ihm zu, aber ich glaube, sie nahm ihn nicht sehr ernst. Sie war kaum größer als er, dunkel, anziehend. Sie trug langes Haar, in einem Knoten aufgesteckt, nicht kurz geschnitten wie die Anarchistinnen. Wenn sie lächelte, erschien ein Grübchen in ihrer linken Wange. Oft trug sie einen Faltenrock und eine Bluse mit hohem Kragen. Maurice wetterte gegen Rockefeller, und sie saß auf einer Bank hinten im Raum und gähnte. Manchmal brachte sie auch ihr Strickzeug mit.
Eines Abends ging ich nach seiner Rede zu ihm und fragte, ob es wahr sei, daß er ein Zimmer zu vermieten hätte. Er schien erfreut und rief Libby. Sie erzählte mir von ihrer großen Wohnung in der Attorney Street und sagte, daß sie sehr gerne jemanden aus ihrem Kreis als Untermieter nehmen würde. Damals war es eine Kleinigkeit für mich, umzuziehen. Ich mußte nur meinen Koffer packen und ihn von der Rivington Street nach der Attorney Street tragen. Das Haus, in dem sie lebten, war in einer Gegend, die man heute heruntergekommen nennen würde, die Wohnung lag

im dritten Stock, es gab keinen Aufzug. Die Toilette war in der Diele, wer ein Bad nehmen wollte, mußte zum Barbier gehen, der auch der Bademeister war. Mein Zimmer war klein, das Fenster ging auf die Straße, und die Einrichtung bestand aus einem eisernen Bettgestell. Was brauchte ich mehr? Wo ich vorher gewesen war, schliefen wir zu dritt in einem Alkoven.

Über der Tür zum Wohnzimmer hing ein Schild ›Eigentum ist Diebstahl‹, ein Satz von Proudhon. Bilder von Godwin, Proudhon, Bakunin, Kropotkin, Johann Most hingen an den Wänden, und, natürlich, auch die Märtyrer von Chicago. Vielleicht hätte Maurice auch Stirner noch aufgehängt, aber es gab kein Bild von ihm. Sozialistische und anarchistische Broschüren füllten ein Bücherregal. Ich vergaß, Ihnen zu sagen, daß ich ein überzeugter Anhänger von Stirner war. Ich hatte nicht nur Stirner, sondern auch Feuerbach gelesen, dessen Schüler Stirner gewesen war, ehe er sich gegen ihn auflehnte. Mein Ideal war eine ›Gemeinschaft von Einzigen‹. Ich wollte der ›vollendete Einzige‹ werden – eine ›Weltgeschichte in mir selbst‹, ich war bereit ›mir und dem, was mein ist‹ zu dienen. Das waren Stirnersche Sätze. Für Proudhon war Eigentum böse, für Stirner war es das Wesentliche des Humanismus. Was wirkliche Toleranz bedeutete, wußte keiner von uns. Da ich mit dem Slogan über der Tür nicht übereinstimmte, begann ich sofort, mit Maurice zu debattieren. Und das wollte er gerade. Er war immer bereit, zu argumentieren. Ich zitierte Stirner und er Proudhon. Ich hatte nur das Zimmer gemietet, ohne Essen, aber Libby machte auch für mich Abendessen. Wir saßen zu Dritt am Tisch und Maurice zog gegen das Eigentum zu Felde und gegen Alles, was damit zu tun hatte. Er sah voraus, daß nach der Revolution Worte wie ›mein‹ und ›dein‹ aus dem Wörterbuch verschwinden würden. Ich fragte ihn: ›Wie willst du dann einem Mann die gute Nachricht überbringen, daß seine Frau ihm einen

Sohn geboren hat?‹ Und Maurice schrie: ›Die ganze Einrichtung der Ehe wird verschwinden! Sie ist auf der Sklaverei aufgebaut. Welches Recht hat ein Mensch auf den anderen?‹ Er regte sich so auf, daß er fast den Tisch umwarf. Libby sagte zu ihm: ›Dein Teller – ich meine, unser Teller – wird gleich hinfallen, und unser Magen wird leer bleiben. Außerdem werden wir auch noch Flecke auf unsere Hosen machen.‹

Ich lachte, die Frau hatte wirklich Humor. Aber Maurice blieb todernst. Er brüllte: ›Du machst noch Witze, was? Alle Ungerechtigkeit, alles Böse kommt vom Eigentum. Warum springen sich die Imperialisten gegenseitig an die Gurgel? Worauf beruht alle Ausbeutung?‹ In seiner Wut griff er auch Stirner an: ›Was ist das für ein Widerspruch – ›eine Gemeinschaft von Einzigen‹.‹ Ich sagte: ›Und wie steht es mit der Liebe? Wenn ein Mann eine Frau liebt, dann will er sie für sich und nicht für andere.‹ ›Eifersucht ist kein natürliches Gefühl‹, antwortete Maurice. ›Eifersucht ist ein Produkt des Feudalismus und des Kapitalismus. Im Altertum, als die Menschen noch in Gemeinschaften lebten, gehörten alle Kinder der Gemeinschaft.‹ ›Woher weißt du das‹, fragte Libby. ›Warst du dabei?‹, und Maurice sagte: ›Das ist eine feststehende Tatsache.‹ Er erwähnte Buckle oder irgendeinen anderen Historiker. Wir diskutierten bis ein Uhr früh. Währenddessen wusch Libby ab. Sie öffnete die Küchentüre und sagte: ›Ich bin todmüde. Könnt Ihr nicht morgen weiter diskutieren? Die Probleme halten sich.‹ Maurice war so aufgeregt, er antwortete ihr nicht einmal. Sie sagte: ›Wie Ihr wollt, ich gehe schlafen.‹ Dann wandte sie sich an mich: ›Dein Bett – ich meine, unser Bett – ist gemacht.‹«

»Wurde sie Ihre Geliebte?« fragte ich.

Max Peschkin hob die Augenbrauen. »Sie besitzen eine starke Intuition, ohne Zweifel. Aber nicht so eilig. Geduld!«

»Ich habe vergessen, Ihnen zu erzählen, daß ich nach dem Abendessen eine kleine Auseinandersetzung mit Libby hatte. Ich fragte sie nach dem Preis des Essens, und sie war beleidigt. ›Ich bin nicht deine Köchin‹, sagte sie. ›Ich habe dich als einen Freund eingeladen.‹ Am nächsten Morgen sagte ich nach dem Frühstück: ›Einmal kann man eingeladen werden, aber dauernd umsonst zu essen, das geht wirklich nicht.‹ Ich verdiente fünf Dollar in der Woche, und das war damals ein anständiges Gehalt. Ich sagte ihr, daß ich nicht mehr bei ihnen essen würde, bis wir uns über die Kosten geeinigt hätten. Nach einigem Hin und Her fiel die Entscheidung: ich durfte die Unkosten bezahlen. Nach wenigen Tagen waren wir wie alte Freunde. Ich ging für sie auf den Markt in der Orchard Street und kaufte billig ein. Ich schleppte ihre Pakete zu und von den Geschäften, für die sie arbeitete. Sie sprach Russisch und Polnisch recht fließend, aber ihr Englisch war schlecht und ich bot an, ihr Privatstunden zu geben. Jetzt wollte sie mich bezahlen, und wir stritten uns wieder. Wir alle waren damals jung, wußten es aber nicht.
Da ich von Natur aus eifersüchtig bin, konnte ich mir nie vorstellen, daß andere es nicht sind. Ich bemühte mich, Maurice nicht eifersüchtig zu machen. Aber er schien sehr zufrieden, daß Libby und ich uns angefreundet hatten. Einmal wollte ich spazieren gehen, und er schlug vor, Libby sollte mich begleiten. Libby errötete und sagte: ›Was soll das? Vielleicht will er lieber alleine gehen.‹ ›Unsinn‹, sagte Maurice, ›es ist viel netter zu zweit.‹ Ein anderes Mal hatte ich zwei Karten für das Jiddische Theater und er schlug mir vor, Libby mitzunehmen. ›Sie sitzt den ganzen Tag an der Nähmaschine‹, sagte er. ›Sie soll sich auch einmal vergnügen.‹ Ich nahm sie mit in das Theater und wir sahen Jacob Adler – den Großen Adler, wie man ihn nannte – in einem Melodrama von Gordin. Dann gingen wir in die Grand Street, um Knisches zu essen. Die Straßen waren

voll mit Leuten, die die jiddische Zeitung vom nächsten Morgen kauften und sich über die Leitartikel und die Theaterstücke, die in der Second Avenue gespielt wurden, unterhielten. Wir kamen spät nachhause; Maurice strahlte vor Entzücken. Er arbeitete an einer Rede über den Güteraustausch in einer freien Gesellschaft. Ehe Libby zu Bett ging, sagte sie zu mir: ›Vielen Dank für den Abend.‹ ›Sich bedanken ist nicht genug‹, sagte Maurice. ›Was soll ich tun – ihm zu Füßen fallen?‹ Und Maurice sagte: ›Er hat zumindest einen Kuß verdient.‹ ›Man hat mich nicht so erzogen, daß ich fremde Männer küsse‹, sagte Libby, ›aber wenn du es befiehlst, so will ich es tun‹. Sie kam zu mir, legte beide Hände an meine Wangen, und küßte mich auf den Mund. Ich muß Ihnen dazu sagen, daß ich damals noch eine Jungfrau war. Ich hatte schon kleine Liebeleien gehabt, aber sie waren alle romantisch und platonisch gewesen. In der Attorney Street, gleich gegenüber unserem Haus, war ein Bordell, aber diese Frauen waren mir widerlich. Außerdem, wie kann ein Idealist sich mit weißer Sklaverei abgeben? Das war eine kapitalistische Einrichtung, ein Sport für die Morgan & Co.

An diesem Abend war Maurice müde und ging gleichzeitig mit Libby zu Bett. In meinem Zimmer brannte eine Gaslampe. Es war schon einige Male passiert, daß ich eingeschlafen war, ohne das Licht zu löschen. Die Tür öffnete sich, und Libby erschien in Nachthemd und Hausschuhen. Ihr Haar hing lose bis auf die Schultern. Sie sagte: ›Wenn du nicht mehr lesen willst, mache ich das Licht aus. Es ist schade, Gas zu verschwenden.‹ Und sie lächelte und blinzelte mir zu.

Mehr als vierzig Jahre sind seit diesem Abend vergangen, aber mir ist, als sei es erst gestern gewesen. Damals schlief ich sofort ein, wenn ich nur den Kopf auf das Kissen legte. Aber in dieser Nacht war ich zu unruhig zum Schlafen. Libbys Kuß hatte mich erregt – nicht einmal so sehr der

Kuß, wie die Art, auf die sie mein Gesicht gehalten hatte. Ihre Hände waren warm gewesen, fast heiß.
Trotzdem schlief ich nach einer Weile ein. Es war Winter und die Nächte waren lang. Ich wachte auf und wußte nicht, hatte ich eine Stunde geschlafen oder sechs. Es war nicht ganz dunkel im Raum, der Schein einer Straßenlaterne fiel herein. Plötzlich sah ich Libby. Sie stand an meinem Bett. Obgleich ich mich für einen Freidenker hielt, glaubte ich doch ein paar Sekunden lang, daß sie eine jener Teufelinnen sei, eine der Lilith-Geister, die Talmudschüler zur Sünde verlocken. Ich sagte: ›Libby?‹ Sie beugte sich über mich und in ihrem Flüstern lag sowohl Leidenschaft wie Spott: ›Laß mich in dein Bett, mir ist kalt.‹ Ich starb fast vor Angst. Meine Zähne klapperten. ›Wo ist Maurice?‹ fragte ich. ›Er hat es mir erlaubt‹, sagte sie. ›Er will keinerlei Eigentum besitzen.‹
Würde mir so etwas heute zustoßen, bekäme ich wahrscheinlich einen Herzanfall, aber damals war ich dreiundzwanzig und mein Blut kochte. Ich vergaß alle Verbote. Vor einiger Zeit las ich, daß ein Mann, den man gezwungen hatte, vierzig Tage zu fasten, eine Ratte aß. Es gibt eine Form des Hungers, die alle anderen Gefühle abtötet. Erst als sie mich nach einer halben Stunde verließ, wurde mir klar, was wir getan hatten. Aber ich war so erschöpft, ich konnte nicht wach bleiben.
Am nächsten Morgen frühstückten wir alle Drei wie gewöhnlich, und Maurice schien etwas feierlich, fast glücklich. Er sagte: ›Ich kann nicht eine Sache predigen und das Gegenteil davon tun. Unter uns herrscht Brüderlichkeit.‹ Damals wußten wir noch nicht, was wir heute wissen. Aber ich hatte Forel gelesen, vielleicht war es auch Krafft-Ebing – genau weiß ich es nicht mehr – und ich wußte, es war nicht reiner Altruismus. Es gibt Männer, und auch Frauen, die den Drang haben, alles zu teilen. Ich war ein Glückspilz; ich hatte alles in einem – ein Zimmer, Essen

und eine Geliebte. Maurice wurde ganz überwältigend freundschaftlich. Er lobte mich über den grünen Klee. Er küßte mich sogar. Hielt er eine Rede, so mußte ich mit Libby in der ersten Reihe sitzen. Und immer fand er Gelegenheit, mich zu zitieren. Er war bereit, mir alles zuzugestehen, nur nicht Stirner. Er kritisierte ihn immer noch erbarmungslos. Zu jener Zeit war Stirner noch nicht ins Jiddische übersetzt, und unsere Genossen wußten wenig von ihm. Aber Maurice griff ihn bei jeder Gelegenheit an. Tatsächlich war er es, der Stirner in der Lower East Side bekannt machte.

Zwei Jahre vergingen und sie schienen meine glücklichsten Jahre. Bald brachte ich meine Lohntüte Libby – the paydy, wie es in unserem amerikanisierten Jiddisch hieß –, und sie vollbrachte Großes mit diesen fünf Dollar. Ich glaube, ich bekam sogar eine Gehaltserhöhung. Sie gab mir Essen, kaufte meine Kleider und verwöhnte mich. Es gibt keine Geheimnisse. Die Lower East Side ist wie ein Dorf. Außerdem verheimlichte Maurice unsere Liebschaft nicht. Er prahlte sogar damit. Unsere Genossen unterhielten sich darüber. Alle stellten die gleiche Frage: was wird werden, wenn ein Kind kommt? Aber wir paßten schon auf, daß keines kam.

Nach einiger Zeit wurde alles Routine, und ich bemerkte, daß Libby nicht mehr so feurig war. Die Leute in der Attorney Street fingen an, schlecht über uns zu reden. Libbys ›Landsleit‹ schrieben an ihre Verwandten in der Heimat und berichteten von unserem schändlichen Treiben. Man drohte uns sogar mit Deportation. Wir planten, in den Westen zu ziehen. Irgendwo im Staate Oregon sollte es noch Reste der frühen Kommunen geben, die Sozialisten und Utopisten gegründet hatten. Sie brachen allerdings auseinander, weil jedes Mitglied nicht nur seine eigenen Ideen darüber hatte, wie die Menschheit zu befreien sei, sondern auch, wie Heu zu stapeln und Kühe zu melken

seien. Viele der Mitglieder wurden faul und wollten nicht arbeiten. Einige wurden verrückt.
Wie wir mitten drin waren in all dem, gab es eine Sensation: ein russischer Revolutionär, der zu zwanzig Jahren Zwangsarbeit in Sibirien verurteilt worden war, aber fliehen konnte, hatte nach vielen Wochen oder Monaten des Umherirrens durch Wälder und Tundren Amerika erreicht. Er hatte sich zum Pazifik durchgeschlagen und soll als blinder Passagier auf einem Frachter in San Francisco gelandet sein. Sie werden es nicht glauben, aber ich habe vergessen, wie er hieß. War es Baruschkin? Oder Kaluschin? Nein, auch nicht. Das ist das Schlimme im Alter – man vergißt Namen. Ich erwähne ihn in meinen Erinnerungen. Aber es stellte sich bald heraus, daß er kein Revolutionär war, sondern ein verbrecherischer Lügner, ein Scharlatan. Er war nicht als Bombenwerfer verurteilt worden, wie man uns erzählt hatte, sondern wegen Diebstahls. Aber das heißt, das Pferd am Schwanz aufzäumen. Wir glaubten damals, eine Hauptstütze der russischen Revolution besuchte New York und daß er seinen wahren Namen nur deshalb nicht preisgab, weil er vorhatte, nach Rußland zurückzukehren. In der jiddischen Presse erschien eine Notiz, er werde in einem der größten Säle der südlichen Stadt sprechen. Man hörte sogar, er sei ein rebellischer Sohn russischer Aristokraten. Alles gelogen. Nur etwas war richtig: er war ein Großrusse, kein Jude, ein Riesenkerl, blond, blauäugig, und er sprach echtes Russisch. Bei unseren Genossen galt das als Zeichen der Vornehmheit. So viele der Besucher aus Rußland waren unsere eigenen Brüder gewesen – klein und dunkel – und sie alle sprachen Russisch mit einem Akzent. Man hatte so viel Reklame gemacht, daß viele hundert Getreue, die gekommen waren, ihn zu hören, keinen Einlaß fanden. Sie blieben draußen – ich unter ihnen. Ich kam spät. Maurice sollte ihn einführen, und Libby saß ganz vorne. Natürlich konnte ich nicht

hören, was Maurice sagte, aber der Mann aus Moskau hatte die Stimme eines Löwen. Ich kann mich erinnern, daß ich, nachdem er zehn Minuten gesprochen hatte, zu einem Nachbarn sagte: ›Wenn der ein Revolutionär ist, will ich ein Tatar sein.‹

Man könnte einen ganzen Roman über die Sache schreiben, aber ich will mich an die Tatsachen halten: Libby verliebte sich in ihn. Sie hat es mir später selbst gesagt: sie warf nur einen Blick auf ihn und sie wußte, ihr Schicksal war besiegelt.

Es ist seltsam, ich kann mich genau daran erinnern, wie unsere Affaire begann, aber wie sie endete, habe ich vergessen. Ich glaube, ich schlief in dieser Nacht überhaupt nicht in Maurices Wohnung. Es kann sein, daß Maurice den Mann aus Moskau mit nachhause genommen hatte nach dem Vortrag, und daß ich woanders hingehen mußte. Es kam alles so plötzlich. An einem Tag hatte ich alles bei Maurice – und am nächsten Tag mußte ich packen und fortgehen. Sie waren beide vernarrt in ihn, Maurice und Libby – Maurice sogar noch mehr als sie. Jetzt, wo es einen Freud gibt, wissen wir wenigstens, wie man so ein Verhalten nennt. So ist der Mensch, kaum hat er einen Namen für eine Sache, schon ist sie kein Rätsel mehr. Aber damals hatten wir noch keine Namen dafür. Selbst wenn man sie hatte, ich wußte nichts davon. Ich erinnere mich, meinen Koffer den East Broadway entlanggeschleppt zu haben und alle paar Schritte stehen geblieben zu sein. Ich war aus dem Paradies vertrieben worden, ohne meine Sünde zu kennen.

Nach einigen Monaten wurde der Schwindler entlarvt. Es kamen Briefe aus Rußland, die alle seine Behauptungen bestritten. Zu jener Zeit war ich schon aufgewacht. Ich begriff, daß Leute wie Maurice Heldenverehrer sind. Und in ihrem Zusammenleben war Libby auch so geworden. Jetzt, da sie mich so leicht gegen irgendjemand anderen auswechseln konnten, erkannte ich, daß unsere Beziehung von Anfang an keinen wirklichen Gehalt gehabt hatte. Bei so einem verdrehten Paar zu leben, konnte einem jungen Mann nicht guttun. Es dauerte nicht lange, und ich traf die Frau, die ich heiratete und die die Mutter meiner Kinder wurde. Sie starb vor einiger Zeit.

Was aus Libby und Maurice wurde? Sie ließen sich scheiden. Himmel und Erde verbünden sich, damit solche Dinge nicht von Dauer sind. Libby heiratete einen älteren Mann, einen Apotheker. Maurice ging, wenn ich mich nicht irre, nach Oregon, wo er so lange blieb, bis die Kolonie sich auflöste. Er kehrte mit einer häßlichen Frau zurück, die älter war als er. Sowohl Libby wie er zogen sich völlig von der Bewegung zurück. Viele Jahre später traf ich ihn in Miami Beach. Ich suchte damals eine Wohnung mit allem Komfort, und man hatte mir ein Haus in der Meridian Avenue empfohlen. Ich trat in die Halle und sah Maurice. Er war der Besitzer. Eine Mieterin zankte sich gerade mit ihm, weil sie kein heißes Wasser hatte. Er war dick geworden und wabbelig, trug nach der Mode von Miami Beach Shorts und ein rosageblümtes Hemd. Er war auch kahl geworden.

Ich wartete ein Weilchen und hörte zu, dann trat ich näher und sagte: »Maurice, mein Lieber, ›Eigentum ist Diebstahl‹.« Er umarmte mich und weinte wie ein Kind. Er hatte sich von seiner zweiten Frau scheiden lassen und wieder geheiratet. Er bot mir eine Wohnung zu einem Spottpreis an. Seine Frau prahlte, ihre Kräppelach seien weltberühmt. Mir stand der Sinn nicht nach Scherzen. Außerdem war seine dritte Frau noch häßlicher als die zweite. Beide sind tot.«

»Was wurde aus Libby?« fragte ich.

Max Peschkin schloß die Augen. »Auch sie ist schon in einer Welt, wie wir alle sie hier auf Erden zu verwirklichen suchten – einer besseren Welt.«

# Der Sohn aus Amerika

Das Dorf Lentczyn war winzig klein und hatte einen sandigen Marktplatz, auf dem sich die Bauern der Umgegend einmal in der Woche trafen. Ringsherum standen die kleinen Hütten mit Strohdächern oder moosgrünem Schindeldach. Die Schornsteine sahen wie Töpfe aus. Zwischen den Hütten war ein Streifen Land, auf dem die Eigentümer Gemüse anpflanzten oder ihre Ziegen weideten.
In der kleinsten Hütte lebte der alte Berl, ein Mann in den Achtzigern, mit seiner Frau. Sie wurde Berlcha genannt, denn das bedeutet: Frau des Berl. Der alte Berl gehörte zu jenen Juden, die aus ihren Dörfern in Rußland vertrieben worden waren und sich in Polen niedergelassen hatten. In Lentczyn spotteten die Leute über die Fehler, die er beim Beten machte. Er sprach mit einem gerollten Zungen-Rrrr. Er war von kleiner Statur und hatte breite Schultern und einen kurzen weißen Bart. Im Sommer wie im Winter trug er eine Lammfellmütze, eine wattierte Baumwolljacke und derbe Stiefel. Er ging mit langsamen, schlurfenden Schritten. Er besaß einen halben Morgen Land, eine Kuh, eine Ziege und Hühner.
Das alte Ehepaar hatte einen Sohn, Samuel, der vor vierzig Jahren nach Amerika ausgewandert war. In Lentczyn hieß es, er sei drüben Millionär geworden. Jeden Monat brachte der Briefträger dem alten Berl eine Geldanweisung und einen Brief, den kein Mensch lesen konnte, weil er viele englische Wörter enthielt. Niemand erfuhr, wieviel Geld Samuel seinen Eltern schickte. Dreimal im Jahr gingen Berl und seine Frau zu Fuß nach Zakroczym und kassierten dort das Geld ein. Aber sie schienen es nie zu benutzen. Wozu auch? Der Garten, die Kuh und die Ziege sorgten für fast all ihre Bedürfnisse. Außerdem verkaufte Berlcha Hühner und Eier, und dadurch hatten sie genug,

um Mehl fürs Brot zu kaufen. Niemand kümmerte sich darum, wo Berl das Geld aufbewahrte, das ihm sein Sohn schickte. In Lentczyn gab es keine Diebe.
Die Hütte bestand aus einem einzigen Raum, der alle ihre Habe enthielt: den Tisch, das Regal fürs Fleisch, ein anderes Regal für die milchigen Speisen, die zwei Betten und den Ofen aus Lehm. Die Hühner waren im Holzschuppen oder, bei großer Kälte, in einem Verschlag neben dem Ofen untergebracht. Auch die Ziege fand bei schlechtem Wetter einen Unterschlupf in der Hütte. Die wohlhabenderen Dörfler besaßen Petroleumlampen, aber Berl und seine Frau hielten nichts von neumodischen Mätzchen. Sie blieben bei ihrem Ölnapf, in dem ein Docht schwamm – war das nicht gut genug? Doch für den Sabbat kaufte Berlcha im Kramladen drei Talgkerzen. Im Sommer stand das alte Paar mit der Sonne auf und legte sich mit den Hühnern zu Bett. An den langen Winterabenden spann Berlcha Flachs auf ihrem Spinnrad, und Berl saß neben ihr, in Schweigen gehüllt wie alle, die gern in Ruhe genießen.
Hin und wieder wußte Berl, wenn er nach dem Abendgebet aus der Synagoge kam, seiner Frau allerlei Neuigkeiten zu erzählen. In Warschau gab es Rebellen, die die Abdankung des Zaren verlangten. Und ein Ketzer namens Herzl war aufgetaucht und warb für seine Idee, die Juden sollten sich wieder in Palästina ansiedeln. Berlcha hörte zu und schüttelte ihren mit einer Haube bedeckten Kopf. Ihr Gesicht war gelb und so kraus wie ein Wirsingblatt. Unter den Augen hatte sie bläuliche Säcke. Sie war halb taub. Berl mußte jedes Wort wiederholen, das er zu ihr sagte. Sie pflegte zu seufzen: »Was nicht alles in den großen Städten passiert!«
Hier in Lentczyn passierte nichts außer den üblichen Ereignissen: eine Kuh bekam ein Kalb, ein junges Paar beging ein Beschneidungsfest, oder ein Mädchen wurde geboren, und dann fand kein Fest statt. Gelegentlich starb

auch mal jemand. In Lentczyn gab es keinen Friedhof, und die Leiche mußte nach Zakroczym geschafft werden. Lentczyn war allmählich zu einem Dorf mit nur wenig jungen Menschen geworden. Die jungen Männer gingen nach Zakroczym, nach Nowy Dwor oder Warschau und manchmal gar nach den Vereinigten Staaten. Ihre Briefe waren ebenso unlesbar wie die von Samuel: das Jiddische war vermischt mit Sprachbrocken aus den Ländern, in denen sie jetzt lebten. Sie schickten Photographien, auf denen die Männer Zylinderhüte trugen und die Frauen so fein wie Gutsbesitzerinnen gekleidet waren.

Auch Berl und Berlcha erhielten solche Photographien. Aber ihre Sehkraft ließ schon nach, und weder er noch sie hatten eine Brille. Sie konnten kaum erkennen, was auf dem Bildchen zu sehen war. Samuel hatte Söhne und Töchter mit nichtjüdischen Namen und Enkel, die schon verheiratet waren und auch wieder Kinder hatten. Ihre Namen waren so seltsam, daß Berl und Berlcha sie sich nicht merken konnten. Aber was haben Namen schon groß zu sagen? Amerika war unendlich weit weg, hinter dem Ozean und am Rande der Welt. Ein Talmudlehrer, der einmal nach Lentczyn gekommen war, hatte erklärt, die Amerikaner hätten die Köpfe unten und die Füße oben. Das konnten Berl und Berlcha nicht begreifen. Wie war so etwas nur möglich? Aber da der Lehrer es behauptete, mußte es wohl stimmen. Berlcha dachte eine Zeitlang darüber nach, und dann sagte sie: »Der Mensch kann sich an alles gewöhnen.«

Und dabei blieb es. Wenn man zuviel nachdachte, konnte man – Gott behüte – bloß den Verstand verlieren!

Eines Freitagmorgens, als Berlcha den Teig für das Sabbatbrot knetete, ging die Tür auf und ein Edelmann trat ein. Er war so groß, daß er sich bücken mußte, um zur Tür hereinzukommen. Er trug eine Bibermütze und

einen Mantel, der mit Pelz besetzt war. Hinter ihm erschien Chaskiel, der Kutscher aus Zakroczym. Er trug zwei Lederkoffer mit Messingschlössern. Erstaunt zog Berlcha die Brauen in die Höhe.
Der Edelmann schaute sich um und sagte auf Jiddisch zum Kutscher: »Hier ist es!« Er holte einen Silberrubel hervor und zahlte damit. Der Kutscher wollte ihm das Wechselgeld herausgeben, aber der Herr sagte: »Ihr könnt jetzt gehen.«
Als der Kutscher die Tür geschlossen hatte, sagte der Herr: »Mutter, ich bin's! Euer Sohn Samuel – der Sam!«
Berlcha hörte seine Worte, und die Füße wurden ihr weich. Die Hände, an denen noch Teigstückchen klebten, begannen zu zittern. Der Edelmann umarmte sie und küßte sie auf die Stirn und auf beide Wangen. Berlcha begann wie ein Huhn zu gackern: »Mein Sohn!« Im gleichen Augenblick kam Berl vom Holzschuppen her zur Tür herein: er hatte beide Arme voll Holz. Die Ziege lief ihm nach. Als er sah, daß ein Edelmann seine Frau küßte, ließ er die Holzscheite fallen und rief: »He, was soll das?«
Der Edelmann ließ Berlcha los und umarmte Berl. »Vater!« rief er.
Berl konnte lange Zeit keinen einzigen Laut aus der Kehle bringen. Er wollte fromme Sprüche hersagen, die er in der jiddischen Bibel gelesen hatte, aber er konnte sich an keinen erinnern. Dann fragte er: »Bist du Samuel?«
»Ja, Vater, ich bin Samuel.«
»Friede sei mit dir«, sagte Berl und ergriff die Hand seines Sohnes. Er war noch immer nicht überzeugt, ob er nicht vielleicht zum Narren gehalten würde. Samuel war nicht so groß und breit wie dieser Mann gewesen – doch dann erinnerte sich Berl, daß Samuel erst fünfzehn Jahre alt gewesen war, als er sein Elternhaus verlassen hatte. In dem fernen Land hinter dem Meer mußte er wohl gewachsen sein. Berl fragte: »Warum hast du uns nicht geschrieben, daß du kommen wolltest?«

»Habt ihr denn mein Telegramm nicht erhalten?« fragte Samuel.
Berl wußte nicht, was ein Telegramm war.
Berlcha hatte sich den Teig von den Fingern geschabt und umarmte ihren Sohn. Er küßte sie wieder und fragte: »Mutter, habt ihr kein Telegramm bekommen?«
»Da ich das erlebt habe, will ich gerne sterben«, sagte Berlcha und wunderte sich über ihre eigenen Worte. Auch Berl staunte. Es waren genau die Worte, die er hatte sagen wollen, wenn er sich darauf hätte besinnen können. Nach einem Weilchen kam Berl zu sich und sagte: »Pescha, du mußt außer dem Schmorfleisch einen doppelt so großen Sabbatpudding machen.«
Es war manches Jahr her, seit Berl seine Frau bei ihrem Vornamen genannt hatte. Wenn er ihr etwas zurufen wollte, sagte er einfach: »Hör mal!« oder »Du«! Nur die Jungen oder die Leute in den großen Städten nennen ihre Frau bei ihrem Namen. Jetzt erst begann Berlcha zu weinen. Gelbe Tränen rannen ihr aus den Augen, und alles wurde undeutlich. Dann rief sie laut: »'s ist ja Freitag! Ich muß alles für den Sabbat vorbereiten!« Natürlich, sie mußte den Teig kneten und die Brotlaibe zu Zöpfen flechten. Für so einen Gast mußte sie mehr Schmorfleisch zubereiten. Im Winter sind die Tage kurz, und sie mußte sich beeilen.
Ihr Sohn verstand ihre Unruhe, und er sagte: »Mutter, ich helfe dir!«
Berlcha wollte lachen, brachte aber nur ein ersticktes Schluchzen heraus. »Was sagst du da? Gott bewahre!«
Der Edelmann legte seinen Mantel und seine Jacke ab und stand in seiner Weste da, über der eine Uhrkette aus dikkem Gold hing. Er krempelte sich die Ärmel auf und trat an den Brottrog. »Mutter, in New York war ich viele Jahre lang Bäcker«, sagte er und begann den Teig zu kneten.
»Was! Du bist mein liebster Sohn, und du wirst das Kad-

dish-Gebet für mich sprechen!« Sie weinte laut und mußte sich aufs Bett fallen lassen, so schwach war ihr.
Berl sagte: »Ja, ja, die Frauen!« Und er ging zum Holzschuppen, um noch mehr Holz zu holen. Die Ziege legte sich neben den Ofen. Sie blickte erstaunt auf den fremden Mann, der so groß war und so seltsame Kleider trug.
Die Nachbarn hatten die gute Nachricht vernommen, daß Berls Sohn aus Amerika eingetroffen sei, und sie kamen herbei, um ihn zu begrüßen. Die Frauen halfen Berlcha bei den Sabbatvorbereitungen. Manche lachten, und manche weinten. Die Hütte war so voller Leute wie bei einer Hochzeit. Sie fragten Berls Sohn: »Was gibt's Neues in Amerika?« Und Berls Sohn antwortete: »Amerika ist all right.«
»Können die Juden dort Geld verdienen?«
»Auch an den Wochentagen ißt man dort weißes Brot.«
»Bleiben sie jüdisch?«
»Bin ich etwa nicht jüdisch?«
Nachdem Berlcha die Kerzen gesegnet hatte, gingen Vater und Sohn zu der kleinen Synagoge auf der anderen Straßenseite. Es war noch mehr Schnee gefallen. Der Sohn machte große Schritte, aber Berl ermahnte ihn: »Geh langsamer!«
In der Synagoge stimmten die Juden an: »Lasset uns singen!« und »Komm, mein Freund!« Und die ganze Zeit fiel draußen der Schnee. Als Berl und Samuel nach den Gebeten die Synagoge verließen, war das Dorf nicht wiederzuerkennen. Alles war mit Schnee bedeckt. Man konnte nur die Umrisse der Dächer und die Kerzen in den Fenstern sehen. Samuel sagte: »Hier hat sich nichts verändert.«
Berlcha hatte das Essen vorbereitet: gefüllte Fische, Hühnersuppe mit Reis und das Schmorfleisch mit Karotten. Berl sprach über einem Glas Wein das Dankgebet. Die Familie aß und trank, und als es ein Weilchen ganz ruhig wurde, konnte man das Zirpen des Heimchens hören. Der Sohn sprach viel, aber Berl und Berlcha verstanden nur

sehr wenig. Sein Jiddisch war anders und enthielt fremde Wörter.

Nach dem Schlußgebet fragte Samuel: »Vater, was habt Ihr mit all dem Geld gemacht, das ich Euch geschickt habe?«

Berl zog die weißen Brauen in die Höhe: »Ich hab's hier!«

»Habt Ihr es nicht auf eine Bank eingezahlt?«

»In Lentczyn gibt's keine Bank.«

»Wo hebt Ihr es denn auf?«

Berl zögerte. »Am Sabbat darf man kein Geld anrühren, aber ich werd's dir zeigen.« Er kauerte neben dem Bett nieder und begann etwas Schweres hervorzuzerren. Ein Stiefel erschien. Oben war er mit Stroh ausgestopft. Berl nahm das Stroh weg, und der Sohn sah, daß der Stiefel voller Goldstücke war. Er hob ihn auf.

»Vater, das ist ein Vermögen!«

»Hm.«

»Warum habt Ihr's nicht ausgegeben?«

»Wofür? Wir haben alles, Gott sei's gedankt!«

»Warum seid Ihr nicht irgendwohin gereist?«

»Wozu? Das hier ist unser Heim.«

Der Sohn stellte ihm eine Frage nach der andern, und Berls Antwort lautete immer gleich: es fehlte ihnen an nichts. Der Garten, die Kuh, die Ziege und die Hühner versorgten sie mit allem, was sie brauchten. Der Sohn sagte: »Wenn Diebe hiervon erführen, wäret Ihr Eures Lebens nicht mehr sicher!«

»Hier gibt es keine Diebe!«

»Was soll mit dem Geld geschehen?«

»Nimm du es!« Allmählich gewöhnten sich Berl und Berlcha an ihren Sohn und sein amerikanisches Jiddisch. Berlcha konnte ihn jetzt leichter verstehen. Sie erkannte sogar seine Stimme. Samuel sagte: »Vielleicht sollten wir eine größere Synagoge bauen?«

»Die Synagoge ist groß genug«, erwiderte Berl.

»Vielleicht ein Heim für alte Leute?«

»Keiner muß auf der Straße schlafen!«
Am nächsten Tag, nachdem das Sabbatmahl gegessen war, brachte ein Nichtjude aus Zakroczym ein Stück Papier. Es war das Telegramm. Berl und Berlcha legten sich zu einem Nickerchen nieder. Bald begannen sie zu schnarchen. Auch die Ziege schlief ein. Der Sohn zog seinen Mantel an, setzte seine Mütze auf und machte einen Spaziergang. Mit seinen langen Beinen ging er quer über den Marktplatz. Er streckte die Hand aus und berührte ein Dach. Er wollte eine Zigarre rauchen, erinnerte sich aber, daß es an einem Sabbat verboten war. Er hatte Lust, mit jemand zu plaudern, aber ganz Lentczyn schien zu schlafen. Er betrat die Synagoge. Ein alter Mann saß da und rezitierte Psalmen. Samuel fragte ihn: »Betet Ihr?«
»Was sonst soll man tun, wenn man alt ist?«
»Habt Ihr zu leben?«
Der alte Mann verstand den Sinn der Frage nicht. Er lächelte und zeigte dabei seine zahnlosen Kiefer. Dann sagte er: »Wenn Gott Gesundheit schenkt, läßt sich's leben.«

Samuel kehrte nach Hause zurück. Die Dämmerung sank nieder. Berl ging zum Abendgebet in die Synagoge, und der Sohn blieb bei seiner Mutter. Das Zimmer hing voller Schatten.
Berlcha begann einen feierlichen Singsang anzustimmen. »Gott Abrahams, Isaaks und Jakobs, beschütze das arme Volk Israels und Deinen heiligen Namen! Der Heilige Sabbat endet. Wir grüßen die neue Woche mit Willkommen. Möge sie Gesundheit und Wohlstand und gute Werke bringen!«
»Mutter, Ihr braucht nicht um Wohlstand zu beten«, sagte Samuel. »Ihr seid schon wohlhabend.«
Berlcha hörte es nicht – jedenfalls tat sie so. Ihr Gesicht war zu einem Schattengewirr geworden.
Samuel steckte im Dämmerlicht seine Hand in die Jacken-

tasche und berührte seinen Paß, sein Scheckbuch und seine Kreditbriefe. Er war mit großen Plänen hergekommen. Er hatte einen ganzen Koffer voller Geschenke für seine Eltern. Er wollte dem Dorf Wohltaten erweisen. Er hatte nicht nur sein eigenes Geld mitgebracht, sondern Spenden von einem Lentczyner Verein in New York, der zur Unterstützung des Dorfes einen Ball veranstaltet hatte. Aber dieses abgeschiedene Dorf brauchte nichts. Von der Synagoge drang heiserer Gesang herüber. Das Heimchen, das den ganzen Tag geschwiegen hatte, begann wieder mit seinem Zirpen. Berlcha wiegte sich hin und her und sprach fromme Verse, die von Müttern und Großmüttern ererbt waren:

Deine frommen Lämmer
Bewahre voll Gnade
In Tora und guten Werken:
Versorge sie alle
Mit Deinen Gaben,
Mit Schuhen, Kleidern und Brot
Und mit des Messias Gebot!

# Die Aktentasche

Man sagt, dauerndes Herumhetzen sei eine typisch amerikanische Krankheit. Obwohl ich kein gebürtiger Amerikaner bin, so bin ich doch ein Opfer dieser Krankheit. Manchmal bin ich in einer solchen Hetze, daß ich mich anstrengen muß, mich daran zu erinnern, daß ich Kohn heiße. Ich bin immer in Eile, selbst wenn ich schlafe.

In jenem Winter arbeitete ich an einer Zeitung, schrieb Bücher, ging auf Vortragsreisen, und nahm eine Gastprofessur an einer Universität im Mittleren Westen an, wo ich Vorlesungen über moderne Literatur halten sollte. Obwohl ich nur jede zweite Woche zwei Tage dort sein mußte, nahm ich mir eine Wohnung und ließ ein Telephon legen. Die Universität stellte mir ein Büro zur Verfügung und dort gab es auch ein Telephon. Die Telephone läuteten dauernd; jedesmal, wenn ich eine der Türen öffnete, begrüßte mich das Geklingel. Professoren wollten mich kennen lernen, ihre Frauen luden mich zum Lunch oder Abendessen ein, Studenten brachten ihre Arbeiten zum durchsehen, ältere Semester der Journalistik wollten Interviews, Mitglieder der lokalen jüdischen Gemeinde baten mich, in ihrem Gemeindehaus einen Vortrag zu halten.

Da ich nicht nein sagen kann, sagte ich zu allem ja. Mein kleines Notizbuch war so überfüllt mit Telephonnummern und Adressen, daß ich meine eigene Handschrift kaum entziffern konnte. Ich hatte eine Wohnung in Manhattan und ein Büro bei der Zeitung, infolgedessen erhielt ich Post und Bücher an vier verschiedene Adressen. Ich hatte keine Zeit, die Haufen von Papier, die sich überall ansammelten, auch nur durchzusehen. Manchmal öffnete ich nicht einmal die Umschläge. Leute wie ich haben gewöhnlich Sekretärinnen, aber ich war nie lange genug an einem Ort. Außerdem durfte niemand von all meinen verrückten Beziehungen zu Frauen wissen. Über die Jahre meines langen Junggesellenlebens hatte ich einen unsichtbaren Harem von Verflossenen oder Verpaßten angesammelt. Allen machte ich Versprechungen. Einige waren noch verhältnismäßig jung, andere inzwischen alt geworden. Eine hatte Krebs. Verschiedene hatten geheiratet, manche sogar zum zweiten oder dritten Mal. Ihre Töchter behandelten mich wie ihren Stiefvater. Man erwartete von mir, daß ich Glückwünsche und Geschenke zu ihren Geburtstagen und anderen Gedenktagen schickte. Die meisten vernachlässigte ich und wachte nachts mit schlechtem Gewissen auf. Ich trat oft auf telepathischem Wege mit ihnen in Verbindung, und sie schienen auf dem gleichen Wege zu antworten. Telepathie, Hellseherei und Vorahnungen ersetzten Briefe, Telephonanrufe und Besuche. Ich tat allen Unrecht, und trotzdem überschütteten mich diese Frauen weiterhin mit Liebe. Vielleicht weil ich – in Gedanken zumindest – ihnen immer noch ergeben war. Vor dem Einschlafen betete ich für sie.

Im Februar jenes Winters hatte ich eine Woche ohne Verpflichtungen. Der Rabbiner einer kalifornischen Gemeinde, vor der ich sprechen sollte, war plötzlich gestorben, und mein Vortrag wurde vertagt. Kaum hatte ich die Nachricht erhalten, da beschloß ich, die freien Tage mit Reisl zu verbringen. Die Nacht vorher war ich bei ihr in der Bronx. Mein Flugzeug sollte mittags um zwölf abfliegen. Ich stand um sechs Uhr auf. Reisls kranke Mutter Lea Hinda schlief immer lange. Reisl hatte mir Frühstück gemacht. Als ich um acht Uhr bei mir in der Wohnung eintraf, fand ich unter die Tür geschoben ein Telegramm, das meinen Vortrag absagte.

Ehe ich ging, hatte Reisl sich beklagt: »Früher bliebst du tagelang bei mir. Jetzt bleibst du höchstens eine Nacht.«

Und plötzlich hatte ich eine ganze freie Woche!

Zuerst legte ich mich auf die Couch und versuchte, den versäumten Schlaf nachzuholen. Wir waren erst um ein

Uhr morgens aus dem Theater nachhause gekommen. Das Telephon läutete und ich ließ es läuten. Ich dachte an die Worte Esaus: »Siehe, ich muß doch sterben, was soll mir denn die Erstgeburt?« Die Art von Leben, die ich führte, gab mir das Gefühl, langsam Selbstmord zu verüben. Ich war schon so weit, daß ich nie mehr als fünf Rasierklingen kaufte. Zehn zu kaufen, hieße das Schicksal herausfordern – ich konnte jeden Tag eine Herzattacke oder einen Nervenzusammenbruch bekommen.

Gegen elf wachte ich auf, genau so müde, wie ich mich hingelegt hatte. Ich sah mich im Zimmer um. Die Putzfrau hatte operiert werden müssen und war zur Erholung zu ihrer alten Mutter nach Puertorico gefahren. Die Wohnung war schmutzig. Bücher, Zeitschriften, Unterhosen, Krawatten, Taschentücher lagen am Boden verstreut. Der Schreibtisch war mit Papieren bedeckt. Obwohl ich versuchte, Ordnung zu halten, lebte ich doch in dauernder Unordnung. Ich konnte nie etwas finden. Ich verlor Rechnungen. Ich verlegte meinen Füllfederhalter und meine Brille. Ich zog einen Schuh an und konnte den zweiten nicht finden. Eines Tages vermißte ich meinen Cashmeremantel. Ich suchte überall, selbst an Orten, die für ein Unterhemd zu klein gewesen wären, er war verschwunden. War bei mir eingebrochen worden? Nirgends waren Zeichen eines Einbruchs. Warum sollte ein Dieb nur den Mantel nehmen? Ich öffnete den Schrank noch einmal und fand den Mantel zwischen meinen anderen Sachen. Kann man vor lauter Geistesabwesenheit blind sein?

Ich rief Reisl an und teilte ihr die gute Nachricht von meiner freien Woche mit.

»Komm sofort hierher!« rief sie.

»Nein. Komm du und verbringe den Tag bei mir. Später gehen wir dann zu dir.«

»Du weißt, daß ich meine Mutter nicht allein lassen kann.«

»Du kannst, auf ein paar Stunden.«
Nach vielem Hin und Her stimmte Reisl zu, ›in die Stadt zu kommen‹, so nannte sie den Weg nach Manhattan. Lea Hinda hatte eine alte Nachbarin, die nach ihr sehen würde. Lea Hinda litt an hohem Blutdruck und einem halben Dutzend anderer Krankheiten, aber irgendwie schaffte sie es, am Leben zu bleiben. Sie nahm zahllose Tabletten und hielt die stengste Diät, von der ich je gehört hatte. Nachdem sie das Leben im Getto und in Konzentrationslagern überstanden hatte, war sie entschlossen, neunzig zu werden.
Obwohl Reisl versprochen hatte, in einer Stunde da zu sein, wußte ich doch, es würden drei werden. Zuhause lief sie halbnackt und in ausgetretenen Hausschuhen herum. Aber wenn sie sich in die Stadt begab, dann trug sie ihr Sabbat Kleid. Bevor sie fortging, legte sie der Mutter alle Tabletten hin, die sie brauchte, herzstärkende, entwässernde, vitaminhaltige. Lea Hinda lernte nie, mit diesen amerikanischen Medizinen umzugehen.
Jetzt hatte ich Zeit, mich zu rasieren, zu baden, vielleicht sogar ein Manuskript anzusehen. Aber das Telephon ließ mir keine Ruhe. Ich hatte meinen Rasierapparat verlegt und verbrachte eine Viertelstunde damit, ihn zu suchen. Plötzlich erinnerte ich mich, ihn in den Koffer gelegt zu haben, den ich nach Kalifornien mitnehmen wollte. Als ich ihn auspackte, läutete das Telephon wieder. Die Stimme war die eines Erwachsenen, der ein Kind nachahmt, und ich tippte auf Sara Pitzeller. Obwohl sie krebskrank war, hatte sie ihren Humor bewahrt.
»Weißt du, daß deine Sara gestorben ist?« sagte sie mit der kindlichen Stimme.
Ich war sprachlos.
»Warum antwortest du nicht? Hast du Angst vor den Toten? Die tun dir nichts. Denen kannst du auch nicht mehr wehtun. Ist das nicht großartig?« Sie legte den Hörer auf.

Es läutete dreimal an der Tür. Das mußte Reisl sein. Sie kam immer in einem Aufruhr an. Sie trug in sich die Spannungen des Gettolebens, der heimlichen Grenzübertritte, der Barackenlager Verschleppter und Heimatloser. Sie war blond, blauäugig, schlank, und obwohl sie bald vierzig war, sah sie aus wie ein Mädchen in den Zwanzigern. Sie war Schneiderin von Beruf, man hatte sie sogar als Mannequin beschäftigen wollen. Aber sie sprach kein Englisch. Außerdem hatte sie sich im Getto das Trinken angewöhnt.
Noch ehe sie die Tür geschlossen hatte, schrie sie: »Nie wieder fahre ich irgendwohin mit der Untergrundbahn. Lieber sterbe ich.«
»Was war denn los?«
»Ein Kerl hing sich an mich. Ich sagte zu ihm: ›Go, mister, I no understand English.‹ Aber er hörte nicht auf, mich zu belästigen. Besoffen wie Lot. Und Augen wie ein Mörder. Als ich ausstieg, stieg er auch aus. Vater im Himmel! Ich dachte, jeden Moment zieht er das Messer heraus.«
»Dein Kleid ist ein bischen auffallend, und deshalb . . .«
»Du verteidigst ihn noch. Du bist immer auf der Seite meiner Feinde. Du wärst imstande, selbst Hitler zu verteidigen. Das ist ein ganz einfaches Kleid. Du wirst es nicht glauben, aber ich habe den Stoff für einen Dollar von einem Restetisch gekauft ... Ich habe meine Zündhölzer vergessen. Ich muß eine Zigarette rauchen.«
Ich brachte Reisl Zündhölzer.
Sie zog den Rauch ein, blies eine Rauchwolke von sich und sagte: »Ich muß was trinken.«
»So früh am Tag?«
»Gib mir ein Glas Kognak. Ich habe dir was zu essen mitgebracht.«
Jetzt erst bemerkte ich, daß sie einen Korb trug. Ich hatte sie oft gebeten, mir kein Essen mitzubringen. Das zog nur Küchenschaben und Mäuse an. Aber sie machte, was sie wollte. Sie schlug auch meine Warnungen in den Wind,

daß sie vom Trinken und Rauchen krank werden würde. Sie rauchte drei Päckchen am Tag. Sie rauchte auch mitten in der Nacht. Ich wollte ihr ein kleines Glas eingießen, aber sie riß mir die Flasche aus der Hand und goß ein Wasserglas voll. Sie trank es mit der Hast eines Alkoholikers, und für einen Augenblick war ihr Gesicht seltsam verzerrt. Dann wurde sie vergnügt.

Sie hatte Lunch für uns beide mitgebracht, aber ich mußte fast alles allein essen. Zigaretten und Alkohol genügten ihr. Sie hatte die Gerichte gekocht, die ihr von zuhause vertraut waren: Kartoffelpudding, gebackene Nudeln, Grütze mit Pilzen, und Backpflaumen. Während ich aß, sagte sie: »Im Getto wagte ich nicht einmal, von so einer Mahlzeit zu träumen. Wir beteten um trockenes Brot. Ich habe einmal gesehen, wie sich zwei Juden um eine verschimmelte Brotkruste prügelten. Die Nazis peitschten beide aus wegen Störung der öffentlichen Ruhe. Wo ist der Gott, über den du schreibst? Er ist ein Mörder, nicht ein Gott. Wenn ich die Macht hätte, würde ich jeden aufhängen, der über Ihn plappert.«

»Dann würdest du mich an den Galgen bringen?«

»Dich nicht, Liebling. Ich würde dir den Mund verstopfen, das ist alles. Du weißt nicht, was du sagst – du bist wie ein kleines Kind ohne Verstand. Wie ein Bub wie du überhaupt Bücher schreiben kann ist ein Wunder. Die Wahrheit ist, du schreibst sie gar nicht – ein Dibbuk ist in dich gefahren. Er schreibt. Wenn du den Pudding nicht bis auf den letzten Krümel aufißt, gehe ich nachhause und seh dich nie wieder an. Gib mir noch ein Glas.«

»Ich gebe dir nichts mehr – nicht einmal, wenn du dich auf den Kopf stellst.«

»Komm schon! Ich will diese dreckige Welt ein paar Sekunden lang vergessen. Mit wem bist du ins Theater gegangen, zur ›Türkischen Hochzeit‹?«

»Mit niemandem.«

»Aber du hast doch in deiner Besprechung eine Begleiterin erwähnt.«
»Ach, das ist nur mein Stil, in dem ich mich ausdrücke.«
»Schöner Stil! Drück dich nicht so gebildet aus mit mir. Ich weiß genau, daß du mit Weibern herumziehst. Mögen sie alle in Flammen aufgehen! Genüge ich dir nicht? Du bist mit irgendeiner Nutte zur ›Türkischen Hochzeit‹ gegangen. Die Plagen des Pharao sollen sie treffen! Sie hat sich wahrscheinlich hier im amerikanischen Luxus gewälzt, während ich in einem Bunker mit Ratten und Läusen verfaulte. Jetzt stiehlt sie mir noch meinen Mann. Sie soll in der Hölle braten!«
»Du verfluchst jemanden, der gar nicht existiert.«
»Doch existiert sie, und die anderen auch. Ich wünschte, es gäbe sie nicht. Deshalb trinke ich ja. Gib mir noch einen Schluck.«
»Nein.«
»Du willst nicht? Dann bist du ein kaltblütiger Mörder. Du magst von Rabbinern abstammen, aber ich glaube, deine Mutter hat einen Bastard zur Welt gebracht. Sieh mich nicht so an. Das ist schon vorgekommen in unserer verfluchten Geschichte. Wie erklärst du dir sonst die blonden Köpfe und Stupsnasen unter uns? Wir sind gar keine Juden. Die Christen verfolgen Christen! Die wirklichen Juden sind schon lange ausgestorben. Vielleicht gibt es noch eine Handvoll in Jerusalem. Gib mir noch einen kleinen Kognak oder ich sterbe.«
»Tus nur.«
Reisl heftete ihre hellblauen Augen auf mich. »Ich weiß wirklich nicht, warum ich dich liebe. Was sehe ich in dir? Jahrelang habe ich mich nach einem Mann gesehnt. Schließlich fand ich einen. Und der ist verrückt und schlecht.«
Wir umarmten uns, ich hob sie hoch und einer ihrer Schuhe fiel zu Boden. Das Telephon läutete. Meine Universität. Der Dekan der Abteilung für Englisch wollte mich nur

daran erinnern, daß ich morgen eine Vorlesung zu halten hatte. Himmel, ich hatte völlig daran vergessen. Ich fragte ihn, ob man sie verschieben könnte. Er sagte, man hätte extra einen bestimmten Saal reserviert und eine Verschiebung käme nicht in Frage.

Während ich noch sprach, stieg Reisl das Blut ins Gesicht. Sie riß sich von mir los und humpelte zu ihrem zweiten Schuh. Sie fiel hin. Wie sie da lag, fing sie an zu schreien: »So geht es mit allen unseren Plänen! Ich verfluche den Tag, an dem . . .«

»Komm mit mir.«

»Du weißt, daß ich das nicht kann, du Schlappschwanz. Oder ich muß vorher meine Mutter vergiften.«

»Aber ich muß gehen.«

»So geh. Aber bei deiner Rückkehr wirst du zwei Leichen vorfinden. Ich habe dieses Schicksal verdient, weil ich am Leben bleiben wollte. Niemand sollte so etwas überleben – es ist Sünde. Um mich herum starben sie wie die Fliegen und ich träumte von gebratenem Schnitzel und Liebe. Dafür werde ich jetzt bestraft. Komm nicht in meine Nähe. Du bist mein schlimmster Feind.«

Ich sah sie an und ich sah eine knochige Nase, ein spitzes Kinn, eingefallene Wangen. Als sie gekommen war, sah sie wie ein junges Mädchen aus. Jetzt hatten die Jahre sie eingeholt. Ich bemerkte auch die Krähenfüße um ihre Augen. Ihre Nasenlöcher weiteten sich.

Sie schrie auf. »Gib mir die Flasche! Ich muß mich besaufen.«

»Nicht in meiner Wohnung.«

»Gib mir die Flasche. Es gibt für mich nur noch den Suff. Warum hat Gott die Welt erschaffen? Beantworte mir das. Er ist kein Gott. Er ist ein Teufel. Er ist auch ein Hitler – und das ist die bittere Wahrheit.«

»Halt den Mund!«

»So, jetzt bist du auch noch fromm geworden, was? Du

fürchtest dich vor meinen Gotteslästerungen? Er saß in Seinem siebenten Himmel und sah zu, wie man Kinder in die Gaskammern schleppte. Die Engel sangen zu Seinen Ehren und Er sonnte sich in der himmlischen Glorie. Gib mir die Flasche. Wenn du es nicht tust, bringe ich mich sofort um.«

Meine Vorlesung hieß ›Hat die Literatur des Unterbewußten und des Absurden eine Zukunft?‹ Während ich sprach, spürte ich, daß die Zuhörer mir nicht zustimmten. Man hörte Gemurmel und Husten, gefolgt von feindlichem Schweigen. Eine Frau versuchte, mich zu unterbrechen. Ich war mir dessen nicht bewußt, aber ich hatte die Psychologisierer und Soziologisierer unter den heutigen Romanschreibern angegriffen. Während der Diskussion warfen die Studenten Kafka und Joyce als Argumente gegen mich in die Debatte. Und wie stand es um die Symbolisten? Wollte ich wirklich die Uhr der Literaturgeschichte zurückdrehen bis zu Flauberts Realismus? Einige meiner Studenten hatten lange, undurchsichtige Arbeiten geschrieben, die den ›inneren Menschen‹ wiedergeben sollten. Andere versuchten, in ihren Arbeiten die Gesellschaft neu aufzubauen – oder zumindest die alte zu zerstören. Ein Professor wies auf den Widerspruch zwischen meiner Theorie der Literatur und meinen eigenen Schriften hin, die symbolisch, oft sogar mystisch seien. Ich versuchte, meine Ansichten zu erklären, aber der Vorsitzende teilte mit, es sei Zeit für Erfrischungen. Wir gingen in einen Saal, wo es Punsch und Schnäpse gab. Dieser Empfang war mir zu Ehren gegeben worden, aber die Literaturprofessoren übersahen mich und unterhielten sich untereinander. Sie erzählten sich Witze, die gerade ›in‹ waren. Ich zog mich in eine Ecke zurück, nippte an meinem Punsch – ich war ein Außenseiter.
Eine Frau kam zu mir heran. Ich erkannte sie, aber konnte mich nicht an ihren Namen erinnern oder wo wir uns be-

gegnet waren und wann. Sie sah sowohl jung aus wie gealtert, als ob sie gerade einer schweren Krankheit oder einer Krise entronnen sei. War sie eine Studentin höheren Semesters oder ein Professor, überlegte ich. Sie hatte schwarze Augen, schwarzes krauses Haar, eine hohe Stirn und ein leicht behaartes Kinn. Das schwarze Kleid stand ihr nicht. Ihr Glas war fast leer. Sie sprach zögernd, als sei sie beschwipst. »Erkennen Sie mich nicht?«

»Ich kenne Sie«, sagte ich, »aber ich habe keine Ahnung, wer Sie sind.«

»Rosalie Kadisch.«

»Mein Gott!«

Wir wollten uns einen Kuß geben, aber die Gläser waren im Weg. Ich hatte Angst, sie mit Punsch zu begießen. Sie sagte: »Ich bin alt geworden, aber du hast dich nicht verändert.«

»Was bleibt einem anderes übrig, als alt zu werden?« sagte ich. »Aber was machst du hier? Wo kommst du her? Was hast du inzwischen erlebt.«

Sie lächelte verschmitzt und zeigte weit auseinanderstehende, gelbe Zähne. »Ich komme aus dem Heiligen Land und gebe hier einen Kurs über moderne hebräische Literatur. Außerdem schreibe ich an meiner Doktorarbeit.«

»Was wurde aus deinem christlichen Freund?«

»Du erinnerst dich also doch. Er heiratete eine geschiedene Frau mit Geld.«

»Und will er nicht mehr die Menschheit erlösen?«

»Seine Frau hat ihn fest am Wickel. Sie hat vier Kinder von ihrem ersten Mann und ist wieder schwanger.«

»Wo leben sie?«

»In Kalifornien, wie alle, die einen Knacks haben.«

»Und was ist mit dir?«

Sie zwinkerte. »Mit mir?« Dann erzählte sie von sich. In Jerusalem hatte sie sich in einen jungen Professor verliebt, der jeden Moment geschieden werden sollte, dann aber

doch bei seiner Frau blieb. Danach hatte sie eine Affaire mit einem italienischen Studenten gehabt, der viel jünger war als sie, eine Heirat mit ihm war ausgeschlossen. Sie hatte auch etwas mit einem Araber gehabt. Jetzt wollte sie von der Liebe nichts mehr wissen.
»Was tust du stattdessen?«
»Ich rauche Marihuana.«
»Genügt dir das?«
»Immer noch besser, als mir die Geständnisse impotenter Männer anzuhören.«
»So weit ist es mit dir gekommen?«
»Ja, ich bin zynisch geworden«, sagte sie. »Ich habe keinerlei Illusionen mehr, über niemanden und nichts. Aber ich muß meinen Doktor machen. Sonst verdient man so gut wie nichts.«
»Wie geht es deinen Eltern?«
»Sie erwarten nichts Gutes mehr von mir.«
Es war spät geworden. Rosalie sagte: »Ich habe eine Wohnung hier. Willst du auf eine Tasse Kaffee oder Tee herüberkommen? Ich gehe nie vor zwei Uhr schlafen. Ich muß morgen auch nicht unterrichten. Hab keine Angst, ich werde dich nicht verführen.«
Ich wollte mich verabschieden, aber der Dekan und seine Frau waren schon gegangen. Die anderen Gäste kannte ich nicht. Diese Universität war wie eine ganze Stadt. Als wir gingen, nahm Rosalie meinen Arm. Draußen war es eiskalt. Ein scharfer Wind wehte. Ich hatte mir besonders warme Schuhe, dicke Handschuhe und eine wollene Gesichtsmaske gekauft. Ich kam mir vor wie ein Mitglied des Ku-Klux-Klan, wenn ich durch die Schlitze lugte. Wir gingen durch schwach beleuchtete, schneebedeckte Straßen, während der Wind gegen uns drückte. Er blies durch meine Kleidung, ich fror erbärmlich. Treibender Schnee wirbelte um uns herum. Mir fiel die Beschreibung von Reisen an den Nord- oder Südpol ein, die ich als Junge gelesen hatte. Die schnee-

beladenen Lampen verbreiteten nur ein schwaches Licht. Es war glatt und wir klammerten uns aneinander, um nicht zu fallen. Ein grünblauer Stern funkelte über einem Dach. Hier unten war es elf Grad unter Null; dort oben mochten es hundert Millionen Grad über Null sein.

Rosalie Kadisch und ich stiegen drei Treppen zu ihrer Wohnung hinauf. Überall lagen Bücher und Zeitschriften herum – auf ihrem Klappbett, auf den Stühlen, auf dem Boden, selbst auf dem Eisschrank und auf dem Gasherd. Sie räumte schnell einiges beiseite und setzte den Kessel auf. Sie brachte Schnäpse und Kekse. Ich bin kein großer Trinker, aber ich wollte mich nach dem Spaziergang etwas erwärmen. Wir tranken einander zu und sie sagte: »Ich habe dich nie vergessen. Ich wollte meine Doktorarbeit über dein Werk schreiben, aber ich konnte nicht genügend Material darüber finden.«

Plötzlich fiel mir ein, daß ich Reisl anrufen sollte. Da saß sie in der Bronx und wartete. Vielleicht versuchte sie, mich zu erreichen. Als ich mit Rosalie davon sprach, sagte sie: »Du mußt dich nicht genieren. Ruf sie an.«

Ich wählte und hörte Reisls Stimme. Sie klang schrill. Sie hatte mir mein Fortgehen noch nicht verziehen. Sie sagte: »Wie gings mit der Vorlesung?«

»Soso.«

»Du hast wohl vergessen, daß es hier schon eine Stunde später ist? Ich wollte ins Bett gehen.«

»Man hatte mir noch eine Cocktail Party gegeben. Ich konnte nicht von dort aus anrufen.«

»Bist du jetzt in deiner Wohnung?«

»Ja«, log ich, und bereute es sofort.

»Das ist nicht wahr. Du bist ein Betrüger und ein Lügner. Ich habe vor fünf Minuten in deiner Wohnung angerufen.«

»Ich bin gerade nachhause gekommen«, sagte ich, und wußte, es würde alles nur schlimmer machen.

Reisl sagte: »O.K. Häng ein. Ich ruf dich gleich zurück.« Ich wollte noch etwas sagen, aber sie hatte schon aufgelegt. Ich saß benommen da. Ich hörte das Telephon in meiner leeren Wohnung läuten. Ich hörte auch Reisls wütende Reden. Ja, dachte ich, diesmal hab ich sie verloren. Zwischen uns ist alles aus.

Rosalie sah mich von der Seite an. »Keine Angst«, sagte sie, »sie wird sich schon wieder mit dir aussöhnen.«

»Niemals.«

»Versuchs mal mit Marihuana. Von einer wirst du nicht süchtig.«

»Nein. Ich möchte lieber noch ein Glas Schnaps.«

Ich versuchte, mich zu trösten. Diese verfluchte Liebe, dachte ich; dieser ganze romantische Unfug war keinen Pfifferling wert. Wie recht hatte die jüngere Generation – sie verlangten keine ewige Treue mehr und Eifersucht kannten sie nicht. Neunundneunzig Komma neun Prozent unserer sogenannten Instinkte waren uns von sozialer Hypnose aufgezwungen.

Rosalie brachte Tee und Gebäck. Es war unsinnig, jetzt nachhause zu eilen. Sie war kultiviert, sah nicht schlecht aus. Jedenfalls gehörten wir beide einem Stamm an, der dabei war, sich selbst zu zerstören.

Eine Woche oder mehr verging. Ich begab mich auf eine andere Vortragsreise. Das Wetter wurde immer schlechter. Die Zeitungen kündeten Schneestürme und nie dagewesene Kältewellen für das ganze Land an. Die Züge blieben stekken, und man mußte den halberfrorenen, hungrigen Reisenden Hilfe bringen. Im Winter reiste ich lieber mit dem Zug als mit dem Flugzeug. Mein kleines Notizbuch erinnerte mich daran, daß ich am Abend in der Stadt M. sein sollte – im Mittleren Westen, auch das Hotel hatte ich aufgeschrieben. Irgendwo hatte ich noch einen Brief von der Organisation, die mich eingeladen hatte, aber der war schon mit meinen Notizen für den Vortrag in der Aktentasche verstaut. Im allgemeinen brauchte ich weder Adressen noch Telephonnummern. Sobald ich im Hotel ankam, holte mich derjenige ab, der die ganze Veranstaltung abwickelte. Bis zu meiner Abreise würde er sich um mich kümmern. Ich hielt den gleichen Vortrag in Synagogen und Universitäten, vor den Damen der zionistischen Frauenorganisationen und vor Bibliothekaren.

In Chicago versuchte ich einen Schlaf- oder Liegewagen zu bekommen. Es gab keinen. Wegen des Wetters mußte ich vierzehn Stunden vor dem Vortrag dort ankommen. Mein Zug würde um vier Uhr morgens eintreffen. Das macht nichts, beschloß ich. Ich könnte im Hotel bleiben und arbeiten. Die Vertreter der Organisation würden mich sicher zu den Mahlzeiten einladen. Ich war nicht mehr daran gewöhnt, mit der Eisenbahn zu fahren, aber ich gebe mich nicht lange mit solchen Kleinigkeiten ab. Ich fand einen Platz am Fenster. Es war warm. In Chicago hatte ich Zeitungen, Zeitschriften und die Autobiographie eines Sexbesessenen gekauft. Ich hatte auch ein Sandwich und einen Apfel bei mir, falls ich während der Nacht hungrig werden sollte. Ich hatte Angst, daß sich irgendein langweiliger Patron neben mich setzen könnte, aber der Wagen blieb halb leer.

Wir fuhren durch eine von Schnee und dichtem Nebel fast unsichtbare Stadt. Lastwagen und Autos krochen die Straßen entlang. Aus den Fabrikschornsteinen quoll Rauch. Hier und da zuckte Feuer aus Schloten. Nach einiger Zeit zog ich das Rouleau herunter und fing an zu lesen. Wie gewöhnlich brachte die Zeitung das Neueste über Morde, Vergewaltigungen und Feuersbrünste; die Leitartikel handelten von der Mafia und von der Gefahr, die von Drogensüchtigen ausging. In der Zeitschrift stand ein langer Artikel über eine Schauspielerin, die plötzlich berühmt geworden war und für einen Auftritt zwanzigtausend Dollar be-

kam. Der Sexbesessene beschrieb die Umstände, die zu seiner Psychose geführt hatten: ein zerrüttetes Elternhaus, ein trinkender Vater, seine Bordellbesuche, die Liebhaber seiner Mutter. All das war erschreckend und ermüdend. Ich begann über die Zukunft der Literatur nachzudenken: was konnte ein Romanschriftsteller den nackten Tatsachen noch hinzufügen? Sensationen und Melodramen waren unser täglich Brot. Das Unglaubliche war nur allzu glaubhaft.
Ich gähnte und blätterte in dem Buch. Obwohl ich nicht hungrig war, aß ich das Sandwich und den Apfel. Für einen Vierteldollar mietete ich ein Kissen von dem Schaffner, lehnte mich zurück und versuchte zu schlafen. Allmählich wurde es dunkel im Zug. Ich schloß die Augen, halb dämmerte ich, halb dachte ich nach. Reisl hatte ich bestimmt verloren. Wenn ich anrief, legte sie sofort den Hörer auf. Es wird sich schon noch jemand neben mich setzen, dachte ich. Ich begann zu träumen, hörte aber immer noch den Schaffner den Namen der Stationen ausrufen. Dann muß ich fest eingeschlafen sein, denn er weckte mich. Wir waren in M. angekommen.
Ich nahm meinen Mantel herunter, meinen Kleidersack und die Aktentasche. Ich war der einzige Reisende, der hier ausstieg. Ein eiskalter Wind blies. Es war ein ziemliches Stück zu gehen von meinem Wagen bis zum Bahnsteig. Hundert Jahre lang war die Station ein Symbol für Tumult und Lärm gewesen, jetzt war sie dunkel und leer. Ein Schwarzer schnarchte auf einer Bank. Ich trat auf die Straße, um ein Taxi zu suchen. Zuerst schien es hoffnungslos, aber schließlich tauchte eines auf. Der Fahrer nahm mein Gepäck. Ich nannte ihm den Namen des Hotels.
»Wo soll das sein? Nie gehört.«
Ich griff in meine Brusttasche, um die Adresse nochmals zu überprüfen. Mein Notizbuch war nicht da. Der Fahrer holte ein Büchlein und eine Taschenlampe heraus, um nachzusehen. Ich war überrascht. Für gewöhnlich buchte

man für mich ein Zimmer in einem bekannten und erstklassigen Hotel. Wir kamen durch hell erleuchtete Straßen, dann fuhren wir durch dunkle, enge Gassen. Mich beschlich Mißtrauen. Hatte er vielleicht vor, mich zu berauben? Das Taxi hielt vor einem schäbigen, drittklassigen Hotel. Ich war wütend auf die Veranstalter, die mich eingeladen hatten. Ich beschloß, am nächsten Morgen sofort nach New York zurückzukehren. Ich bezahlte den Fahrer, der an der verschlossenen Tür läutete und klopfte. Nach einiger Zeit kam ein verschlafener Bursche heraus. Er trug einen Sweater. Ich fragte, ob für mich ein Zimmer reserviert sei.

Er zuckte die Achseln. »Reserviert? Nein.«

Irgendetwas stimmte nicht. In diesem Haus gab es nicht einmal einen Aufzug. Der Bursche führte mich eine schmale Treppe hinauf. Es stank nach Gas und Kohlendunst. Er öffnete eine Tür und machte Licht: eine nackte Birne hing an der Decke. In dem Zimmer blätterten die Tapeten von den Wänden, das Linoleum hatte Löcher, die Einrichtung bestand aus einem Metallbett und einer wackeligen Kommode. Es erinnerte mich an die möblierten Zimmer, die ich in den Zeiten meiner Armut bewohnt hatte. Der Angestellte ging. Erst jetzt bemerkte ich, daß mich ein großes Unglück befallen hatte. Die Aktentasche, die ich aus dem Zug mitgenommen hatte, war nicht meine eigene, und in meiner befanden sich meine Vorträge und andere wichtige Papiere; offenbar hatte ich auch mein kleines Notizbuch in die Aktentasche getan. Und um das Unglück voll zu machen, hatte ich meine Traveller Schecks auch dort hineingestopft. Warum ich das gemacht hatte, weiß ich bis heute nicht, es sei denn, die Mächte, die das Leben eines Menschen bestimmen, wollten mir die größten Qualen bereiten. Alles, was ich besaß, waren zwei Dollar und etwas Kleingeld.

Ich blickte mich nach einem Telephon um, aber in dem Zimmer gab es keines. Etwas in mir machte sich, bei aller

Sorge, über die Falle lustig, in der ich saß. Ich hatte eine Hoffnung – meine Gastgeber würden mich am nächsten Tag abholen. Aber mich beschlichen Zweifel, ob ich in das richtige Hotel gegangen war. Keine Organisation würde ihren Redner in so einer Bruchbude unterbringen. Es mußte alles ein Irrtum sein. Es wurde mir immer klarer, daß dies die Strafe für mein Verhalten Reisl gegenüber war. Ihre Flüche hatten sich erfüllt. Wie immer, wenn ich in Schwierigkeiten geriet, erwachte mein Glaube von neuem.
Ich merkte, daß es im Zimmer kalt war. Der Heizkörper war mit Staub bedeckt und die Farbe blätterte ab, es kam keine Wärme. Ich schlug die Decke zurück und bekam ein graues Laken und ein schmutziges Kopfkissen zu sehen. Es roch leicht nach einem Wanzenmittel. Ich schloß meine Augen, versuchte dem Unterbewußten in mir zu lauschen, der Macht, die nach von Hartmann, immer das Richtige trifft. Wer und was hatte mich in diese Kalamität gebracht? Es sah eigentlich so aus, als hätte ich es selbst getan. Ich zog mich aus und benutzte meinen Mantel als zweite Decke. Wenn ich nur mein kleines Notizbuch bei mir hätte! Ich konnte mich an keine einzige Telephonnummer erinnern, außer meiner eigenen und Reisls. In meiner Wohnung in New York war natürlich niemand und Reisl würde nicht mit mir sprechen. Ich hatte Angst, nicht einschlafen zu können, aber ich schlief sofort tief und fest.

Am nächsten Tag ging ich in eine Telephonzelle und rief Reisl an – als Gespräch, das der Angerufene zu zahlen hat. Es meldete sich niemand. Nach einer Stunde versuchte ich es wieder, dann nach zwei und drei Stunden, ohne Erfolg. Gewöhnlich nahm die Mutter das Telephon ab, wenn Reisl fort war. Hatte sie die Mutter umgebracht und dann sich selbst? Ich versuchte, mich an andere Telephonnummern zu erinnern, aber ich war von Gedächtnisverlust befallen. Es gab nur eine Möglichkeit – irgendeinen Juden zu finden,

der vielleicht wußte, wo mein Vortrag heute abend stattfinden sollte. Aber erst mußte ich etwas zu mir nehmen. Ich hatte nicht gefrühstückt und der Hunger nagte an mir. Ich ging in eine Cafeteria, aß Pfannkuchen und zwei Brötchen und trank Kaffee. Das kostete fünfundachtzig Cents. Mein Vermögen bestand jetzt aus einem Dollar und achtundfünfzig Cents. Zu einem Taxi reichte es nicht mehr.
Ich ging durch die Straßen, bis ich einige Läden fand. Unter den Namen war einer – Morris Shapiro. Dort kann ich vielleicht etwas erfahren, dachte ich. Möglicherweise wollte Morris Shapiro heute abend zu meinem Vortrag kommen. Ich betrat das Geschäft. Es war groß, aber die Ware war schäbig. Die Tische waren bedeckt mit Nachthemden, Blusen, Kleidern, Sweatern, Schals, Strümpfen – billiger Ramsch aller Art. Es war heller Tag, aber die Lampen brannten. Ich mußte an die Geschichte von König Salomon denken. Asmodi, der böse Geist, hatte ihn vierhundert Meilen entfernt von Jerusalem aussetzen lassen. Der König Israels ging herum und rief: »Ich bin Salomon!« Er war wenigstens ein König. Aber wer war ich schon? Einer von Tausenden von Schriftstellern in Amerika – und ein jiddischer noch dazu.
Ich sah mich nach jemandem um, der Morris Shapiro hätte sein können, aber ich sah nur Käuferinnen und Verkäuferinnen. Ich ging auf eine zu. »Ist Morris Shapiro zu sprechen?«
Lächelnd schätzte sie mich ab. »Mr. Shapiro ist nicht im Hause.«
»Wann wird er zurück sein?«
»Was wollen Sie von ihm?«
Stammelnd fing ich an zu erzählen. Sie hörte nur mit halbem Ohr. Zwischendurch rief sie einer anderen Verkäuferin etwas zu. Ihr Puppengesicht war von blondgefärbtem, welligem Haar umrahmt.
»Mr. Shapiro ist heute in Chicago«, sagte sie endlich.

»Könnten Sie mir die Adresse einer Synagoge oder eines Rabbiners geben?«
»Ich bin nicht jüdisch. Hallo, Sylvia!«
Sie zeigte auf eine kleine Frau mit schwarzem Haar, die den gleichen hellblauen Kittel trug wie alle anderen Verkäuferinnen. Sylvia war gerade mit einer Kundin beschäftigt. Ich wartete, während eine ältere Frau zweimal eine Schürze anprobierte, und sich nicht entscheiden konnte, ob sie sie kaufen sollte. Sylvia stand geistesabwesend neben ihr, Kaugummi im Munde. Schließlich sagte die Kundin: »Ich will mal in den Spiegel schauen.«
Ich fing an, Sylvia von meinem Dilemma zu berichten.
Sie sah ärgerlich aus. Ich verschwendete ihre Zeit. Sie sagte: »Es gibt mehrere Synagogen hier, aber ich glaube, sie sind nur am Sabbat offen.«
»Wissen Sie vielleicht, wo einer der Rabbiner wohnt?«
»Nein. Sehen Sie im Telephonbuch nach.«
»Wo kann ich eines finden?«
»Im Büro der Western Union.«
»Und wo ist das?«
»Über die Straße.«
Ich dankte ihr und ging. Ich konnte das Zeichen der Western Union nirgends finden. Hatte sie mich zum Narren gehalten oder wurde ich blind? Nach meiner Uhr war es jetzt zwei Uhr fünfzehn. In sechs Stunden sollte ich meinen Vortrag halten.
Trotz der Kälte war die Straße gestopft voll mit Fußgängern, und Autos und Lastwagen krochen Stoßstange an Stoßstange vorwärts, wie in New York oder Chicago. Die Leute sahen mürrisch und ungeduldig aus. Eine ältere Frau zog ihren Hund an der Leine. Er hatte an einem Baumstamm haltgemacht und rührte sich nicht. Die Frau fluchte. »Herr des Himmels, wozu hast Du all dies geschaffen?« murmelte ich. In diesem Augenblick sah ich das Büro der Western Union. Ich ging hinein, griff nach einem Tele-

phonbuch und blätterte bis zu ›J‹. Es gab keine Organisation, die mit dem Wort ›Jewish‹ begann. Die Juden im Mittleren Westen legten offenbar keinen besonderen Wert darauf, ihre Jüdischkeit hervorzuheben. Was sollte ein Mensch unter diesen Umständen tun – sich hinlegen und sterben? Ich hatte meinen Verleger in New York, konnte mich aber nicht an seine Telephonnummer erinnern. Außerdem war das Unternehmen so gut wie bankrott. Kürzlich hatte sich eine Sekretärin beklagt, daß sie schon seit fünf Wochen kein Gehalt bekommen hatte. Und mein Lektor ließ sich gerade scheiden und war irgendwo in Reno.

Ich suchte in den gelben Seiten unter der Überschrift »Kirchen«. Ich fand zwei Synagogen angeführt. Ich wollte schon anrufen, hatte aber keine passenden Münzen. Inzwischen hatte jemand die einzige Telephonzelle betreten. An der Art und Weise, wie er sich dort niederließ, konnte ich erkennen, daß er nicht so bald wieder herauskommen würde.

Während der Jahre, in denen ich meinen Lebensunterhalt mit Schreiben und Vorträgen verdiente, hatte ich den Geschmack der Armut vergessen. Jetzt kam er zurück. Ich hatte spät gefrühstückt, aber ich war wieder hungrig. Ich wartete auf den Angestellten der Western Union, er sollte mir Geld wechseln. Aber er saß an seinem Telegraphenapparat und sah nicht in meine Richtung. Ich dachte, Schriftsteller sollen eben nicht reich werden. Sie sollten nicht einmal ein regelmäßiges Einkommen haben. Die Gutgenährten können die Hungrigen nie verstehen. Leute, die ein Heim haben, können sich niemals mit denen identifizieren, die auf der Straße schlafen. Erinnerung, Phantasie reichen nicht aus. Vielleicht wollte mich die Vorsehung an meine Sendung als Schriftsteller erinnern?

Nachdem ich zehn oder fünfzehn Minuten gewartet hatte, wechselte mir der Angestellte meinen Vierteldollar. Ich

rief beide Synagogen an. Keine Antwort bei der ersten. Bei der zweiten kam eine Sekretärin an den Apparat und teilte mir mit, der Rabbiner sei abwesend – er verbrachte ein Studienjahr in England. Sie wußte von keinem Vortrag, der für den heutigen Abend in der jüdischen Gemeinde angesetzt war. Sie klang irritiert, es würde keinen Sinn haben, ihr meine Geschichte zu erzählen.
Ich leistete einen heiligen Schwur: wenn mich der Allmächtige aus dieser schrecklichen Lage erlöste, würde ich in Zukunft freundlicher all denen gegenüber sein, die zu mir um Hilfe kamen. Noch einmal – »zum allerletzten Mal«, sagte ich mir – rief ich bei Reisl an. Keine Antwort. Es war ganz klar, daß dort eine Katastrophe passiert war. Lea Hinda war gestorben oder hatte einen Herzanfall gehabt. Oder hatte Reisl ihr untersagt, das Telephon anzurühren?
Ich ging zurück in das Hotel und durchsuchte meine drei Anzüge. Vielleicht würde sich ein anderes Notizbuch oder Geld in den Taschen finden. Alles, was ich fand, war eine Stange Kaugummi, mit der ich meinen Hunger stillte. Dann begann ich, mich mit der Aktentasche zu beschäftigen, die ich aus dem Zug mitgenommen hatte. Ich machte meinem Ärger Luft und brach das Schloß auf. Was ich schon vermutet hatte, traf zu: sie gehörte einer Frau. Ich nahm ein Nachthemd, einen Kosmetikbeutel aus Plastik, Strümpfe, Wäsche, eine Bluse und einen Pullover heraus. Keine Spur eines Namens oder einer Adresse. In meiner Aktentasche war meine Adresse und auch meine New Yorker Telephonnummer, aber selbst wenn die Frau dort anrief, dort war niemand, der antworten könnte. Ich konnte ja nicht einmal sicher sein, daß sie meine Aktentasche hatte. Sie konnte sie auch zu einem Fundbüro gebracht haben. Ich hätte den Bahnhof anrufen sollen, aber die Kräfte verließen mich.
Ich streckte mich auf dem Bett aus und dachte an Selbstmord. Wenn das Leben und die Seelenruhe eines Menschen

von einer Aktentasche voller Papiere abhingen, dann war das Leben keinen Pfifferling wert. Man braucht nur ein paar Fetzen Papier zu verlieren und schon ist man ein Niemand.

Ob ich meine Anzüge verpfänden sollte? Oder meine Uhr? Es war drei Uhr und zwanzig Minuten. In einer Stunde etwa würde es dunkel werden. Die Heizröhren waren kaum lauwarm. Ich hatte mich nicht rasiert, nicht einmal die Zähne geputzt. Stoppeln bedeckten mein Gesicht. Sollte ich zur Polizei gehen? Gab es irgendeine Institution, die für derartige Fälle zuständig war?

Ich döste vor mich hin, riß mich dann aber zusammen. Ich mußte nochmals versuchen, Reisl zu erreichen. Es fiel mir ein, daß ich die Auskunft nach den Telephonnummern der Leute fragen konnte, deren Adressen ich wußte. Warum war ich nicht früher darauf gekommen? Meine Schwierigkeit ist, daß ich sofort den Kopf verliere, wenn irgendetwas schiefgeht. Jeder andere in meiner Lage hätte längst einen Ausweg gefunden. Ich schämte mich, so hilflos zu sein und machte mir Vorwürfe, letzten Endes noch immer ein Jeschiwaschüler zu sein. Wenn es nur nicht so kalt gewesen wäre, vielleicht hätte ich dann auch mehr Energie gehabt. Die Kälte lähmte mich.

Ich zog zwei Pullover an und nahm einen Schal um, ehe ich ausging. Ich fürchtete mich vor der Dunkelheit in dieser fremden, kalten Stadt. Ich ging in einen Drugstore, in der Nähe des Hotels. Ohne hinzusehen, zählte ich das Geld in meiner Tasche. Im Geiste machte ich eine Liste derer, die bereit wären, mir zu helfen. Ich hob einen fortgeworfenen Umschlag vom Boden auf und kritzelte darauf die Namen von Freunden und Bekannten, deren Adressen ich zu wissen glaubte. Das Schlimme war, sicher war ich bei keiner einzigen.

Es gab vier Kabinen in diesem Drugstore, alle waren besetzt. Während ich wartete, flehte ich den Herrn, dessen

Gebote ich nicht gehalten hatte, an, mich von meiner Pein zu erlösen. Ich gelobte, achtzehn Dollar an wohltätige Vereine zu geben. Ein wenig später fügte ich noch einmal achtzehn hinzu. Ich mußte Buße tun, davon war ich überzeugt. Ich wurde dafür bestraft, daß ich die Vorschriften der Tora nicht befolgt hatte. Der Spötter in mir machte sich über meine Frömmigkeit lustig und sagte voraus, daß ich wieder mein altes Ich sein würde, sobald ich nach New York zurückkehrte.

Offenbar erhörte Gott mein Gebet. Ich rief die Auskunft der Stadt an, wo ich Gastprofessor war, erhielt die Nummer von Rosalie und – ich traute meinen Ohren nicht – sie war am Telephon. Nachdem sie meinen Namen gehört hatte, war sie bereit, das Gespräch zu bezahlen. Ich erklärte ihr, was mir zugestoßen war und sprach mit der Dringlichkeit eines Menschen, der sich in tödlicher Gefahr befindet.

»Ich werde alles tun, was ich kann, mein Lieber«, sagte sie. »Ich werde dir telegraphisch Geld schicken. Ich würde es selber bringen, aber ich habe morgen eine Verabredung mit meinem Doktorvater.«

»Rosalie, bis zu meinem letzten Atemzug werde ich dir das nie vergessen. Natürlich zahle ich dir das Geld gleich zurück.«

»Warum bist du so verängstigt? Finde doch heraus, wo du den Vortrag halten sollst.«

»Aber wie?«

»Geh zur Polizei. Die finden alles, was sie wollen.«

Ich gab Rosalie die Adresse meines Hotels. Wiederum schwor ich ihr ewige Dankbarkeit.

Sie sagte: »Ich wünschte, ich könnte zu dir kommen. Ich habe meine Doktorarbeit satt.«

Mit zitternder Hand legte ich auf, überwältigt von meinem Erfolg, als sei ich soeben vom Tode errettet worden. Ich war voller Liebe zu Rosalie. Sie war ausschweifend und sie rauchte Marihuana, aber der göttliche Funke war noch

lebendig in ihr, denn sie war bereit, einem anderen Menschen zu helfen. Sie ist tausendmal besser als Reisl, schrie eine Stimme in mir. Ich war bereit, Rosalie vom Fleck weg zu heiraten. Ihre Vergangenheit ging mich nichts an. Was wir brauchten, war ein neues Verhältnis zwischen den Geschlechtern. Der Langeweile und dem Betrug des heutigen Familienlebens mußte ein Ende gemacht werden.
Meine Münze war durchgefallen und ich steckte sie wieder in den Schlitz, um nochmals Reisls Nummer anzurufen. Eine übernatürliche Macht sagte mir, diesmal würde ich sie erreichen. Ich sah sie vor mir, wie sie in der Nähe des Telephons stand. Ich hörte es läuten und dann ihre Stimme. Atemlos sagte ich: »Reisl, ich flehe dich an, bei allem was dir heilig ist, bitte nimm dieses Gespräch an.«
»Wollen Sie dieses Gespräch bezahlen oder nicht?« fragte die Telephonistin ungeduldig.
Nach kurzem Zögern sagte Reisl ja. Ihre Stimme klang heiser, als ob sie sich gestritten oder geweint hätte.
»Reisl, mir ist etwas Schreckliches passiert. Ich habe meine Aktentasche verloren, meine Traveller Schecks und mein kleines Notizbuch. Ich habe keinen Pfennig Geld und ich sitze fest in einem kalten, verdächtig aussehenden Hotel in dieser Stadt. Höre mich an, wenn du nur noch einen Funken Menschlichkeit in dir hast.«
»Wo bist du – du Mörder, Hunde, du Biest?«
»Reisl, jetzt ist nicht die Zeit für Auseinandersetzungen. Es sei denn, du willst, daß ich sterbe.«
Da Rosalie mir schnellste Hilfe versprochen hatte, war mir klar, daß ich nicht mehr verzweifeln mußte. Aber ich war doch nicht so sicher, ob sie ihr Versprechen halten würde. Ich erzählte Reisl die ganze Geschichte, stöhnend, zitternd, beschämt darüber, wie ich meine Gefahr übertrieb.
Reisl sagte: »Wahrscheinlich hast du eine deiner Nutten getroffen und sie hat dich ordentlich ausgenommen.«
»Ich schwöre dir, ich sage die Wahrheit.«

Sie schwieg einen Augenblick. »Was soll ich denn tun?« sagte sie dann. »Ich kann Mutter nicht allein lassen.«
»Dann telegraphiere mir wenigstens etwas Geld. Ich muß raus aus diesem Rattenloch.«
»Gut. Gib mir deine Adresse.«
Ich sagte ihr, wo ich war. Wenn die beiden Frauen ihr Versprechen hielten, würde ich zwei telegraphische Geldanweisungen bekommen, aber man weiß ja nie, wie Menschen sich verhalten oder was sonst geschehen kann. Jedenfalls hatte mir das Schicksal geholfen, sowohl Reisl wie Rosalie telephonisch zu erreichen – ein sicheres Zeichen, daß ich noch nicht umkommen sollte.
Wieder auf der Straße fühlte ich mich völlig erschöpft von der Kälte, dem Wind und meiner Erregung. Ich ging in einen Supermarkt und kaufte Milch und Brot. Nun blieben mir noch vierundneunzig Cents. Als ich herauskam, war es schon dunkel. Obwohl ich mir den Weg gemerkt hatte, fand ich doch nur mit Mühe in das Hotel zurück. Es wurde immer kälter und meine Nase gefühllos. Ein nebliger Dunst verhinderte die Sicht. Alle paar Minuten fühlte ich in meiner Tasche, ob der Zimmerschlüssel und das Stück Papier mit der Hoteladresse noch da waren. Am Rande des Bürgersteiges hackten Tauben nach einer Brotkruste, die jemand ihnen zugeworfen hatte. Sie konnten weder damit fertig werden, noch es aufgeben. Diese Geschöpfe erfüllten mich mit Mitleid für sie und Wut gegen ihren Schöpfer. Wo verbrachten sie die Nacht in diesem schrecklichen Wetter? Ihnen mußte kalt sein und sie waren sicher hungrig. Vielleicht werden sie in dieser Nacht sterben. Ich hätte ihnen gern das Stück Brot zerkleinert, aber ich wußte, sie würden wegfliegen, sobald ich mich dem Brot näherte. Ich nahm mein Brot heraus, zerkleinerte einige Stücke und streute sie ihnen hin. Vorübergehende rempelten mich an, aber die Tauben nahmen meine Gabe. Ich biß mehr Brot ab und warf es ihnen hin.

Ein Polizist kam auf mich zu. »Sie behindern den Verkehr«, sagte er. »Außerdem gibt es ein Gesetz, das Taubenfüttern in den Straßen verbietet.«
»Aber sie sind hungrig.«
»So hungrig auch wieder nicht.« Er sah mich ärgerlich an. Ich ging weiter, aber sobald er außer Sicht war, warf ich den Tauben noch ein Stückchen Brot zu. Erschreckt flogen sie davon. Die Kabbalisten haben recht: die unsere ist die schlechteste aller Welten. Hier herrscht Satan. Ich fragte jemanden nach dem Weg. Es stellte sich heraus, ich stand genau neben dem Eingang zum Hotel.
Der Hotelangestellte rief herüber: »Wie lange werden Sie bleiben?«
»Ein oder zwei Tage. Ich erwarte telegraphische Geldüberweisungen.«
Er sah mich von oben bis unten zweifelnd an. »Ihr Zimmer ist ab übermorgen besetzt.«
Ich ging nach oben und setzte mich zu meinem Abendessen hin. Wie mir das frische Brot und die Milch schmeckten. Jeder Schluck machte mich lebendiger. Ich aß im Halbdunkel. Ich kostete die Heiligkeit der Armut. Plötzlich fiel mir ein, ich hatte keinerlei Ausweis bei mir. Selbst wenn das Geld kam, vielleicht würden sie es mir nicht aushändigen. Was täte ich dann? In diesem Augenblick hörte ich Schritte und ein heftiges Klopfen an meiner Tür. Ich sprang auf. Meine Finger fummelten an dem Türschloß. Im Licht des Korridors sah ich den Hotelangestellten und mehrere andere Herren.
Einer von ihnen sagte: »Warum ist es so dunkel?« Dann nannte er meinen Namen. In wenigen Minuten hatte sich alles aufgeklärt. Die Organisation, die mich eingeladen hatte, hatte schon die ganze Stadt abgesucht. Ich machte das Licht an. Ich sah die Gesichter wohlsituierter Gemeinderepräsentanten. Alle redeten auf einmal. Den ganzen Tag suchten sie mich schon. Sie hatten in Hotels, bei der

Bahn, am Flughafen nachgefragt. Man hatte auch die Polizei informiert. Die Frau mit meiner Aktentasche hatte angerufen. Dann fiel einem von ihnen ein, ich könnte in ein falsches Hotel gegangen sein. Das elende Loch, in dem ich mich befand, hatte einen ähnlichen Namen wie das Luxushotel, in dem ein Zimmer für mich bereitstand.

Einer sagte stolz: »Vor uns können Sie sich nicht verstekken.«

»Er ist ein Sherlock Holmes«, sagte ein anderer, und zeigte auf den ersten Sprecher.

Sie machten Witze und lachten. Einer stellte sich als der Präsident vor und zeigte verächtlich auf das halbgegessene Brot und die Milch. »Kommen Sie sofort mit« rief er, »der Saal ist ausverkauft.«

»Ich habe meinen Vortrag nicht bei mir. Er ist in meiner Aktentasche.«

»Wir werden jemanden hinschicken, sie abzuholen. Es ist nur fünfzehn Meilen von hier. Die Frau, die sie hat, ist unser Mitglied.«

»Aber ich habe mir Geld hierher anweisen lassen.«

»Das wird man weiterleiten an das Hotel, wohin wir Sie jetzt bringen.«

Einer nahm meinen Kleidersack, ein anderer die Aktentasche, die nicht mehr zuging. Ich bemerkte, daß ich die Rechnung noch nicht bezahlt hätte, aber der Präsident sagte, es sei schon erledigt. Unten starrte mich der Angestellte überrascht an. Er nickte und entschuldigte sich. Das Blitzlicht von Photographen flammte auf. Ich hätte mich über den Gang der Ereignisse freuen sollen, stattdessen war ich traurig. Dämonen hatten ihr Spiel mit mir getrieben. Ich wußte, es war nicht ihr letzter Streich gewesen.

Man fuhr mich in einer Limousine zum feinsten Hotel. Ich hatte kaum Zeit, mich zu rasieren, zu duschen und mich umzuziehen, und schon wirbelte man mich in ein Restaurant zu einem Essen mit vielen Leuten. Inzwischen brachte jemand meine Aktentasche. Dann kam ein Journalist des Lokalblatts, um mich zu interviewen.

Spät am Abend, in meinem Hotelzimmer, rief ich Reisl und Rosalie an. Wie einfach es war, von einem großen Hotel aus zu telephonieren, die Taschen voll mit Traveller Schecks und dazu noch das Honorar für den soeben gehaltenen Vortrag. Beide waren nicht zuhause. Ich ging zu Bett und sank in einen tiefen Schlaf. Ich erwachte gegen zehn am nächsten Morgen, badete und bestellte das Frühstück. Ich mußte im Hotel bleiben, bis das Geld kam. Ich brauchte es zwar nicht mehr unbedingt, aber es war mir wichtig zu wissen, ob sie Wort gehalten hatten. Außerdem mußte ich mich erst von diesem schrecklichen Erlebnis erholen.

Gegen ein Uhr kam der Präsident, um mich zum Lunch abzuholen. Dann zeigte er mir im Wagen die Stadt. Wir kamen an Morris Shapiros Geschäft vorbei. Ich blickte hinüber zu dem Büro der Western Union und erkannte die Cafeteria, wo ich gefrühstückt hatte. Der Präsident drehte dauernd eine Zigarre zwischen den Fingern und wiederholte, M. sei nur eine kleine Stadt. Er schien sich für die Kleinheit zu entschuldigen.

Ich sagte: »Trotzdem kann man hier leicht verloren gehen.«

»Unmöglich!«

Er wollte mir alles zeigen, was die Stadt zu bieten hatte: das Museum, Schulen, die landwirtschaftliche Hochschule. Aber ich hatte wenig Geduld für all dies. Ich war noch müde und hatte gehofft, vor dem Essen, zu dem mich der Vorsitzende abholen würde, noch etwas schlafen zu können. Endlich fuhr mich der Präsident ins Hotel zurück. Es war schon dunkel. Die Fensterscheiben sahen bläulich aus. Ich legte mich in den Kleidern hin. Von Zeit zu Zeit fühlte ich in meiner Hüfttasche nach den Traveller Schecks. Ich schlief ein.

Ein Klopfen weckte mich. Es war ganz dunkel. Erschreckt richtete ich mich auf. Ich wußte nicht, wo ich war. Meine Beine waren kraftlos, wie nach einer Krankheit. Ich öffnete die Tür. Im Licht des Korridors sah ich zwei mir wohlbekannte Gesichter: Reisl und Rosalie. Ich starrte sie an. Reisl trug den schäbigen Pelzmantel, den sie in einem deutschen Lager erstanden hatte. Auf dem Kopf hatte sie einen weißen Schal. Rosalie trug auch einen Pelzmantel. Beide schleppten Taschen. Ich war zu verschlafen, um erstaunt zu sein.

Rosalie sagte: »Nun, willst du uns nicht hereinbitten?«

Sie hatten offenbar beide beschlossen, persönlich zu kommen, um mich aus meiner Lage zu befreien. Sie hatten sich vielleicht in dem anderen Hotel getroffen, dachte ich, oder in dem Flugzeug, das einen Zwischenhalt in Chicago machte. Ich war viel zu müde, nach einer Erklärung zu fragen oder mich zu rechtfertigen. Ich war erstarrt. Ich sah sie lange Zeit an. Die Kobolde hatten mir einen neuen Streich gespielt – sie hatten nicht vor, mich in Ruhe zu lassen. Rosalie lachte mit den Augen. Reisl sah mich mit spöttischem Mitleid an. War dies mein endgültiger Untergang? Oder hatten die höheren Mächte ein Gebet erhört, das ich gar nicht auszusprechen gewagt hatte?

Ich hörte mich sagen: »Kommt herein. Mazel tow! Dies ist die Nacht der Wunder.«

# Der Bischofsmantel

Jacob Getzelles war der Leiter eines Verlages, den ein Millionär namens Bernard Neihaus hauptsächlich aus Prestigegründen ins Leben gerufen hatte. Neihaus hatte ein Vermögen mit Grundstücks- und anderen Geschäften verdient. Der Verlag gab nicht mehr als fünf bis sechs Bücher im Jahr heraus, Judaica – meistens Übersetzungen aus dem Hebräischen. Jacob Getzelles hatte das Hebrew Union College absolviert, aber er war nicht Rabbiner geworden. Einige Zeit hatte er an einem kleinen College im Mittelwesten Hebräisch unterrichtet. Dann hatte er viele Jahre lang eine Stellung bei einer philanthropischen Organisation in New York. Die ihn kannten, witzelten, Jacob Getzelles einziges Talent sei, mit seinem Chef zu Mittag zu essen. Jacob war ein kleiner Mann von dunkler Hautfarbe, mit runden rötlichen Backen, welligem Haar ohne eine Spur von Grau, obwohl er über sechzig war. Er hatte eine breite Nase, krause Augenbrauen und braune Augen, die wie die eines Kindes funkelten. Gerüchte wollten wissen, daß er in seiner Jugend allerlei Liebeleien gehabt hatte. Nach wenigen Ehejahren war seine Frau an Krebs gestorben, er hatte nie wieder geheiratet. Zu dieser Zeit wurde er der Leiter in Bernard Neihaus' Verlag.

Bernard Neihaus gab Bücher nicht heraus, wie es andere Verleger tun. Er spielte mit ihnen. Erst mußte er sich in den Originaltext verlieben. Dann brauchte er viel Zeit, bis er den richtigen Übersetzer fand. Wenn das Werk illustriert werden sollte, suchte er lange nach dem geeigneten Künstler. Bernard Neihaus war ebenso klein wie Jacob, aber rund wie eine Tonne; er wog 250 Pfund. Mit Bernard Neihaus zum Lunch zu gehen, war eine langwierige Angelegenheit. Alle geschäftlichen Entscheidungen wurden während dieser schweren Mahlzeiten getroffen. Die Ärzte hatten Neihaus darauf aufmerksam gemacht, daß sein Blut fast nur noch aus Cholesterol bestünde, aber Bernard pflegte zu sagen: »Es gibt kein Cholesterol. Es ist eine Erfindung der Ärzte.«

Am Tage nach seinem neunundsiebzigsten Geburtstag bekam Bernard Neihaus einen Herzanfall und starb. Ob das Cholesterol daran schuld war, das erfuhr man nie. Bald darauf lösten seine Söhne den Verlag auf, und Jacob Getzelles war ohne Stellung. Aber die Mächte, die sich um Jacob Getzelles kümmerten, sandten ihm Bessie Feingevirtz, die Witwe eines Mannes, der Hotels gebaut hatte. Sie war die frühere Vorsitzende einer Organisation, die gegründet worden war, um Studenten in Palästina finanzielle Hilfe zu gewähren, und baute selbst Hotels. Sie war einige Jahre älter als Jacob, sie hatte eine fleischige, pikkelige Nase und die Stimme eines Mannes, und, seitdem sie ihr eigenes Haar verloren hatte, trug sie eine rote Perücke. Nach dem Tode ihres Mannes war Bessie einigemal drauf und dran gewesen zu heiraten, aber die Kandidaten zogen sich zurück und beschwerten sich, daß es mit ihrem herrischen Charakter nicht auszuhalten sei. Jacob Getzelles jedoch war gewöhnt, sich zu fügen. Nachdem sie verheiratet waren, prahlte Bessie, sie hätte bei ihrem ersten Zusammentreffen zu Jacob gesagt: »Jacob, mein Lieber, Sie werden mein Ehemann.« Und er wurde ihr Mann.

Anfangs war noch die Rede davon, den Verlag wieder aufleben zu lassen – Bessie hatte einen Hang zu Kultur und berühmten Leuten. Aber bald merkte sie, daß Jacob nicht genügend Initiative besaß, um ein Verleger zu sein. Außerdem konnte das Verlegen von Büchern Hunderttausende verschlingen. Sie redeten und planten vergebens, bis sie schließlich entschieden, für sie wäre es das beste, den Rest ihres Lebens irgendwo in Kalifornien zu verbringen. Sam Feingevirtz hatte keine Kinder hinterlassen, und Bessie behauptete, sie besitze genug für sie beide, um in Luxus

zu leben, selbst wenn sie hundertzwanzig Jahre alt würden, und obendrein könnte sie noch einen schönen Batzen für wohltätige Zwecke hinterlassen.
Erst ging das Paar auf eine fünfmonatige Weltreise. Dann sah sich Bessie nach einem Haus in Kalifornien um. Sie fand bald, was sie suchte: ein üppig möbliertes Haus mit einem Garten und einer Doppelgarage in Hollywood Hills. Wie immer hatte Bessie vorteilhaft gekauft; eine Woche nach der Unterzeichnung des Kaufvertrags bot man ihr schon viel mehr, als sie bezahlt hatte.

Der Umzug nach Kalifornien war mühsam. Bessie brauchte viel Zeit, bis alles so war, wie sie es wollte. Als das getan war, konnte sie sich Jacob widmen. Sie hatte beschlossen, daß Jacob ein Buch schreiben und auch mit ihr an ihrer Autobiographie arbeiten sollte, in der sie die frühen Jahre in dem polnischen Städtchen Pisznica beschreiben würde, dann ihre Ankunft in Amerika, die Arbeit in den Werkstätten der Konfektion, das Erlernen der englischen Sprache, ihre Heirat mit Sam Feingevirtz, ihre Tätigkeit in der Organisation, in der sie Vorsitzende wurde, und ihren Kampf mit den eifersüchtigen Damen, die sie schließlich zwangen, zurückzutreten. Bessie hatte einen genauen Plan ausgearbeitet, in dem festgelegt wurde, wann und was Jacob essen sollte, welche Art Kleidung er wann zu tragen hatte (sie bevorzugte seidene Hemden, auffallende Krawatten, Samtjacken und Pantoffel mit Pompons), und wann er arbeiten sollte. Aber in Kalifornien wurde Jacob faul und apathisch. Er gähnte und döste vor sich hin. Er litt an Schreibkrampf und bekam ein nervöses Zucken am linken Auge. Auf der Hochzeitsreise hatte Jacob jeden Tag ein Liebesgedicht für Bessie geschrieben. Er hatte ihr Anekdoten über Schriftsteller, Übersetzer und die Berühmtheiten, denen er begegnet war, erzählt, und komische Geschichten über Bernard Neihaus und seine Launen. Jetzt war Jacob schweigsam geworden; Bessie mußte die Worte aus ihm herausziehen. Der Garten um das Haus hätte einen Mann zur Pflege gebraucht, aber Jacob zeigte kein Interesse für Gartenarbeit. Den ganzen Tag lief er im Bademantel herum und ging nicht einmal zum Friseur. In Los Angeles und seinen Vororten war es unbedingt notwendig, daß man autofahren konnte. Bessie ordnete Fahrstunden für Jacob an. Nach der dritten Stunde rief der Fahrlehrer Bessie an und sagte: »Es tut mir leid, aber das ist ein hoffnungsloser Fall. Ihr Mann würde auf seiner ersten Ausfahrt jemanden umbringen.«

Bessie fing an, sich mit dem Gedanken an Scheidung zu tragen. Aber dann traf sie Phyllis Gurdin, eine jüdische Frau aus Philadelphia, die Witwe eines spiritistischen Bischofs, Thomas Delano Gurdin, der bei einem Flugzeugabsturz umgekommen war. Er hatte seiner Frau ein Haus in der der Nähe von Bessies Haus hinterlassen. Sie war ein Hypnotiseur, ein Medium, ein Wunderheiler, sie war eine Sachverständige in der Auslegung von Tarokkarten, und sie war das Oberhaupt einer Gruppe, die ›in Zungen sprach‹. Zwischen den beiden Frauen entstand eine enge Freundschaft. Als einige Bäume in Bessies Garten einen spinnwebartigen Befall entwickelten, empfahl Phyllis Gurdin nicht nur ein Spritzmittel, sondern auch ein spezielles Gebet gegen den Schwamm. Bessie bekam Warzen auf dem Kinn, und Phyllis gab ihr einen Trank und einen Zauberspruch, der sie eintrocknen lassen sollte.

Nach einiger Zeit lud Phyllis Gurdin Jacob und Bessie zu einem Gottesdienst derer, die in Zungen sprachen. Er fand in Phyllis Gurdins Wohnzimmer statt. Sie küßte alle, Männer und Frauen, bei ihrem Eintreten. Bald war das Zimmer voller Männer mit grauem Haar und Frauen mit gefärbtem Haar. Phyllis Gurdin hatte ein dunkelhäutiges Gesicht, schwarze Augen, buschige Brauen. Sie trug eine Brille mit dicken Gläsern. Ihre Haarfarbe war ein grelles Orangerot. Auf ihrer Oberlippe war ein weißer Flaum sichtbar. Sie trug ein weißes Gewand und einen roten Turban. Phyllis Gurdin führte die Gemeinde im Singen der Hymnen an. Sie tanzte, und die Gemeinde tanzte mit ihr. Der Gesang wurde lauter. Sie tanzten wie rasend, klatschten in die Hände, stießen laute Worte des Lobes für Gott, Jesus und Phyllis Gurdin aus. Plötzlich fingen sie an, Worte zu schreien, die Bessie noch nie gehört hatte. Das war keine Sprache, das war ein Kauderwelsch: Laute wie »charopakitcichi«, »hatchomarumbi«, »leptchocalduku«. Aller Augen strahlten vor Freude. Männer umarmten Frauen. Frauen umarmten Männer. Ein Trommler trommelte. Ein Trompeter stieß in eine Trompete, die einen großen Trichter hatte. Sie schrien, sprangen, schüttelten sich, gerieten in einen Zustand der Verzückung. Bessie sah voller Erstaunen zu. War dies Wahnsinn? Zauberei? Eine Orgie? Ein Bacchanal? Bessie wurde es heiß. Sie hatte keinen Alkohol getrunken, kam sich aber betrunken vor. Seit Jahren litt sie an Arthritis und Krampfadern – jetzt wurden ihre Füße seltsam leicht.

Plötzlich fing auch Bessie an zu hopsen, zu klatschen und in einer Sprache zu schreien, die sie nicht verstand. War es Griechisch, Persisch, Tatarisch? War ein Dibbuk in sie gefahren? Der Boden unter ihren Füßen schwankte. Die Wände drehten sich. Bessie hörte sich selbst kreischen: »Mutchiefalkosy! Sappolachia! Rinchiehoppler! Saltalafonta!« Liebe zu allen überwältigte sie, als seien sie alle ihre Brüder und Schwestern. Sie lief zu Jacob hinüber, der in einer Ecke bei der Tür stand, drückte ihn an ihren Busen, lachte, weinte und heulte: »Katcharololshy! Poladumbka! Zakafier!«

Jacob fuhr zusammen, lächelte und antwortete mit heiserer Stimme in einer Mischung von Jiddisch, Hebräisch und Aramäisch: »Pitchapoi! Yegar Sadussa! Otz koytzetz ben koytzetz!«

Bessie befürchtete, Jacob könne ihre geistige Wiedergeburt ebenso zu verhindern suchen wie manche ihrer anderen Pläne und Programme. In dem Fall war sie bereit, für eine schnelle Scheidung nach Reno zu gehen. Aber diesmal machte Jacob mit. Er schloß sich eng an Phyllis Gurdin an. Stundenlang saß er mit ihr und Bessie vor dem Ouija-Brett und half die Mitteilungen entziffern, die Phyllis Gurdins Kontrollgeist, ein Indianer, der sich Rotäugiger Häuptling nannte, aus der anderen Welt sandte. Jacob und die beiden Frauen legten ihre Hände auf einen Tisch ohne Nägel, und fühlten ihn vibrieren, Antworten klopfen, sich leicht abheben. Er nahm an den Zusammenkünften derer, die in Zungen redeten, teil, und fing ein sinnloses Geschwätz an, das Phyllis wegen seiner bizarren Folgerichtigkeit erstaunte. Sie versicherte Jacob und Bessie, dies sei eine Sprache, die auf einem Planeten außerhalb des Sonnensystems gesprochen werde. Könnte man den Schlüssel dazu finden, so würde die Menschheit Einsicht in die Geheimnisse des Universums gewinnen. Jacob war überrascht, die bisher so knauserige Bessie in großem Stile Geld ausgeben zu sehen. Die Gemeinden der Sekte derer, die in Zungen reden, brauchten eine Kirche, und Bessie stiftete einen riesigen Betrag. Phyllis Gurdin brauchte einen Kombiwagen, um die Alten und Behinderten zu den Versammlungen zu bringen, und Bessie übernahm die Kosten. Die beiden Frauen küßten sich, wann immer sie sich trafen, und nannten einander »Baby«, »Liebling«, »Süßes«, »Schatz«, »glückliche Seele« und mit anderen Kosenamen.

Bessie, die auf ihrer Weltreise eifersüchtig gewesen war und Szenen gemacht hatte, wenn Jacob auch nur mit einer Kellnerin freundlich sprach, verlangte jetzt, daß er Phyllis wie eine Schwester behandle – noch inniger als eine Schwester. Bessie schalt ihn, wenn er Phyllis nicht beim Kommen oder Gehen küßte. Wenn Bessie nach Los Angeles fuhr – sie hatte einen Makler am Wilshire Boulevard, der sie bei ihren Geschäften beriet – bereitete Phyllis das Mittagessen für Jacob, das aus Brunnenkresse, Pilzen, langkörnigem, braunem Reis und Joghurt bestand. Sie erinnerte ihn daran, seine Medikamente zu nehmen und sich nach dem Essen hinzulegen. Sie erzählte ihm von der erhabenen Liebe, die zwischen ihr und dem seligen Bischof bestanden hatte, und beschrieb die intimsten Details. Bei jeder Gelegenheit sprach sie von ihrer Jüdischkeit und daß sie sich ihres Ursprungs stets bewußt sei. Am Jom Kippur fastete sie. Sie hatte eine Großmutter gehabt, die aus Rußland nach Amerika ausgewandert war und nie Englisch gelernt hatte. Phyllis hatte Jiddisch mit ihr gesprochen; sie erinnerte sich noch an viele Worte. Wann immer sie an die Ostküste fahren mußte, verfehlte sie nie, in Philadelphia Halt zu machen, um sich an den Gräbern ihrer Eltern und Großeltern niederzuwerfen, hebräische Gebete zu sprechen und Blumen dort zu lassen. Als Phyllis einmal in Trance geriet, erschienen ihr die Geister der Vorfahren und versicherten ihr, daß sie ihr Verhalten billigten und sie bei ihrem Tode willkommenheißen würden. Wo sie waren, gab es keine Unterschiede zwischen Juden und Nichtjuden, weiß und schwarz, Amerikanern und Europäern. Alle Seelen lebten zusammen, strebten nach geistiger Entwicklung, stiegen auf von Wohnung zu Wohnung, und halfen den Neuangekommenen, ihre geistige Heimat zu finden.

Eines Abends blieb Phyllis länger in Bessies Haus als gewöhnlich. Der Tisch vibrierte, begierig danach, sich in die Luft zu heben. Bessie und Phyllis mußten Gewalt anwenden, damit er nicht an die Decke stieg. Unter dem Tisch drückte Phyllis ihr Knie gegen das Jacobs und ein Zittern lief über seinen Rücken. Das Schreibgerät schrieb schnell und genau, enthüllte Geheimnisse und überbrachte Grüße von vielen verstorbenen Verwandten. Im Trancezustand verkündete Phyllis, daß Jacobs Mutter gegenwärtig sei und daß sie ihren geliebten Sohn nicht vergessen habe. Sie wachte über ihn im Himmel und legte Fürsprache für ihn ein. Seine Mutter sprach durch den Mund von Phyllis auf Jiddisch mit englischen Brocken, nannte ihn ›Jankele, mein Täubchen‹, und küßte ihn mit Phyllis Lippen. Später sprach der Bischof. Mit tiefer Stimme verkündete er, daß Bessies und Jacobs Umsiedlung nach Los Angeles und der Kauf eines Hauses in der Nähe von Phyllis, kein Zufall gewesen seien. Die Himmlischen Mächte hatten all das veranlaßt, denn sowohl Bessie wie Jacob seien ausersehen, eine wichtige Rolle in der religiösen Erneuerung zu spielen, die durch das Verschmelzen von Judentum und Christentum entstehen würde – eine neue Epoche auf dem Wege zur Erlösung.

Gegen ein Uhr wurde Jacob so schläfrig, daß er seine Augen nicht mehr offenhalten konnte. Bessie und Phyllis brachten ihn zu Bett, deckten ihn zu, gaben ihm einen Gutenachtkuß und wünschten ihm beseligende Visionen. Bald schlief er fest. Als er erwachte, war es noch dunkel. Er streckte die Hand nach Bessie aus, aber es war eine fremde Brust, die er berührte. Er lauschte und hörte das Schnarchen zweier Nasen. Auch Bessie erwachte. »Liebster, wundere dich nicht. Es wurde sehr spät und ich wollte Phyllis nicht nachhause gehen lassen. Ich bestand darauf, daß sie hier mit uns schlafen sollte, weil . . .«

Phyllis hörte auf zu schnarchen. »Ich werde auf das Sofa gehen.«

»Nein, Phyllis, mein Mann ist dein Mann«, sagte Bessie feierlich. »Jacob, du sollst wissen, daß wir heute abend einen Bund geschlossen haben. Wir beide sind wie Rahel und Lea, und du bist unser Jacob. Umarme sie, küsse sie, liebkose sie. Eine Schwester ist nicht eifersüchtig auf die andere. Im Gegenteil.«

»Ich habe dich ihr für ein Bund Alraunen abgekauft.« Die gelehrte Phyllis wandelte die Geschichte aus der Genesis ab. Sie sprach mit ersticktem Lachen.

Jacob Getzelles war stumm. Die totgeglaubte Leidenschaft erwachte wieder. »Träume ich?« fragte er.
»Nein, Jacob, mein Geliebter, es ist Wirklichkeit.« Bessie sprach mit zitternder Stimme. »Phyllis' Mann, der Bischof, hat dich erwählt. Er erschien uns und sagte ...«
»Jacob, seine Seele ist in dich eingegangen«, unterbrach Phyllis. »Du wirst seinen Platz in unserer Gemeinde einnehmen.«
Dinge geschehen mir, noch dazu in meinem Alter, dachte Jacob bestürzt. Er zitterte, überwältigt von der ewigen männlichen Furcht vor Hilflosigkeit. Er zog Phyllis an sich und sie drängte sich an ihn. Er küßte sie, und sie biß seine Lippen mit solcher Inbrunst, daß alle Zweifel augenblicklich verflogen. Begierde überfiel ihn. Bessie schrie: »Nimm sie! Tu, was sie will!«
»Mein Gemahl, komm zu mir«, flehte Phyllis ihn an.
Der Tag brach an, als Jacob leise das Bett verließ. Nach längerem Flüstern und Kichern waren Phyllis und Bessie wieder eingeschlafen. Jetzt ging Jacob auf wackeligen Beinen in das Badezimmer. Diese Nacht der Zügellosigkeit war vorüber, sie hatte ihn mit einer Schwäche in den Lenden und Stechen in der Blase zurückgelassen. Jacob Getzelles litt seit Jahren an einer Vergrößerung der Prostata. Mit Hilfe von Medikamenten und Massage hatte er eine Operation umgangen, aber der Arzt in New York hatte ihn gewarnt, ein Hinausschieben der Operation könnte Komplikationen verursachen. Jetzt stand er vor dem Spiegel – zerzaust, runzelig, gelbgesichtig. »Bin ich glücklich?« fragte er sich. »War ich vorher glücklicher?« Kopf und Knie schmerzten. Er ging auf die Toilette, um zu urinieren. Aber das Wasser kam nur mit Unterbrechungen und tropfenweise. Er sagte sich: »Es ist zu spät für ein solches Glück.«
Als Phyllis Gurdin in den okkultistischen Zeitschriften bekanntgab, daß der Geist von Thomas Delano Gurdin auf den Planeten Erde zurückgekehrt und in den Körper von

Jacob Getzelles eingegangen sei, einem hebräischen Gelehrten, einem Philosophen und Mystiker, erwartete sie viele begeisterte Zuschriften und Besuche der Anhänger des Bischofs. Aber aus irgendeinem Grunde gab es keinen Widerhall. Selbst ihre eigene Gruppe blieb skeptisch. Jacob Getzelles war gerade operiert worden und sah verfallen aus. Er sah dem Bischof so gar nicht ähnlich. Thomas Delano Gurdin war hoch gewachsen und blauäugig gewesen, hatte langes Haar gehabt und mit einer kräftigen Stimme im biblischen Stil gesprochen. Er hatte einen magnetischen Blick gehabt. Jacob Getzelles war klein und schüchtern und sprach Englisch mit einem Akzent. Er gestattete Phyllis, sein Sprachrohr zu sein und nickte nur sanft zu allem, was sie sagte. In dem Bischofsmantel, den Phyllis enger und kürzer gemacht hatte, und mit der Mitra, die sie ihm aufsetzte, sah Jacob Getzelles aus wie ein Schlemihl.

Tatsächlich gab es unter den Gläubigen Intrigen gegen Phyllis. Sie hatte Geld für den Kirchenbau in Empfang genommen und dem Komitee keine Rechenschaft darüber abgelegt. Sie hatte einen ungünstigen Vertrag mit einem Bauunternehmer abgeschlossen, und viele Gemeindemitglieder verdächtigten sie, von ihm dafür Prozente bekommen zu haben. Ihre Beziehung zu Bessie, die an der Börse spekulierte und Grundstücksgeschäfte machte, schickte sich nicht für jemanden, der angeblich schon mit einem Fuß im Himmel stand. Phyllis erhielt sowohl anonyme als auch unterzeichnete Briefe, in denen sie Heuchler, Dieb, Veruntreuer genannt wurde, und Jacob Getzelles Schwindler und Betrüger. Jemand erstattete Anzeige beim Staatsanwalt. Wenn Jacob Getzelles sich am Nachmittag in seinem Zimmer hinlegte, hörte er Bessies lange telephonische Unterhaltungen mit Phyllis, und sie sprachen nicht von den höheren Sphären, sondern über Zinsen, Hypotheken und Kredite. Phyllis blieb nicht mehr über Nacht in Bessies Haus, und Jacob Getzelles brauchte sich keine Sorgen um seine Männlichkeit zu machen. Alles endete in einem Fiasko. Der Boden, auf dem die Kirche hätte stehen sollen, erwies sich als gefährlich, die Sachverständigen warnten, daß bei heftigen Regenfällen die Kirche den Hügel hinunterrutschen könnte. In dem Mitteilungsblatt ihrer Sekte wurde Phyllis Gurdin bezichtigt, ein falscher Prophet zu sein.

Der Sommer war ungewöhnlich heiß. Die meisten Mitglieder von Phyllis' Kreis gingen in die Rocky Mountains oder ans Meer, um Kühlung zu finden. Andere nahmen an okkulten Zusammenkünften in Texas, Wisconsin, Pennsylvania oder New Jersey teil. Einige erforschten die Gesetze des Karma und Nirwana in Kalifornien, in einer vegetarischen Kolonie unter der Leitung eines weißbärtigen Guru. Tage vergingen, ohne daß Phyllis anrief. Bessie versuchte, sie telephonisch zu erreichen. Aber es meldete sich niemand. Jacob merkte, daß Bessie vor Ärger krank wurde. Sie sprach kaum mehr mit ihm. Sie verbrachte ihre Zeit mit Rauchen und dem Kritzeln von Zahlen. Er sah sie nie etwas essen. Auch Jacob machte eine Krise durch. Trotz der Operation hatte er noch immer Schwierigkeiten beim Wasserlassen. Der Arzt riet zu einer nochmaligen Operation. Vor einiger Zeit hatte Phyllis ihm einen Koffer voller Bücher über Spiritismus, Theosophie und Astrologie gebracht. Jacob las die Werke von Mme. Blavatsky, Gurdjieff, Uspensky, Ford und die Bibel der übersinnlichen Forschung »Phantasms of the Living« von Gurney, Myers und Podmore. Obwohl Bessies Haus klimatisiert war, blieb die Luft feucht und Jacob lief den ganzen Tag in seiner Unterwäsche herum. Er lag auf dem Sofa, stierte durch die Sonnenbrille in seine Bücher und sprach mit sich selbst. Die Geschichte von dem Mann, den seine Frau auf einem Schiff mitten im Atlantik besuchte, obwohl sie ihr Haus im Westen Amerikas nie verlassen hatte, war wirklich bemerkenswert. Beruhte nur dieser eine einzige Fall auf Wahrheit, so mußten alle Werte umgewertet werden. Aber war dieser Fall echt? Er hätte ja ein Traum, eine Halluzination oder auch einfach ein Schwindel sein können. Wie viele Wunder schrieb man nicht jedem kleinen Wunderrabbi, jeder Wahrsagerin zu? Wie viele Offenbarungen empfing Phyllis nicht jeden Tag?

Schließlich verlor Jacob jedes Interesse, selbst an dem Übersinnlichen. Sein Kopf war schwer. Er lag den ganzen Tag auf dem Sofa. Manchmal schlief er ein und wachte erschrocken wieder auf. Er duselte ein, schlug die Augen wieder auf, verstört von einem Traum, den er sofort wieder vergaß. Nichts störte ihn mehr – nicht die Hitze, nicht die Feuchtigkeit und auch nicht das Stechen in seiner Blase. Die Warnung seines Arztes, daß er in Gefahr war, eine Harnvergiftung zu bekommen, erschreckte ihn nicht. Jacob hatte einen Mordbericht in der Zeitung gelesen, aber weder konnte er Mitleid mit dem Opfer, noch Haß gegen den Mörder empfinden. Wenn das Telephon läutete, nahm er den Hörer nicht ab. Der Briefträger brachte einen Eilbrief, er ließ ihn ungeöffnet liegen. Auch seine Schlaflosigkeit störte ihn nicht mehr. Bessie konnte auch nicht schlafen. Sie seufzte, kratzte sich und murmelte vor sich hin. Obgleich sie zusammen in einem großen Bett schliefen, schien sie weit entfernt zu sein, und er vergaß sie gänzlich. Manchmal sprach sie zu ihm, aber es war ihm unmöglich, sie aufmerksam anzuhören. Er hörte sie sagen: »Jacob, unser Leben ist ein einziger großer Irrtum. Ich sehe keinen Ausweg.«

An jenem Morgen rief Bessie ihn nicht zum Frühstück in die Küche. Sie verließ das Haus, ohne ihm zu sagen, wohin sie ging. Sie kam mittags nicht nachhause. Aus irgendeinem Grunde hatten der Durst, der Jacob quälte, und der häufige Drang zum Wasserlassen aufgehört. Aus reiner Gewohnheit öffnete er eines der Bücher, die Phyllis ihm gebracht hatte – er konnte kaum die Worte lesen. »Ist es schon Dämmerung oder bekomme ich den Star?« Es wurde ihm bewußt, daß er von sich wie von einem Fremden dachte.

Plötzlich flog die Tür auf und Bessie taumelte herein. »Sie ist auf und davon, diese Betrügerin, diese Verbrecherin! Sie hat den Laden dichtgemacht und sich nicht einmal verabschiedet. Es ist deine Schuld, deine, deine!« Bessie schrie hysterisch: »Du hast mich mit all diesen Verrückten und Bekloppten zusammengebracht. Sie ist mit meinem Vermögen durchgebrannt. Ich bin nackt und bloß. Selbst das Haus gehört uns nicht mehr. Sie hat mich in den Wahnsinn hypnotisiert!«

Bessie riß ihm das Buch aus der Hand und warf es auf den Boden. Sie stieß den kleinen Tisch um, auf dem die Zeitschriften lagen, und kreischte: »Was liest du da für Blödsinn, vergräbst dich in diesem Mist? Es ist alles Schwindel. Wenn sie eine Heilige ist, bin ich der Papst. Auch ihr Mann war ein Hochstapler. Es ist alles Schwindel! Bischof Jacob Getzelles, daß ich nicht lache! Weh über mein elendes Leben! Mörder!« Das letzte Wort sprach Bessie auf Jiddisch aus: »Rozoach!« Sie trat die Bücher mit Füßen und spie auf sie. »Was sollen wir jetzt tun? Gott hat mich gestraft und mir den Verstand genommen. Diese Hexe hat mich mit ihrem heiligen Geschwätz und ihrer falschen Liebe geblendet. Diese Räuberin, diese Hochstaplerin, diese Abenteurerin. Ich will nicht mehr leben! Hörst du mich oder hörst du mich nicht?« stöhnte Bessie. »Ich will auf der Stelle sterben.« Ihre rote Perücke fiel herunter, und mit kahlem Schädel, von dem nur ein paar weiße Haarsträhnen hingen, stand sie da.

In Jacobs Innerem zerbrach etwas. »Sei still. Wenn wir schon sterben müssen, laß uns würdig sterben.«

»Es lohnt nicht mehr zu leben. Alles ist verloren. Verflucht sei der Tag, an dem meine Augen dich zum erstenmal erblickten, dich und sie. Sie hat mich zum Bettler ge-

macht. Wenn du noch leben willst, geh in ein Altersheim.«
»Bessie, ich will nicht leben.«
»Ich geh in die Küche und dreh den Gashahn auf.«
»Ja, tu das.«
»Steh auf. Ich habe nicht einmal einen Platz auf dem Friedhof. Sollen sie mich zu den Hunden werfen.«
Bessie lief zur Klimaanlage und stellte sie ab. Sie riß die Kissen und die Decke vom Sofa an sich und rannte in die Küche.
Jacob folgte ihr. Seltsam: zum erstenmal fühlte er etwas wie Liebe für diese wilde Frau. Bessie schloß die Küchentür und die Fenster, löschte die Stichflammen aus und öffnete alle Hähne am Herd. Jacob starrte sie an. Er war sich nicht klar darüber, aber er spürte keine Furcht mehr vor dem Tod. Er fühlte sich wie einer der Astralkörper, über die er gelesen hatte – gewichtlos, ergeben, einer außerhalb seiner selbst liegenden Macht unterworfen. So stirbt man also? überlegte er. Aber er war nicht einmal mehr neugierig. Er war ein Kind, und Bessie brachte ihn ins Bett. Sie breitete die Sofadecke über den Boden und warf die Kissen darauf. »Wir wollen nicht auf den harten Fliesen sterben.«
Bessie half Jacob, sich hinzulegen. Sie streckte sich neben ihm aus und küßte ihn. Ihr Gesicht war heiß und feucht. »Wenn es einen Gott gibt oder was immer Er ist, bald werden wir es wissen.«
»Es gibt dort nichts«, antwortete Jacob, über seine eigenen Worte erstaunt. Im Korridor läutete das Telephon, Bessie fuhr auf. »Wer kann das sein? Ganz gleich.« Es läutete noch lange. Dann wurde es still.
Bessie umarmte Jacob. Sie fragte ihn: »Soll ich das Gebet sprechen ›Höre, Israel?‹«
Und Jacob murmelte: »Nicht nötig.«
Das waren seine letzten Worte.

Am nächsten Tag fand man ihn und Bessie tot auf. Nach vielen Monaten, als Bessies Anwälte in New York ihren Nachlaß ordneten, zeigte es sich, daß er immer noch vierhunderttausend Dollar betrug, außer dem Besitz, den sie Phyllis überschrieben hatte und den die Anwälte versuchten, zurückzuerhalten.
»Sie ist sicher nicht wegen Mangel an Geld gestorben«, sagte einer der Anwälte, ein kleiner Mann mit spitzem Schädel, spitzer Nase und spitzen Augen. »Warum hat sie keinen Brief hinterlassen?« Während er sprach, spitzte er einen Bleistift, der schon sehr gut gespitzt war. Der andere Anwalt, ein großer, schwerer Mann mit gelben Augenbrauen und einem wabbeligen Doppelkinn, dachte lange nach und sagte dann: »Ich habe Dutzende von Briefen von Selbstmördern gelesen, aber kein einziger hat je die Wahrheit gesagt.«

# Die Zeitschrift

Seinwel Gardiner begegnete ich zuerst in Warschau in einer Suppenküche für Intellektuelle. Er saß mir gegenüber am Tisch und aß Nudelsuppe mit Pilzen, die auch noch Erbsen, Karotten und Petersilie enthielt. Ich beobachtete, wie er in der Schüssel stocherte – als ob er etwas suchte – und dann gedankenverloren Salz und Pfeffer zufügte. Er ließ mehr als die Hälfte seiner Portion stehen, und es fiel mir schwer, ihn nicht zu bitten, mir den Rest zu überlassen. Damals hatte ich einen starken Appetit.
Er schien in den Zwanzigern zu sein – er war dunkel, mit einem breiten Gesicht, hohen Backenknochen, und einem Kopf voll schwarzer, unordentlicher Haare. Seine Augen standen zu weit auseinander. Er schien mich von Erzählungen zu kennen, die ich in den kleinen Zeitschriften veröffentlichte – in denen, die nichts bezahlen und vom Autor einen Beitrag verlangen. Ab und zu hob er seine langen Augenwimpern und sah mich mit einem unruhigen Blick an, als wollte er sagen: »Da wir uns auf jeden Fall kennenlernen werden, warum warten?« Kaum hatten wir angefangen, uns zu unterhalten, versuchte er schon mich zu überzeugen, daß wir zusammen eine Zeitschrift herausgeben sollten. »Von Beruf bin ich Setzer«, sagte er. »Ich habe zuhause einen Setzkasten. Wir könnten praktisch kostenlos drucken. Wenn wir zweihundert Stück verkaufen, sind unsere Unkosten gedeckt. Hundert Stück kann ich selbst loswerden – vielleicht sogar mehr.« »Aber es gibt schon zu viele von diesen Zeitschriften.« »Was reden Sie da? Die Herausgeber sind alle literarische Huren. Für drei Zlotys drucken sie die schlimmsten Zeilenschinder, und sie gehören alle zu einer Clique: lobst du mich, dann lobe ich dich. Sie und ich könnten eine lautere Zeitschrift herausbringen. Wir könnten die Literatur auf ein höheres Niveau heben.«

Das Wort »Zeitschrift« übte magische Kräfte auf mich aus; ich hatte davon geträumt, eine eigene Zeitschrift zu haben, um meine Arbeiten dort veröffentlichen zu können, so daß ich nicht von den Launen der Redakteure abhängig wäre. Einer von ihnen pflegte alles herauszustreichen, was seiner Meinung nach zu sexy war. Ein anderer beschwerte sich darüber, daß ich zu sehr im Mystizismus schwelgte. Ein dritter liebte es, Streichungen vorzunehmen und meinen Stil zu ändern. Meine Geschichten und Aufsätze erschienen mit Druckfehlern, mit verhobenen Zeilen und manchmal mit Seiten in falscher Reihenfolge. Was konnte es Besseres für einen Schriftsteller geben, als sein eigener Herausgeber zu sein? Ich ging mit Seinwel Gardiner in seine Dachkammer an der Nowolipki Straße und kletterte in den vierten Stock. Auf jedem Treppenabsatz sah man offene Türen. Schneider saßen an Nähmaschinen und sangen sozialistische Lieder. Mädchen schälten Kartoffeln und sangen Liebeslieder. Mütter wiegten Säuglinge. Ein Zimmermann hobelte ein langes Brett, den grauen Bart voller Späne. Aus den Küchen kam der Geruch gebratener Zwiebeln, von Windeln und Knoblauch. Im fünften Stockwerk gingen wir dann durch einen dunklen Gang und betraten ein Zimmer mit schräger Decke, unter der sich ein kleines Fenster befand. Bilder von Spinoza, Kropotkin, Mme. Blavatsky und Nietzsche waren an die Wand geheftet. Über dem Bücherregal hing ein von Seinwel Gardiner in riesigen Buchstaben gedrucktes Plakat: DU SOLLST DEINEN NÄCHSTEN LIEBEN WIE DICH SELBST.

Ich brauchte nicht lange, um die Art von Seinwel Gardiners Idealismus herauszufinden. Er aß weder Fleisch noch Fisch noch Eier – nur Brot, Gemüse und Obst. Er gehörte zu einer Gruppe, die Esperanto sprach, und zu einem Kreis, der Stirners Theorie des Anarchismus befolgte. Er bot mir eine rohe weiße Rübe an und sagte: »Die Welt wartet auf das lautere Wort. Wir werden unseren Lesern

die Wahrheit sagen. Jede Zeile wird geschliffen sein. Wir werden verwirklichen, was wir predigen – wir werden zuerst uns selbst erproben.«
Bald kündigten wir unsere Zeitschrift im Klub der jiddischen Schriftsteller an. Sie sollte ›Die Stimme‹ heißen, und umgehend wurden wir von Manuskripten überschwemmt und von beglückwünschenden Briefen aus der Provinz. Anerkannte Schriftsteller, von denen wir nicht gedacht hatten, daß sie an einer noch nicht flüggen Zeitschrift interessiert sein würden, schickten uns Geschichten, Kapitel von Romanen und ›Bruchstücke größerer Werke‹. Beim Lesen wurde mir klar, daß in dem ganzen Haufen von Manuskripten nicht eines das lautere Wort vertrat, auf das die Menschheit wartete. Seinwel Gardiners Beitrag war ein Essay über Nietzsches ›Also sprach Zarathustra‹. Er verwendete eine Unzahl von Pünktchen und Gedankenstrichen, und er beendete kaum einen Satz. Er versuchte etwas zu sagen, aber ich konnte nicht ergründen, was es war. Er beklagte es, daß Georg Brandes Nietzsche nicht verstand, aber so weit ich es beurteilen konnte, verstand Seinwel Gardiner nicht einmal Georg Brandes. Sein Stil war ein Brei von Anspielungen und Unklarheiten und zahllosen Zitaten aus Ibsen. Ganze Seiten waren Maeterlincks ›Blauem Vogel‹ gewidmet, der sich bei den Intellektuellen in Warschau noch immer großer Beliebtheit erfreute. Seinwel stellte die Behauptung auf, daß Zarathustra, nach dem Erreichen des Berggipfels, nicht nur den Adler und die Schlange, sondern auch den Blauen Vogel finden würde, und das würde dem Übermenschen ermöglichen, sich selbst zu erlösen und die Menschheit obendrein.

Ich stopfte alle Manuskripte in eine Papiertüte und trug sie zu Seinwel Gardiner in seine Dachkammer. Als ich dort ankam, fand ich ihn damit beschäftigt, Buchstaben in den Justierer zu tun. Er setzte die Einleitung, die wir zusam-

men verfaßt hatten. Ich stellte die Tüte ab und sagte: »Seinwel, ich bin kein Redakteur mehr.«
Er wurde blaß. »Warum nicht?«
»›Die Stimme‹ ist keine Stimme, das Wort ist kein Wort. Hier ist nichts dabei, mit dem man etwas anfangen könnte.«
Seinwel Gardiner versuchte verzweifelt, mich zum Bleiben zu überreden. Er argumentierte im Namen der Menschheit, der Kultur und des Fortschritts. In seiner Aufregung stieß er den Justierer um und die Typen fielen auf den Boden. Er warnte mich, daß alle Schriftsteller in Warschau sich feindlich zu mir stellen würden, wenn herauskäme, daß ich die Zeitschrift im Stich gelassen hätte.
Wir traten aus dem Haus auf die Straße und gingen spazieren. Wieder und wieder blieb Seinwel nach wenigen Schritten stehen und kam mit einem neuen Argument. Die Manuskripte konnten redigiert werden. Unser Zusammentreffen war kein Zufall. Die Literatur wartete auf junge Männer wie uns. Eine solche gute Gelegenheit und Kombination würde wahrscheinlich nie wiederkommen. Seinwel fing an, mir aus seinem Leben zu erzählen. Sein Vater war Hebräischlehrer in einer kleinen Stadt und seine Mutter war jung gestorben. Seine Schwester hatte Selbstmord begangen. Er hatte die Stadt eines Mädchens wegen verlassen, das für seine Ideale, seine Probleme und seine geistigen Krisen kein Verständnis gehabt hatte. Um ihn zu ärgern, hatte sie sich mit dem Buchhalter einer Sägemühle eingelassen. Seinwel Gardiner verfiel in Schweigen. Seine schwarzen Augen blickten traurig. Plötzlich sagte er: »Hamlet hatte recht.«
Nach ein paar Tagen übernahm ein anderer junger Schriftsteller meine Stelle als Redakteur. Die erste Nummer der Zeitschrift erschien mit dreimonatiger Verspätung. Der Buchbinder behielt mehrere hundert Stück zurück, weil er nicht voll bezahlt worden war. Die Zeitschrift hatte keinen

Umschlag und war auf zwei verschiedene Sorten Papier gedruckt: eins grau, das andere gelblich. Nicht nur der Text, auch die Namen der Mitarbeiter waren voller Druckfehler, und es gab bereits Streitereien und Intrigen. Der Verfasser eines Essays, dessen Manuskript abgelehnt worden war, beschuldigte Seinwel Gardiner, ihn um fünfundzwanzig Zloty betrogen zu haben. Die Frau eines Dichters, dessen Gedicht auf der letzten Seite gedruckt worden war, ohrfeigte Seinwel. Man nannte ihn einen Dieb und Verräter. Die kommunistische Zeitschrift ›Aufgang‹ erschien mit einem dreiseitigen Angriff gegen ›Die Stimme‹. Laut ›Aufgang‹ war ›Die Stimme‹ der Schwanengesang des sterbenden Kapitalismus, des morschen Imperialismus und des jüdischen Chauvinismus. Seinwel hatte den Klassenkampf ignoriert, die Bedürfnisse der Massen und das leuchtende Beispiel der Sowjetunion. Was Seinwel Gardiner mit dem ›Blauen Vogel‹ meinte, war Mussolinis faschistisches Regime.

Nachdem Seinwel diesen Angriff gelesen hatte, blieb er die ganze Nacht auf und schrieb eine Entgegnung, aber ›Aufgang‹ weigerte sich, sie zu drucken. Stattdessen brachten sie einen neuen Angriff und kündigten den baldigen Tag der Rache an. Seinwel wurde krank. Er bekam Magenkrämpfe und konnte das Essen nicht bei sich behalten.

Eines Tages hörte ich, daß Seinwel in die kleine Stadt, aus der er gekommen war, zurückgekehrt sei. Jemand sagte mir, er habe seine alte Liebe geheiratet, die seinetwegen den Buchhalter aufgegeben habe. Ihr Vater hatte eine kleine Sodawasserfabrik und Seinwel war in seinen Betrieb eingetreten.

Zwanzig Jahre vergingen. Während dieser Zeit war ich nach Amerika gegangen und Hitler hatte Polen zerstört. 1947 bekam ich zwei Monate Urlaub von der jiddischen Zeitung in New York, für die ich arbeitete, und fuhr nach

Paris. Dort fand ich die Reste der polnischen jiddischen Literaten. Sie lebten in einem Haus in der Rue de Patay, das die Stadt Paris ihnen vorübergehend zur Verfügung gestellt hatte. Einige waren vor den Nazis geflohen und in die Sowjetunion gegangen. Anderen war es gelungen, nach Marokko und Algerien zu entkommen, und einige hatten sich in Frankreich während der Nazi Invasion verborgen. Frühere Kommunisten waren Antikommunisten geworden. Männer hatten andere Frauen, Frauen andere Männer. Jünglinge, die zu meiner Zeit Anfänger gewesen waren, hatten jetzt graue Haare und sprachen mit Autorität.

Ganze Tage und halbe Nächte saß ich mit ihnen zusammen, hörte Berichte über Nazimorde und bolschewistischen Wahnsinn. Sie erzählten von asiatischen Städten und Dörfern, in denen sie zwischen 1940 und 1945 Zuflucht gefunden hatten, und von all den verschiedenen rechten und linken Banden. Eine Anzahl von ihnen war in Auschwitz gewesen, andere in sowjetischen Zwangsarbeitslagern. Wieder andere hatten in den Reihen der Roten Armee gekämpft oder unter Sikorski als polnische Soldaten. Alle ihre Erzählungen handelten von Hunger, Mord, Läusen, Epidemien, Ausschweifungen und sinnloser Brutalität.

Paris selbst sah wie eine tote Stadt aus. Amerikanische Touristen warfen Zigarettenstummel in die Gosse, und schäbige Fußgänger hoben sie auf. Die Geschäfte waren leer, und in meinem Hotel funktionierte der Aufzug nur ein paar Stunden am Tag. Die Elektrizität fiel öfters aus und im Bad gab es kein heißes Wasser. Lebensmittel mußte ich auf dem schwarzen Markt kaufen.

Eines Morgens klopfte es an meiner Tür. Gewöhnlich riefen meine Besucher erst an, aber dieser kam unangemeldet. Ich öffnete die Tür und sah Seinwel Gardiner. Er hatte sich kaum verändert. Da stand er, dunkel, schlecht rasiert, mit unordentlichen, verfilzten Haaren. Seine Kleider waren zerdrückt, als hätte er in ihnen geschlafen.

»Seinwel, kommen Sie herein!«
»Sie erkennen mich, wie?« Seine Stimme klang dumpf. Er ging unsicher und setzte sich in einen Sessel. Sein Benehmen war seltsam steif und dramatisch. Seine Augen zuckten. Er erinnerte mich an den Überbringer schlechter Botschaften im Buch Hiob.

Als ich anfing, ihn zu fragen, antwortete er stockend. Ja, er hatte den Massenmord miterlebt, erst im Getto, dann in Rußland. Wo war er nicht gewesen? In Bialystok, in Wilna, in Moskau, Taschkent und Jambol ... Verbannt? Ja, er war verbannt worden ... Zwangsarbeit? Ja, in Baracken und Fabriken ... Gehungert? ... Was sonst? ... Seine Frau? Die Kinder? ... Von den Nazis ausgerottet ... Wieder verheiratet? ... Nach dem Krieg, in einem Lager in Deutschland.

Ich fragte ihn, warum er nicht in dem Hause lebte, das die Stadt Paris den jiddischen Schriftstellern zur Verfügung gestellt hatte. Lange Zeit schwieg er. Dann fragte er: »Wozu?« Ganz plötzlich wurde er gesprächig. Ich traute meinen Ohren nicht, aber Seinwel Gardiner wollte eine Zeitschrift herausgeben – hier in Paris – auf Jiddisch! Er sagte, das ganze Unglück wäre nie geschehen, wenn die Intellektuellen nicht Verräter geworden wären. Die deutschen Schriftsteller waren alle Nazis geworden. In Rußland kapitulierten sie vor Stalin. Was sich in Bialystok ereignet hatte, war unbeschreiblich. Die Schriftsteller in Polen waren eilends auf den fahrenden kommunistischen Zug gesprungen. Sie wurden über Nacht Bolschewisten – die sozialistischen Zionisten, die Anhänger des ›Bund‹, der Volkspartei und die Unabhängigen. Sie zeigten sich gegenseitig an, um die Machthaber zu besänftigen. In den Schriften ihrer ehemaligen Freunde entdeckten sie trotzkistische Abweichungen, menschewistisches Renegatentum, Spuren von Zionismus. Er, Seinwel, hatte die Wahrheit gesagt und er mußte Bialystok verlassen. Man steckte ihn ins Gefängnis – vierzig

Menschen in einer Zelle. Der Latrinengestank konnte einen umbringen. Tag und Nacht entlausten sie sich und debattierten. Mitten in der Nacht wurden die Gefangenen herausgeholt, um unter Foltern vernommen zu werden. Viele starben an den Folterungen, andere wurden wahnsinnig. In den Gerichtsverfahren standen hunderte von Angeklagten in einer Reihe und wurden en gros verurteilt zu Zwangsarbeitslagern, Gefängnis, zur Arbeit in den Goldbergwerken – alles im Namen des Sozialismus. Seltsamerweise war der Redakteur des ›Aufgang‹ einer der ersten, der liquidiert wurde.

Seinwel zählte dies alles mit leiser Eintönigkeit auf, in abgerissenen Sätzen, während er eine Ecke der Zimmerdecke anstarrte. Obwohl ich mit diesen Ereignissen nur allzu vertraut war, bestürzte mich seine sachliche Aufzählung. Ich fragte: »Und all dies wollen Sie mit einer kleinen Zeitschrift heilen?«

»Jemand muß die Wahrheit sagen.«

»Wem?«

»Den Wenigen.«

»Wer wird schon eine kleine jiddische Zeitschrift lesen?«

»Jemand wird sie schon lesen.«

Seinwel erzählte mir, daß er eine kleine Wohnung hätte – ein Zimmer mit einer Küche in Belleville. Er konnte einen Satz Schrift bekommen. Seine jetzige Frau war Schneiderin und sie verdiente anständig. Sie hatte Mann und Kinder in Polen verloren. Sie liebte die jiddische Literatur und hatte meine Aufsätze in der jiddischen New Yorker Zeitung gelesen, die man nach dem Krieg in die Lager geschickt hatte, wie auch einige meiner Bücher. Sie war bereit, finanzielle Hilfe zu leisten. Der Name der Zeitschrift konnte der gleiche sein wie damals in Warschau: ›Die Stimme‹.

Ich stellte die gleiche Frage wie vor zwanzig Jahren in Polen: »Wen haben Sie als Mitarbeiter?«

»Es gibt noch anständige Menschen. Das Schlimme ist, die Bösen machen sich bemerkbar, und die Gerechten schlafen.«

»Sie werden immer schlafen«, sagte ich.

»Man kann sie aufwecken.«

»Wenn man sie aufgeweckt hat, werden sie die Bösen.«

»Es muß nicht so sein.«

Ich hätte Seinwel glatt ›Nein‹ sagen sollen. Er lebte in Paris und ich in New York. Weder hatte ich Zeit, noch Energie, mich einer kleinen Zeitschrift zu widmen. Aber ehe ich noch die Möglichkeit hatte, abzulehnen, mußte ich ihm versprechen, zum Abendessen zu ihm zu kommen.

An jenem Abend kaufte ich eine Flasche Wein und eine Büchse Sardinen und ging Seinwel Gardiner besuchen. Ich stieg vier enge, gewundene Treppen hinauf. Hinter mir gingen zwei verdächtig aussehende Paare, und ich vermutete, daß in diesem Haus Zimmer an Straßenmädchen vermietet wurden. Seinwel öffnete die Tür und ein heimatlicher Duft wurde spürbar, den selbst die Vernichtung nicht hatte tilgen können.

Seinwels Frau war klein, mit einem jungen Gesicht, einer kurzen Nase und vollen Lippen. In ihren Augen lag Heiterkeit. Es war schwer, sich vorzustellen, daß diese Frau ein Konzentrationslager überstanden und Mann und Kinder verloren hatte. Sie gab mir eine kleine feste Hand. Sie sprach, als kennte sie mich. Seinwel hatte ihr viel über mich erzählt, sagte sie, und natürlich kannte sie meine Arbeiten. Sie sagte: »Vielleicht können Sie meinem Mann diesen Blödsinn mit der Zeitschrift ausreden.«

»Friedele, das ist kein Blödsinn«, sagte Seinwel. »Die Welt ist auf dem Wort gegründet.«

»Die Welt ist auf der Faust gegründet, nicht auf dem Wort.«

»Die Fäuste werden alle längst verschwunden sein, aber an die Zehn Gebote wird man sich erinnern.«

»Man wird sich vielleicht an sie erinnern, aber niemand wird sie halten.«
Beim Tischdecken sagte sie zu mir: »Sie kennen mich nicht, aber ich kenne Sie. Ihr Schriftsteller enthüllt alle eure Geheimnisse.«
»Was wissen Sie?«
»Das ist mein Geheimnis.«
Zum Abendessen hatte sie eine Warschauer Kartoffelsuppe mit brauner Einbrenne gekocht, und als sie den Teller vor mich hinstellte, sah ich an ihrem Handgelenk die blaue Nummer des Konzentrationslagers. Sie bemerkte, daß ich hinsah und sagte: »Wenn man stirbt, stirbt man eben, aber wenn man lebt, muß man die Komödie bis zum Ende mitmachen. Es gibt schon zu viele Zeitschriften. Wenn Moses persönlich vom Himmel herabsteigen würde, man würde ihn auslachen.«
»Was sollen wir also tun, Friedele?« fragte Seinwel. »Zusehen und den Mund halten?«
»Wer wird deine Zeitschrift lesen? Die Opfer, nicht die Mörder.«
»Selbst die Opfer haben kein ruhiges Gewissen.«
»Deine Zeitschrift wird sie nicht ruhiger machen.«
Während des Essens erzählte Friedele Geschichten aus den Konzentrationslagern, und obwohl sie von Hunger, Plagen und Mord handelten, mußte ich lachen. Es war das erstemal, daß ich je Scherze über die Lager hörte. Während die Nazis mit ihren Peitschen knallten, scherzten die Juden. Es gab Spaßvögel selbst in den Lagern.
Als wir noch beim Essen waren, öffnete sich die Tür und eine kleine runde Frau kam zur Anprobe. Friedele führte sie hinter einen Wandschirm. Nach einiger Zeit kam Friedele zurück und flüsterte: »Als die Alliierten sie in Majdanek fanden, wog sie sechzig Pfund. Sie war vier oder fünf Monate im Hospital und man zweifelte an ihrem Aufkommen. Jetzt hat sie einen reichen Mann, einen Schwarz-

markthändler.« Friedele zog eine Schublade auf und nahm ein Modeblatt heraus. »Würdet ihr so etwas herausgeben, würde die Welt auf euch hören.«

Wieder vergingen zwanzig Jahre. Ich war ein paarmal nach Europa gefahren, aber irgendwie ergab es sich nicht, daß ich wieder nach Paris kam. Die jiddischen Verleger in Paris schickten mir ihre Publikationen nach New York, und ab und zu sah ich ein Gedicht oder einen Aufsatz von Seinwel Gardiner. Er wütete immer noch gegen die Gesellschaft und verdammte die Unmoral der menschlichen Spezies, aber zwischen den Zeilen glaubte ich eine Note ruhiger Resignation zu vernehmen. Einmal sah ich ein Bild von ihm in der Zeitung. Er war nicht mehr der Seinwel Gardiner, den ich gekannt hatte, sondern ein verkrümmter, beleibter alter Mann. Von Zeit zu Zeit erzählten mir Besucher aus Paris von ihm. Er und seine Frau hatten ein Wäschegeschäft eröffnet, das schnell groß geworden war. Es schien unglaublich, aber die Gardiners waren in Frankreich reich geworden. Sie lebten in einer eleganten Wohnung und hatten ein Sommerhaus in Robinson gekauft. Als ich sie damals aufsuchte, war Friedele schwanger gewesen, und mehrere Monate nach meiner Abreise von Paris bekam sie eine Tochter.
Im Laufe der Jahre waren meine Bücher in Übersetzungen erschienen. Ich hatte Verleger in Paris, in Mailand, in Lissabon. Auf meiner nächsten Europareise, nachdem ich eine Woche in Lissabon und zwei in der Schweiz verbracht hatte, ging ich nach Paris, um meinen französischen Verleger zu treffen. Die jiddischen Schriftsteller hatten von meiner Ankunft gehört und gaben mir einen kleinen Empfang. Eines Morgens rief mich die Telephonistin des Hotels an, um mir zu sagen, ein Monsieur Kaplan warte auf mich in der Halle. Ich bat, ihn heraufzuschicken. Es erschien ein junger Mann mit krausem Haar und unruhigen Augen. Ich hatte

weder von ihm noch von seinen Arbeiten je gehört, aber er erzählte mir, daß er bei einer jiddischen Zeitung angestellt und außerdem ein Dichter sei. Er hatte die Hitler Katastrophe überlebt, sagte er, also mußte er älter sein, als ich gedacht hatte. Er war nach Stil und Bewegungen ein Pariser. Er setzte sich, zündete eine Zigarette an und machte Notizen, während er mit ausfragte.

Ich fragte: »Wie geht es Seinwel Gardiner?«

Seine Augen wurden plötzlich feierlich. »Haben Sie heute noch nicht die jiddischen Zeitungen gelesen?«

»Nein.«

»Heute ist Seinwel Gardiners Beerdigung.«

Ich schwieg lange, dann fragte ich ihn: »Ist er krank gewesen?«

»Nein, eigentlich nicht. Es war eine merkwürdige Sache. Sein Tod war eine Art Selbstmord.«

»Was ist denn geschehen?«

»Ach, das ist eine eigenartige Geschichte. Er und seine Frau hatten ein großes Wäschegeschäft und sie waren ziemlich reich. Ab und zu erschien etwas von ihm in einer jiddischen Zeitschrift. Ganz plötzlich bekam er die verrückte Idee, eine Zeitschrift auf Französisch herauszugeben. Ich sage ›verrückt‹, weil er eigentlich kein Französisch konnte – gerade genug, um sich verständlich zu machen. Ich kenne die Einzelheiten nicht genau, aber man sagt, er hatte das Geschäft ohne Wissen seiner Frau verkauft, ein Büro gemietet und Leute angestellt. Der Erfolg war, daß seine Frau ihn aus dem Hause jagte. Dann verkaufte ihm irgendein Schwindler eine nicht vorhandene Druckerei. Seinwel war nie ein praktischer Mensch gewesen. Wozu brauchte er eine Zeitschrift auf Französisch? Er starb buchstäblich auf der Straße. Man fand ihn tot auf, und heute ist die Beerdigung.«

Nachdem der junge Mann sein Interview beendet hatte, fragte ich ihn, wo und wann die Beerdigung sein sollte.

Drei Uhr nachmittags, sagte er, und er würde hingehen. Ich schlug vor, mit ihm zu kommen und lud ihn zum Lunch ein. Während des Essens sagte er: »Den jiddischen Schriftstellern in Paris geht es so schlecht, daß der Friedhof eigentlich der einzige Ort ist, an dem sie sich treffen. Sie sind alt, viele sind krank, und die Stadt hat sich ungeheuer ausgedehnt. Sie kommen nicht mehr in die Cafés am Montparnasse oder auf den Montmartre. Nach einer Beerdigung gehen alle in ein Café für einen kleinen Imbiß, und für einige unter den älteren Schriftstellern ist das das einzige gesellschaftliche Leben. Ich höre, daß es in New York auch nicht viel besser ist.«
»In New York gehen sie nicht einmal zu Beerdigungen.«

Der Pariser Friedhof lag nicht so weit draußen und war nicht so kahl wie die Friedhöfe in New York – er sah aus wie ein riesiger Garten. Am Eingang standen eine Reihe von Leuten, einige von ihnen erkannte ich sofort, andere waren mir vollkommen fremd, aber als sie mir sagten, wer sie waren, wurden mir ihre Gesichter gleich vertraut. Alle waren der Vernichtung durch Hitler entgangen. Sie unterhielten sich in abgerissenen Sätzen, wie es bei Begräbnissen üblich ist. Auf dem Wege zum Grab erzählten sie mir ein paar Einzelheiten über Seinwel: ja, die Zeitschrift war seine fixe Idee gewesen; seine Tochter Jeannette studierte Literatur an der Sorbonne und hatte in französischen Zeitschriften Gedichte veröffentlicht; sie war mit einem Franzosen verlobt. Einer meiner ehemaligen Kollegen berichtete mir schnell über eine meiner früheren Geliebten. Er hatte sie in einem Dorf in Zentralasien getroffen, wo sie als Näherin arbeitete. Sie hatte einen Anwalt in Lodz geheiratet, der an Beriberi gestorben war. Jetzt war sie wieder verheiratet, in Israel, und ihre Tochter war Professor an der hebräischen Universität in Jerusalem.
Wir erreichten den jüdischen Teil des Friedhofs. Seinwel

Gardiners Grab war offen. Ein rotbäckiger Rabbiner mit einem dünnen Spitzbart sprach Gebete auf Französisch und Hebräisch. Die Hälfte der Worte sprach er dröhnend, die andere verschluckte er. Ich erwartete Grabreden, aber niemand war vorbereitet. Es war nicht einmal jemand da, Kaddisch zu sagen. Dann stellten sich die Verwandten in eine Reihe, offenbar nach französischer Sitte, und man schüttelte ihnen die Hände, küßte sie und sprach Worte des Trostes. Ich sah Mme. Gardiner, ihre Tochter und deren Verlobten, und noch eine Frau, alle in Schwarz. Ich erkannte Friedele – sie war älter geworden, sah aber immer noch frisch aus. Die Jahre hatten ihren Augen den entschlossenen Ausdruck einer Frau gegeben, die die Verantwortung für Haushalt und Geschäft getragen hat. Ich streckte die Hand aus und sie bot mir ihre Wange, so daß ich sie küssen konnte. Ich sah ihre Tochter an und erblickte wieder den Seinwel Gardiner, den ich vor vierzig Jahren in der Suppenküche für Intellektuelle getroffen hatte – die gleichen hohen Backenknochen, die gleiche Bläße, die gleichen weit auseinander stehenden Augen. Selbst ihr kurz geschnittenes Haar erinnerte mich an Seinwels unordentlichen Kopf. Ihre Mutter flüsterte mir zu: »Sie schreibt ... will die Welt retten ... will Seinwels Zeitschrift weiterführen ... Bitte, besuchen Sie uns.«
Die Tochter sprach eine Mischung von Jiddisch und Französisch. »Oui, Monsieur, besuchen Sie uns ... Ich habe eine Ihrer Geschichten ins Französische übersetzt ... Mon papa empfahl sie mir ... ich beabsichtige, meine Doktorarbeit über Mendele Mocher Sforim zu schreiben ...«
»Ja, ich werde kommen.«
»In unserer Zeit kann eine Zeitschrift die Literatur auf ein höheres Niveau heben ... das moderne Schrifttum ist völlig korrupt. Mon professeur sagt, daß –«
Sie hielt mitten im Satz inne. Andere warteten hinter mir. Ihr Verlobter steckte mir eine Visitenkarte in die Tasche.

Jemand schob mich in die Richtung einer Gruppe jiddischer Schriftsteller, die auf mich warteten. Wir sollten alle in die ›Coupole‹ gehen auf einen Drink.
Ein alter Freund von mir, Feiwel Mecheles, ein humoristischer Schriftsteller aus Warschau, lehnte an einem Baum. Sein einstmals rotes Haar war gelblichweiß geworden. Man hatte mir erzählt, daß, während sie beide auf der Flucht vor den Nazis waren, ein Tragöde mit seiner Frau durchgebrannt war. Er runzelte die Stirn und zog die Brauen zusammen. Ich wußte, er würde nicht eher fortgehen, bis ihm ein Witzwort eingefallen war. Ich sagte: »Feiwel, du kannst Humor nicht erzwingen. Komm, gehen wir.«
Er schüttelte seinen Kopf, lächelte, wobei er ein neues Gebiß zeigte, und sagte: »Wozu? Es lohnt sich nicht mehr zu gehen. Wir werden doch bald wieder hier sein.«

# Verloren

Als ich an einer jiddischen Zeitung arbeitete und ratsuchende Leser beriet, kamen alle möglichen Leute mit ihren Problemen zu mir: betrogene Ehemänner und Ehefrauen; Verwandte mit Streitigkeiten aus der alten Heimat; Einwanderer, die vor vielen Jahren nach Amerika gekommen waren und jetzt amerikanische Staatsbürger werden wollten, aber weder die Daten ihrer Ankunft noch die Namen der Schiffe wußten. In den meisten Fällen bestand meine Hilfe im Zuhören und in Worten des Trostes. Manchmal gab ich ihnen die Adresse der HIAS* oder die einer Organisation, die Rechtshilfe erteilte. Gewöhnlich kamen diese Ratsuchenden in der Mitte der Woche – fast nie am Freitag. Während der Jahre, die ich diese Tätigkeit ausübte, lernte ich, daß selbst Juden, die am Samstag arbeiten, den Freitag als Vorbereitungstag für den heiligen Sabbat ansahen. Ob dies eine Sache der Tradition oder des Atavismus ist, hat hier nichts zu suchen.
Aber einer kam an einem Freitag zu mir, spät am Nachmittag, als ich schon nachhause gehen wollte, ein Mann, der in den Siebzigern zu sein schien. Sein Rücken war gebeugt. Er hatte ein weißes Spitzbärtchen und Säcke unter den Augen. Er trug einen langen schwarzen Mantel, und ich dachte mir, er müsse ein Neuankömmling in Amerika sein. Aber kaum hatte er sich an meinem Tisch niedergelassen, als er sagte: »Wie Sie mich hier sehen, habe ich vor über sechzig Jahren angefangen, Ihre Zeitung zu lesen, am Tag meiner Ankunft hier.«
Ich fragte ihn, wo er herkomme, und er nannte eine Stadt in Polen. Er erzählte mir, daß er in eine Jeschiwa gegangen sei und versucht hätte, die Zulassungsprüfung zur Uni-

* Hebrew Sheltering and Immigrant Aid Society. (Jüdische Schutz- und Einwandererhilfsgesellschaft von Amerika.)

versität zu bestehen. In Amerika wurde er dann Lehrer an einer Talmudschule, später, nach einer Ausbildung, Zahntechniker. Jetzt arbeitete er natürlich nicht mehr.
Er sagte: »Ich weiß, Sie sind hier, um Leuten Rat zu erteilen, aber darum will ich Sie nicht bitten. Was für einen Rat könnten Sie einem Mann von dreiundachtzig Jahren geben? Ich habe alles, was ich brauche, und wenn ich sterbe, so wartet schon ein Stückchen Erde auf dem Friedhof auf mich, das mir meine ›Landsleit‹ vorbereitet haben. Ich bin zu Ihnen gekommen, weil ich glaube, daß Sie interessieren könnte, was mir zugestoßen ist. Sie schreiben oft über die geheimnisvollen Mächte. Sie glauben an Dämonen, Kobolde – und sonst allerlei. Ich werde mich nicht mit Ihnen über deren Existenz streiten. Weder Sie noch ich haben sie gesehen. Selbst wenn Dämonen existieren sollten, in New York gibt es keine. Was sollte ein Dämon in New York tun? Er würde von einem Auto überfahren werden oder sich in der Untergrundbahn verirren und nie mehr herausfinden. Dämonen brauchen eine Synagoge, ein rituelles Badehaus, ein Armenhaus und eine Dachstube mit zerfledderten Gebetbüchern – all das Drum und Dran, das Sie in Ihren Erzählungen beschreiben. Trotzdem, verborgene Mächte, die niemand erklären kann, gibt es überall. Ich rede nicht nur von Theorien. Ich habe Erfahrung darin. Die jiddischen Zeitungen haben darüber berichtet, und sogar die in englischer Sprache. Aber wie lange schreibt man schon über irgend etwas? Wenn der Himmel sich öffnete, und der Erzengel Gabriel mit seinen sechs feurigen Flügeln herunterflöge und am Broadway spazieren ginge, hier in Amerika würde man höchstens ein oder zwei Tage darüber schreiben. Wenn Sie es eilig haben und gehen wollen, um die Kerzen anzuzünden und den nahenden Sabbat zu segnen, komme ich ein andermal wieder«, sagte er, lächelte und zwinkerte mir zu. »Obwohl man bei einem Mann meines Alters da nie ganz sicher sein kann.«

»Ich habe es nicht eilig«, sagte ich. »Bitte, setzen Sie sich und erzählen Sie.«

»Wo soll ich anfangen? Ich werde dort anfangen, wo alles begann, auf einem Schiff. Ich bin nicht hierher gekommen wie die anderen Grünschnäbel, arm. Mein Vater war wohlhabend. Ich war sein ältester Sohn. Er wollte, daß ich Rabbiner werde, aber damals hatte sich die Aufklärung langsam von Litauen nach Polen ausgebreitet. Heimlich las ich Sokolows Zeitung ›Morgenröte‹, und die neuen Ideen verführten mich. Als ich zum Militär eingezogen werden sollte, wollte mein Vater, daß ich mich selbst verstümmle: ich sollte mir einen Finger abschneiden, oder – entschuldigen Sie den Ausdruck – einen Hodenbruch zuziehen. Aber ich war ein gesunder junger Mensch – groß und stark – und ich sagte meinem Vater deutlich, daß ich mich nicht zum Krüppel machen würde. ›Und was hast du vor, zu tun?‹ fragte er mich. ›Dem Zaren dienen und Kommißfraß essen?‹ Und ich antwortete: ›Ich will nach Amerika gehen.‹

Zu jener Zeit war es ein Schandfleck für eine Familie, einen Sohn in Amerika zu haben – so wie einen Konvertiten oder einen Selbstmörder etwa. Aber ich bestand darauf, und meine Eltern mußten zustimmen. Mein Vater gab mir fünfhundert Rubel als Reisegeld, was damals ein Vermögen war. Die meisten Einwanderer kamen ohne einen Pfennig nach Amerika. Sie reisten im Zwischendeck. Ich reiste zweiter Klasse auf einem deutschen Schiff. Bevor ich Europa verließ, legte ich meinen langen Kaftan ab. Ich nahm das Buch ›Do you speak English?‹ mit. Verglichen mit anderen Einwanderern, reiste ich wie ein Graf.

Im Speisesaal gab es einen besonderen Tisch für die Passagiere, die koscheres Essen bekamen. Ich saß dort. Wir waren nur fünf oder sechs. Da waren ein deutscher Rabbiner und ein reicher Kaufmann, auch aus Deutschland. Grade mir gegenüber saß ein Mädchen, das, wie ich, allein reiste. Sie kam aus Kowno. Sie war ungefähr in meinem

Alter. Ich war schüchtern, aber wenn ein junger Mann und ein junges Mädchen siebzehn Tage lang an einem Tisch sitzen, müssen sie sich ja kennenlernen. Sie hatte das Gymnasium besucht, und ein jüdisches Mädchen, das auf das Gymnasium ging, war eine solche Seltenheit, daß ich sie für eine Prinzessin hielt. Sie benahm sich auch wie eine solche. Sie war zurückhaltend und sprach selten. Sie war blond, schlank und ziemlich groß für ein Mädchen. Sie war elegant gekleidet, und sprach sowohl Russisch wie Deutsch. Nach einigen Tagen fingen wir an, uns zu grüßen und gingen sogar zusammen auf dem Deck spazieren. Sie erzählte mir, daß sie zwar nichts von den Speisegesetzen halte, aber ihrem Großvater hoch und heilig versprochen habe, koscher zu essen. Ich hörte, daß sie eine Waise war. Ihr Vater war ein reicher Holzhändler gewesen, und ihrem Großvater gehörten eine Anzahl Häuser in Kowno. Ich fragte sie, warum sie nach Amerika gehe. Anfangs vermied sie es, zu antworten; dann vertraute sie mir an, daß sie auf dem Wege zu ihrem Verlobten sei – einem Studenten, der in der revolutionären Bewegung aktiv gewesen war und vor der Polizei hatte fliehen müssen. Der Verlobte lebte in New York und sollte dort an einer Universität studieren.«

»Wie hieß sie?« fragte ich.

»Anna Davidowna Barzel. Eines Morgens erschien sie spät zum Frühstück, und sobald ich sie sah, wußte ich, daß ihr etwas Schreckliches zugestoßen war. Sie war weiß wie die Wand. Sie aß nichts von dem, das man ihr vorsetzte. Die anderen am Tisch bemerkten ebenfalls, daß sie elend war und befragten sie, aber ihre Antwort war nicht zu verstehen. So war sie, übermäßig stolz. Nach dem Frühstück sah ich sie an der Reeling stehen und sich so weit hinausbeugen, daß ich Angst bekam vor dem, was sie tun könnte. Zögernd näherte ich mich ihr und fragte: ›Anna Davidowna, was sehen Sie dort unten?‹ Sie fuhr zusammen und fiel fast um. Erst sah sie verärgert aus, weil ich sie gestört hatte, und ich fürchtete, sie könnte böse sein. Dann beruhigte sie sich. Sie hatte sich völlig verändert – sie schien abgemagert, krank und niedergeschlagen. Plötzlich wurde ich mutiger und sagte: ›Anna Davidowna, ich flehe Sie an, bei allem, was mir heilig ist, sagen Sie mir, was geschehen ist. Vielleicht kann ich Ihnen helfen.‹

›Nein, Sie können mir nicht helfen‹, sagte sie.

Mit der Zeit erzählte sie mir folgende Geschichte. Ehe sie Kowno verließ, hatte ihr Großvater ihr tausend Rubel gegeben. Sie hatte in einer Bank die Rubel in Dollar gewechselt und diese in einem Beutelchen um den Hals getragen, zusammen mit einem kleinen Notizbuch mit der Adresse des Verlobten. Er hatte einen ungewöhnlichen Namen – Wladimir Machtei. Als sie sich am vergangenen Abend auskleidete, entdeckte sie, daß sowohl das Geld wie das Notizbuch aus dem Beutelchen verschwunden waren. Stattdessen fand sie den Abschnitt einer Schiffskarte und andere belanglose Papiere, die in ihrem Koffer gewesen waren. Sie hatte eine Kabine für sich, da sie mit niemandem zusammensein wollte. Sie erinnerte sich mit Sicherheit, daß sie am Morgen, als sie sich anzog, Geld und Notizbuch in dem Beutelchen gehabt hatte. Sie war ebenfalls ganz sicher, daß sie nicht den Billettabschnitt und die Papiere aus dem Koffer genommen hatte. Wozu? Der Abschnitt eines Billetts ist wertlos.

In Gedanken sind wir alle ein bißchen zynisch, und mir kam der Gedanke, daß sie sich vielleicht mit einem jungen Mann vergnügt hatte, und daß er sie bestohlen haben könnte. Ich erwähnte diese Idee beiläufig und Anna wurde noch bleicher als sie ohnehin war. ›Sie sind rüde und ich will nichts mehr mit Ihnen zu tun haben‹, sagte sie und ließ mich stehen. Ich war beschämt. In Wirklichkeit gab es keinen einzigen jungen Mann in der zweiten Klasse, mit dem sie sich hätte einlassen können. Ich sah sie nie mit irgendjemandem sprechen. Sie hatte keinen Liegestuhl. Wo immer sie

hinging, trug sie ein Buch bei sich. Sie war ein zurückhaltendes Fräulein, wie es sie heute nicht mehr gibt.
Von diesem Tage an bis zum Ende der Reise sprach Anna kein Wort mehr mit mir. Wenn ich sie grüßte, grüßte sie nicht zurück. Ich ging so weit, den Kellner zu bitten, ihr einen kurzen Brief zu überbringen, in dem ich mich für meine Unhöflichkeit entschuldigte. Der Kellner berichtete mir, daß sie den Brief zerrissen habe, als sie meinen Namen sah. Ich habe vergessen, Ihnen meinen Namen zu sagen. In der Heimat hieß ich Schmuel Opalowsky. Hier bin ich Sam Opal. Nachdem mir der Kellner das gesagt hatte, richtete ich es so sein, daß ich erst zu Tisch kam, wenn sie mit Essen schon fertig war. Ich blieb den Mahlzeiten zuweilen auch ganz fern. Ich fürchtete mich vor der Verachtung, die sie mir zeigte.
Endlich kamen wir in dem Land an, in dem ›die Straßen mit Gold gepflastert‹ sind. Im allgemeinen schickte man die Einwanderer nach Ellis Island, aber als ich das Geld vorwies, das ich bei mir hatte, durfte ich unverzüglich an Land gehen. Ich war gerade im Begriff, das Schiff zu verlassen, als ich Anna sah. Sie weinte. Sie versuchte, mit den Einwanderungsbeamten Russisch zu sprechen, dann Deutsch, aber sie verstanden sie nicht. Ich fragte sie, was geschehen sei, und als sie mich sah, lag Erleichterung in ihrem Blick. Es schien, daß Wladimir Machtei nicht gekommen war, um sie abzuholen. Ob sie verzweifelt war, weil man sie nach Ellis Island schicken wollte, oder weil sie kein Geld hatte und nicht wußte wohin, daran erinnere ich mich nicht. Sie war in Not, und dies gab mir Gelegenheit, meine Dummheit wieder gutzumachen. Ich half ihr beim Zoll, nahm einen Wagen – Autos gab es damals noch nicht – und brachte sie in ein Hotel in der Avenue C. Wir fingen sogleich an, nach Wladimir Machtei zu suchen, aber wir fanden ihn nie. So weit wir feststellen konnten, gab es niemanden dieses Namens in den Vereinigten Staaten.

Ich muß Ihnen gestehen, daß ich, als diese Dinge geschahen, auf den Verdacht kam, sie hätte alles erfunden – den Verlobten, das Geld und das Notizbuch. Aber später überzeugte ich mich von der Wahrheit ihrer Berichte. Sie zeigte mir die Briefe von Wladimir Machtei, wenn sie auch die Umschläge fortgeworfen hatte. Sie sagte mir, daß er aus Poltawa stammte. Anna schrieb an seine Tante dort, und die Tante antwortete, sie habe lange Zeit nichts von ihrem Neffen gehört und habe auch nicht seine Adresse. Mein lieber Freund, ich weiß, Sie sind ein sehr beschäftigter Mann, ich erzähle Ihnen daher nur die nackten Tatsachen. Wir heirateten. Ich habe eine Tochter von ihr, Enkelkinder und Urenkel. Das Kind wurde zwei Jahre nach unserer Heirat geboren.

Aber die Geschichte, die ich Ihnen erzählen will, fängt eigentlich jetzt erst an. Ich lebte mit Anna sechs Jahre. In dieser Zeit kam ich zu der Überzeugung, daß ich eine Frau geheiratet hatte, die nicht von dieser Welt war. Vor allem war sie das schweigsamste Wesen, dem ich je begegnet bin. Sie sagte nicht einmal ja oder nein – sie nickte nur mit dem Kopf. Gesprächig wurde sie nur, wenn sie etwas verloren hatte, und das geschah so oft, daß ich sogar jetzt, wenn ich davon spreche, schaudere. Nach Jahren besprach ich den Fall mit Psychiatern, und sie boten mir allerlei Theorien zur Erklärung an: Freud, Schmeud; Komplex, Schmomplex. Tatsache ist, daß Dinge buchstäblich vor ihren Augen verschwanden und manchmal sogar vor meinen. Brachte ich ihr ein Buch aus der Bibliothek – ein russisches, denn sie lernte Englisch nie – so verschwand es plötzlich. Ich kaufte ihr einen Diamantring, und nach kurzer Zeit war der Ring nicht mehr da. Ich gab ihr Wirtschaftsgeld und sah selbst, wie sie die zehn Dollar in ihr Portemonnaie tat. Eine halbe Stunde später war das Geld verschwunden. Jedesmal, wenn sie etwas verlor, wurde sie hysterisch. Sie stellte buchstäblich die ganze Wohnung auf den Kopf. Sie trennte selbst die Matratzen auf. Von Natur bin ich ein geselliger Mensch.

aber während ich mit ihr lebte, blieb ich praktisch isoliert. Ich brachte fast nie jemanden nachhause. Sie lehnte es ab, Jiddisch zu sprechen, oder vielleicht konnte sie es wirklich nicht. Es mangelte nicht an russischsprechenden jungen Leuten, aber die wenigen Male, die ich einige von ihnen einlud, kümmerte sie sich nicht um sie. Wir lebten in einer Krise nach der anderen und in dauernder Unruhe, denn Anna verlor immer irgendetwas. Oft sagte sie zu mir: ›Ein Dämon verfolgt mich – ein Teufel.‹
Ich hatte viele Bücher der Aufklärer gelesen und war weit davon entfernt, an Dämone, Kobolde, Geister – den ganzen Zauber – zu glauben. Ich war ein geborener Rationalist und nach allem, was mir geschehen ist, kann ich noch immer nicht an das Übernatürliche glauben. Wir wollen uns nichts vormachen. Flugzeuge fliegen, Züge fahren, und wenn Sie den richtigen Knopf drücken, können Sie Caruso hören. Kein Dämon hat je ein Flugzeug oder einen Zug zum Halten gebracht. Aber das Leben mit Anna machte mich so nervös, daß ich mitten in der Nacht aufwachte, um mich zu versichern, daß meine Uhr, mein Geld und meine Einwanderungspapiere sich nicht verflüchtigt hatten. In anderer Hinsicht paßten wir auch nicht sehr gut zusammen. Eine schweigsame wortlose Liebe kann es vielleicht zwischen Tieren geben, aber für mich gehört zur Liebe das Gespräch. Sie war neun Monate schwanger und ich kann mich nicht erinnern, daß sie einmal darüber gesprochen hätte. Die Schwester in der Klinik, in der das Kind zur Welt kam, erzählte mir, daß Anna nicht einmal das leiseste Stöhnen von sich gab. Ich hatte gehofft, die Ankunft des Kindes würde ihren Charakter ändern, nichts dergleichen. Sie tat alles, was eine Mutter tun soll, aber schweigend. Meine Tochter fing an zu plappern, als sie ein Jahr alt war. Mit zweieinhalb Jahren stellte sie ihrer Mutter unzählige Fragen. Anna zuckte nur die Achseln. Ich war noch Lehrer an der Talmudschule und sobald ich

nachhause kam, widmete ich mich ganz dem Kind, beantwortete seine Fragen und spielte mit ihm. Ich muß Ihnen sagen, daß Anna das Kind auf ihre Weise liebte. Wenn Spielzeug verschwand – und das geschah oft, zu oft – wurde Anna rasend. Das Kind schien sich auch zu fürchten. Eines Tages brachte ich ihm einen Teddybär. Fast sofort verschwand der Bär. Unsere Wohnung war klein, und es gab eigentlich kein Plätzchen, wo er hätte hingeraten können. Ich fürchtete schon, das Kind könnte das schreckliche Schicksal seiner Mutter geerbt haben. Gottseidank, es ist eine ganz normale Frau geworden.

Ich erinnere mich an die Szene mit dem Teddybär, als hätte sie sich gestern zugetragen. Ich war in die Küche gegangen, um Tee zu machen – Anna war keine sehr gute Hausfrau und ich mußte vieles selber tun. Ich hörte das Kind schreien. Ich ging zurück in das Wohnzimmer, und Anna stand dort, weiß im Gesicht. ›Der Teddybär ist fort‹, sagte sie. ›Der Teufel hat ihn ihr aus den Händchen gerissen.‹ Ich war wütend und schrie: ›Du bist eine Lügnerin! Du hast ihn aus dem Fenster geworfen.‹ Sie sagte: ›Schau aus dem Fenster.‹ Ich tat es, natürlich war der Teddybär nicht da. Wir lebten in einer guten Gegend. Man konnte Sachen tagelang draußen liegenlassen und niemand würde sie anrühren. ›Du hast ihn in den Abfalleimer geworfen!‹ brüllte ich. ›Geh und sieh im Abfalleimer nach‹, sagte sie. Ich nahm die ganze Wohnung auseinander, aber es war keine Spur des Teddybären zu finden. Selbst heute denke ich noch, daß Anna den Teddybär irgendwo versteckt haben muß – aber wo und aus welchem Grund? Anna weinte selten. Diesmal strömten ihr Tränen über die Wangen. Ich habe in all diesen Jahren niemals darüber gesprochen – die Leute würden mich für verrückt gehalten haben. Selbst als das geschah, was ich Ihnen jetzt berichten werde, habe ich niemandem die ganze Geschichte erzählt. Vor einiger Zeit erörterten Sie in einem Aufsatz den Fall eines Bauern, der vor den Augen von Frau und Kindern verschwunden war. Erinnern Sie sich an diesen Aufsatz?«

»Ja, ich erinnere mich. Ich las darüber in einer Zeitschrift und einer Reihe anderer Veröffentlichungen.«

»Wie hieß doch der Bauer? Wann geschah das?« fragte mich Sam Opal mit der Genugtuung des Lesers, der stolz darauf ist, daß er sich besser an das Geschriebene erinnert als der Schreiber selbst.

»Das habe ich wirklich vergessen.«

»Ich wußte, Sie würden sich nicht erinnern, aber ich erinnere mich. Der Name des Bauern war David Lang, und der Hof war ein paar Meilen entfernt von Gallatin in Tennessee. Ich erinnere mich sogar an das Datum – September 1890.«

»Sie haben ein erstaunliches Gedächtnis.«

»Ich erinnere mich, weil mich die Sache ungeheuer interessierte. Damals sagte ich mir, daß Sie der Einzige wären, der mich nicht für verrückt halten würde. Ich habe sogar versucht, dem Fall selbst nachzugehen und schrieb an den Bürgermeister von Gallatin. Ich bekam nie eine Antwort. Sie müssen wissen, daß genau das gleiche mit meiner Frau geschah«, sagte Sam Opal. »Sie verschwand am hellichten Tag hier in Manhattan. Ich war nicht dabei, denn ich hatte sie vor dem Fenster eines Schuhgeschäftes stehen lassen und war nachhause gegangen. Aber selbst wenn ich dagewesen wäre – es hätte keinen Unterschied gemacht. Sie kehrte nie wieder nachhause zurück. Ihre Zeitung berichtete über ihr Verschwinden und auch andere. Die New Yorker Polizei müßte ein Protokoll darüber haben – sie haben Protokolle über Tausende von verschwundenen Leuten. Für die ist das ein alltägliches Vorkommnis. Ihre Erklärung ist immer einfach: fortgelaufen, entführt. Seit kurzem benutzen sie auch das Wort ›Amnesie‹. Keine dieser Antworten paßt auf den Fall. Könnten Sie mir ein Glas Wasser spendieren?«

Ich ging an den Wasserhahn und brachte dem Mann einen Pappbecher mit Wasser. Alle Journalisten waren gegangen, selbst die Reporter, die in der Lokalredaktion arbeiteten. Freitags schloß die Druckerei etwas früher als an anderen Wochentagen. Sam Opal trank den Becher halb aus und fragte: »Haben Sie irgendwelche Einzelheiten über den Fall David Lang?«

»Nein, aber ich habe darüber in einer ganzen Reihe von okkulten Zeitschriften gelesen.«

»Wie legen die Psychologen ein solches Geschehnis aus?«

»Psychologen kümmern sich nicht um solche Sachen. Was man nicht erklären kann, wird für unwissenschaftlich gehalten.«

»Es geschah 1898, im Juni«, fuhr Sam Opal fort. »Unsere Tochter war schon etwas über drei Jahre alt. Ich habe einen wichtigen Punkt vergessen zu erwähnen. Anna hatte immer Angst, Natascha zu verlieren – so hieß unser kleines Mädchen. Anna war auf ihre Weise ein russischer Patriot, obgleich wir gar keinen Anlaß hatten, das zaristische Rußland zu lieben. Ja, sie fürchtete immer, das Kind könne verschwinden. Ich fürchtete es auch. Wenn es einem Teddybär zustoßen kann, warum nicht einem Kind? Anna ließ Natascha fast nie allein, und wenn sie unbedingt irgendwohin gehen mußte, dann nahm sie sie mit.

An jenem Tag war es kühl und regnerisch. Anna hatte beschlossen, Schuhe zu kaufen. Wir wollten in ein Hotel ins Gebirge fahren, in die Catskills, und sie brauchte ein Paar Sommerschuhe. Unsere Nachbarn hatten eine fünfzehnjährige Tochter. Dieses Mädchen liebte unsere kleine Natascha. Sie hieß Dorothy. Anna hatte großes Vertrauen zu Dorothy und sie ließ Natascha bei ihr. Annas schlechtem Englisch wegen begleitete ich sie. Sie betrat keinen Laden, ohne etwas zu kaufen, sie wollte den Besitzer nicht enttäuschen. Aber wenn es sich um Schuhe handelt, kann man nicht vorsichtig genug sein. Ich sollte aufpassen, daß sie keine Schuhe kaufte, die zu eng waren, oder ein Paar, das der Verkäufer los sein wollte. Wir wohnten an der Second Avenue Ecke Eighteenth Street, was damals als gute Gegend galt, und viele wohlhabende Leute waren dorthin gezogen. Zu jener Zeit war ich schon Zahntechniker. Es war ein neuer Beruf für Amerika und wurde gut bezahlt. Es gab viele Schuhgeschäfte in der Avenue und wir blieben vor den Schaufenstern stehen und gingen von einem zum andern. Nach einiger Zeit wurde mir die Sache zu viel. Ich hatte in meiner Wohnung ein Laboratorium und ich wollte zu meiner Arbeit zurückkehren. Anna hatte schon Strümpfe und Höschen für die Kleine gekauft, sie gab sie mir und sagte: ›Wenn ich hier nicht die Schuhe finde, die ich will, versuche ich es vielleicht in der Fifth Avenue.‹

Das waren die letzten Worte, die sie mit mir sprach. Dies war das letztemal, daß ich sie sah. Viele Stunden später ging ich zur Polizei. Es war Abend. Der irische Polizist betrachtete die ganze Sache als Scherz und riet mir, noch den späteren Abend abzuwarten oder den nächsten Tag. Gegen ein Uhr ging ich wieder auf die Polizeistation, und der Polizist, der Nachtdienst hatte, meinte, daß meine Frau wahrscheinlich bei ihrem Freund sei. Immerhin schrieb er alles auf und sagte mir, ich solle am nächsten Tag wiederkommen, falls sie nicht zurückgekommen sei. Tage und Wochen ging ich zur Polizei. Anna war verschwunden wie ein Stein im Wasser. Die Leute kamen mit all den Theorien, die man erwarten kann. Vielleicht hatte sie einen heimlichen Liebhaber. Vielleicht hatte sie ihren verlorenen Bräutigam, Wladimir Machtei, wiedergefunden, und die alte Liebe war neu entbrannt. Vielleicht hatte sie sich entschlossen, nach Rußland zurückzukehren und eine Bombe auf den Zaren zu werfen. Bei der Polizei hatte ich gehört, daß in Amerika nicht nur Männer, sondern auch Frauen davonliefen. Aber keiner der Fälle, die ich gehört hatte, war meinem vergleichbar. Anna hatte keine Liebhaber. Das Kind war ihr teuer. Wenn Wladimir Machtei wissen wollte, wo Anna sich aufhielt, hätte er an ihre Großmutter schreiben können. In all den Jahren, die wir in Amerika waren, hatte er kein Lebenszeichen gegeben. In meinem tiefsten Innern ahnte ich die tragische und unglaubliche Wahrheit: Anna war von Natur aus oder durch Bestimmung – nennen Sie es, wie Sie wollen – ein Wesen, das dazu geboren war, zu verlieren und verloren zu werden. Sie verlor ihr Geld, ihre Besitztümer, ihren Verlobten. Wäre sie nicht selbst verloren gegangen, hätte sie vielleicht auch das Kind verloren. Ich sage ›in meinem tiefsten Innern‹, denn mein Verstand würde etwas so Irrationales niemals annehmen. Was soll das heißen? Wie kann ein Ding Nichts werden? Die Pyramiden stehen seit sechstausend Jahren am gleichen Platz, und falls es nicht ein ungewöhnliches Erdbeben gibt, überdauern sie vielleicht noch weitere sechstausend oder sechzigtausend. Im British Museum und hier im Metropolitan Museum finden sie Mumien und Kunstgegenstände, die viele Jahrhunderte überstanden haben. Wenn die Materie sich in Nichts verwandeln kann, dann ist die ganze Natur ein böser Traum. Das sagt mir meine Logik. Im Falle des Bauern in Tennessee glaubten einige, daß die Erde sich geöffnet und ihn verschluckt habe, so wie es in der Bibel von der Rotte Korah heißt. Hätte sich aber die Erde an jenem Tag in der Second oder Fifth Avenue geöffnet, dann hätte sie mehr als nur Anna verschluckt.«

»Sie glauben also, daß ein Dämon oder mehrere sie holten?« fragte ich. »Nein, das glaube ich auch nicht.«

Lange saßen wir schweigend, dann fragte ich: »Haben Sie wieder geheiratet?«

»Nein. Ich hätte leicht geschieden werden können, aber ich blieb die ganzen Jahre allein. Das heißt, ich habe nicht geheiratet.«

»Warum nicht? Haben Sie Anna so sehr geliebt?«

»Das war nicht der Grund. Selbst die treuesten Männer und Frauen heiraten wieder nach dem Tod ihres Partners, aber was mir geschehen ist, hielt mich davon zurück. Ich hatte gehofft, lange genug zu leben, um des Rätsels Lösung zu finden, aber ich bin am Ende meines Weges angelangt und habe die Antwort nicht gefunden. Wer das erlebt hat, was ich erlebt habe, der kann keine Pläne mehr machen, kein Haus mehr bauen, sich nicht mehr an Menschen anschließen. Geistig bin auch ich verloren gegangen.«

»Es ist doch möglich, daß sie noch irgendwo lebt«, sagte ich.

»Wo? Eine Frau von achtzig Jahren oder mehr. Ja, möglich ist es. Irgendwie hatte ich gehofft, daß Sie mir eine Erklärung geben könnten. Ich wäre schon mit einer Theorie zufrieden, aber sie müßte vernünftig sein.«

»In der Genesis heißt es von Enoch: ›Gott nahm ihn hinweg, und ward nicht mehr gesehen.‹«

»Glauben Sie daran?«

»Ich weiß nicht, woran ich glauben soll.«

»Also, ich will Sie nicht länger aufhalten. Aber ich wüßte gern, was ein Wissenschaftler sagen würde, wenn ich ihm diese Geschichte aufzwingen würde? Er müßte irgendeine Lösung finden.«

»Er könnte sagen, daß Ihre Frau eine pathologische Lügnerin war, oder vielleicht geisteskrank.«

»Aber wo ist sie?«

»Im Hudson, im Meer, zurück in Rußland oder vielleicht hier mit Wladimir Machtei.«

Sam Opal stand von seinem Stuhl auf und ich stand auch auf. Eine Minute lang starrten wir einander an und keiner von uns sprach. Dann sagte ich: »Da ich kein Wissenschaftler bin, werde ich Ihnen meine eigene, unwissenschaftliche Theorie geben.«

»Und welche ist das?«

»Wladimir Machtei war der Dämon, der Annas Geld auf dem Schiff stahl, der kleinen Natascha den Teddybär fortnahm und später Anna entführte. Sie war von Anfang an mit einem Dämon verlobt.«
»Warum sollte der Dämon gerade sie ausgesucht haben?«
»Man sagt, daß sie von den Schüchternen und den Schönen angezogen werden.«
»Aber er hatte eine Tante in Poltawa.«
»Die Tante eines Dämons ist auch ein Dämon.«

# Der Dritte

Draußen herrschte drückende Hitze, aber in der Cafeteria war es kühl. Während des Tages, zwischen drei und fünf, war es hier fast leer. Ich setzte mich an einen Tisch an der Wand, trank Kaffee, aß langsam ein Stück Apfelkuchen und las in einer okkulten Zeitschrift. Unter den Briefen an die Redaktion war einer von einer Frau, deren Katze von einem Wagen überfahren worden war. Sie hatte sie beerdigt, aber jede Nacht kam die Katze sie besuchen. Die Frau gab ihren Namen an und ihre Adresse in einem Dorf in Texas. Ihr Brief klang aufrichtig, er war mit Sicherheit nicht erfunden. Aber gibt es den Astralleib wirklich? überlegte ich. Und gibt es ihn auch bei Tieren? Wenn dem so ist, mußte ich meine ganze Philosophie überprüfen.

Ehe ich so einen großen Auftrag übernahm, ging ich erst an die Theke und holte mir noch eine Tasse Kaffee. »Eine Wirklichkeit hat nichts mit der anderen zu tun«, sagte ich mir.

Ich sah mir die wenigen Leute an, die um mich herum saßen. Ein junger Mann in einem rosa Hemd studierte die Prognosen für ein Pferderennen und rauchte dabei eine Zigarette nach der anderen, sein Aschenbecher war bis obenhin mit Stummeln und Asche gefüllt. Zwei Tische weiter las ein Mädchen die ›Gesucht‹ Anzeigen in der Zeitung. Links neben der Tür saß ein großer Mann mit einem weißen Bart und langem weißem Haar – ein Überbleibsel des alten Amerika. Ich hatte ihn oft gesehen. Er sah arm aber sauber aus, und trug immer ein Buch bei sich. Ob er fromm war? Ob er ein Freidenker der alten Schule war, ein Pazifist, ein Vegetarier, ein Spiritist, ein Anarchist? Er hatte mich schon seit längerer Zeit interessiert, aber ich hatte mir nicht die Mühe gemacht, herauszufinden, wer er war.

Die Tür ging auf und jemand kam herein, den ich zwar erkannte, aber weder konnte ich mich an seinen Namen erinnern noch daran, wo ich ihn getroffen hatte. Er war ein kleiner Mann mit einer sandfarbenen Mähne. Sein Kopf war zu groß für seinen Körper. Er konnte ebenso gut vierzig wie fünfundfünfzig sein. Sein Gesicht war von verwelkter Hagerkeit. Er hatte hohe Backenknochen, eine lange Oberlippe und das winzige Kinn eines Säuglings. Er trug ein Sporthemd und Leinenhosen. Am Automaten zögerte er. Seine gelben Augen schossen von rechts nach links, als suche er jemanden. Dann sah er mich und sein Gesicht belebte sich. Er zog kräftig an dem Automaten und nahm den Bon heraus, der Automat klingelte laut. Er kam mit vorsichtigen Schritten auf meinen Tisch zu. Er trug Sandalen mit zwei Riemen. Er schien sich der New Yorker Hitze angepaßt zu haben, während ich einen Anzug, Hut und Schlips trug. Als er bei mir angelangt war, sagte er in dem vertrauten Polnisch-Jiddisch der Lubliner Gegend: »Was machen Sie hier mitten am Tag? Sich abkühlen? Kann ich mich zu Ihnen setzen? Darf ich Ihnen etwas holen?« Seine Stimme war leicht nasal.

»Danke. Nichts. Setzen Sie sich.«

»Sie haben mir einmal versprochen, mich anzurufen«, sagte er. »Aber so geht es hier in dieser Stadt – niemand hat Zeit oder Geduld. Sicher haben Sie meine Telefonnummer verloren. Es geht mir auch so – ich schreibe Adressen und Nummern auf, und sie verschwinden. Kommen Sie oft hierher? Früher war ich hier Stammgast, aber seit kurzem nicht mehr. Meine Frau hat mehrmals nach Ihnen gefragt. Wohnen Sie in der Nähe?«

Ehe ich antworten konnte, lief er mit kleinen schnellen Schritten zur Theke hinüber. »Wer ist er?« fragte ich mich. Eigentlich hatte ich gehofft, allein zu bleiben.

Er kam zurück mit einem Glas geeisten Kaffees und Blaubeerkuchen. »Ich wäre gern ins Kino gegangen«, sagte er,

»aber wer geht gern allein? Ich weiß nicht, was gegeben wird, aber vielleicht würden Sie mit mir kommen. Als mein Gast.«

»Danke, aber mir ist überhaupt nicht nach einem Film zumute.«

»Nein? Gewöhnlich gehe ich nicht ins Kino, wenn meine Frau mich nicht dazu zwingt, aber heute wäre ich bereit, ein paar Stunden dazusitzen und die Eintönigkeit des Alltags zu vergessen. Meistens sehe ich gar nicht auf die Leinwand. Ich lasse sie reden, schießen, singen oder was immer ihnen Spaß macht, ohne mich. Da man weiß, daß man an dem, was da oben vor sich geht, nichts ändern kann, wird man Fatalist. Manchmal denke ich, die Wirklichkeit ist nur ein anderer Film. Geht es Ihnen auch so?«

»Ja, aber in dem wirklichen Film spielen wir alle mit und haben alle eine Rolle und stehen vor der Wahl, sie gut zu spielen oder zu verspielen.«

»Sie glauben also an den freien Willen. Ich glaube nicht daran – absolut nicht. Wir sind Marionetten – das ist alles. Jemand zieht an einem Faden und wir tanzen. Ich bin ein überzeugter Determinist.«

»Trotzdem, wenn Sie über die Straße gehen und ein Auto kommt, dann rennen Sie.«

»Auch das ist vorbestimmt. Ich las einmal in der Zeitung, daß ein junger Mann und seine Freundin zu Abend aßen und sich dann zum russischen Roulette hinsetzten. Zwischen ja und nein erschoß er sich. Jeder will das Schicksal versuchen. Warum habe ich in der letzten Zeit Ihren Namen nicht mehr in der Zeitung gesehen?«

»Ich habe nichts anbringen können.«

»Aus dem Grund bin ich Hausbesitzer geworden, wenn man das so nennen kann. Ich habe ein Haus mit möblierten Zimmern gekauft und davon lebe ich. Manche Wochen geht es gut, manche schlechter, aber ich muß mir wenigstens nicht mehr die Ansichten der Redakteure anhören.

Die Leute zahlen im voraus. Alle Arten von Leuten. Der Mann mag ein Mörder sein, ein Dieb oder ein Zuhälter, aber er gibt mir die fünf Dollar und ich gebe ihm den Schlüssel. Heute hätte ich gern ein Zimmer auf ein paar Stunden für mich gehabt, aber es war alles besetzt. Man weiß das nie.« Er trank einen Schluck Kaffee, zog seine Augenbrauen hoch und sagte: »Sie wissen nicht, wer ich bin, nicht wahr?«

»Ich kenne Sie, aber ich muß gestehen, ich kann mich nicht an Ihren Namen erinnern. Das ist wie Gedächtnisschwund bei mir.«

»Ich habe es gleich gemerkt. Fingerbein – Selig Fingerbein. Das ist mein Schriftstellername. Niemand nennt mich mehr bei meinem richtigen Namen. Wir sind uns im Café Royal begegnet.«

»Natürlich. Jetzt weiß ich alles«, sagte ich. »Sie haben eine sehr hübsche Frau – Genia.«

»Sie erinnern sich also doch! Ich vergesse oft Gesichter und Begebenheiten. Früher schrieb ich Gedichte und veröffentlichte sie auch, aber wer braucht heute Gedichte? Sie sind überflüssige Ware. Und doch gibt es Gefühle, die nur ein Gedicht ausdrücken kann. Stellen Sie sich das Hohe Lied in irgendeiner anderen Form vor! Aber es ist veraltet: ›Liebe ist stark wie der Tod. Und ihr Eifer ist fest wie die Hölle.‹ Othello, ebenfalls. Eifersüchtig zu sein und jemanden zu erdrosseln ist heute nichts so Besonderes mehr. Wahre Liebe ist Vergeben. Der zivilisierte Mensch muß die allergrößte Kunst erlernen: die Eifersucht zu besiegen. Rauchen Sie?«

»Nein.«

»Warum nicht? Eine Zigarette hilft manchmal. Frauen mußten Generationen lang leiden – Vielweiberei, Harems, Männer, die aus den Kriegen mit Konkubinen heimkehrten. Jetzt werden die Männer sich fügen müssen. Frauen haben genau die gleichen Gelüste wie wir – vielleicht sogar noch

mehr. Lachen Sie mich nicht aus, aber die Unterwelt ist in diesen Dingen viel weiter als wir, obwohl die Europäer große Schritte vorwärts gemacht haben sollen, wie ich höre. Wenn der König von England seinen Thron aufgibt, um eine geschiedene Amerikanerin zu heiraten, so ist das nicht nur Stoff für Schlagzeilen, sondern auch symptomatisch für die neue Zeit und den neuen Menschen.«
Selig Fingerbein legte seine kleine Faust auf den Tisch. Er kostete den Blaubeerkuchen und schob den Teller zurück. Er fragte: »Haben Sie etwas Zeit?«
»Ja, ich habe Zeit.«
»Ich weiß, daß ich bereuen werde, was ich jetzt tue. Aber da ich nicht ins Kino gegangen bin und Sie hier getroffen habe, will ich Ihnen etwas erzählen, was mit Ihnen zu tun hat.«
»Mit mir? Wieso?«
»Eigentlich mit dem, was Sie schreiben – nicht mit Ihnen persönlich.«
Der kleine Mann, der sich Selig Fingerbein nannte, drehte seinen Kopf, als fürchte er, gehört zu werden. Seine gelben Augen beobachteten mich, halb lächelnd, halb fragend. Er sagte: »Niemand darf je erfahren, was ich Ihnen jetzt erzählen werde. Jeder muß einem Menschen etwas anvertrauen können. Wenn niemand Ihr Geheimnis kennt, dann ist es kein Geheimnis, sondern nur eine verborgene Sache. Es handelt sich um meine Frau. Zwischen uns besteht eine große Liebe. Als ich Junggeselle war, dachte ich immer, es könne keine Liebe geben zwischen den Leuten, die unter dem Hochzeitsbaldachin standen und ein Schlafzimmer teilten. Keine andere Einrichtung wird so viel belächelt und angespuckt wie die Ehe. Aber die meisten der Spötter gehen früher oder später zum Rabbiner oder zum Priester und knüpfen das Band. Geht eine Ehe schief, versuchen sie es ein zweites, drittes - ein fünftes Mal. Natürlich gibt es eine Menge alter Junggesellen und alter Jungfern, aber heiraten möchten sie alle. Sie suchen, bis sie sterben. Sie sagten eben,

meine Frau sei schön. Danke. Ich kann Ihnen nicht beschreiben, wie schön sie als Mädchen war. Wir sind beide aus Kielce. Wir gehörten der ›Zionistischen Jugend‹ an, so trafen wir uns. Alle jungen Männer waren in sie verliebt, manche ganz wahnsinnig. Ich bin äußerlich nichts besonderes als Mann – das kann man sehen –, aber ich war intelligenter als die anderen, und Genia und ich verliebten uns ineinander. Ich wollte nicht in der polnischen Armee dienen, so gingen wir 1924 nach Amerika, am gleichen Tag, an dem Amerika die freie Einwanderung abschaffte. Wir waren arm wie die Nacht, und Genia arbeitete in einem Laden, damit ich meine Gedichte kritzeln konnte. Sie glaubte, ich würde ein zweiter Slowacki oder Byron werden. Wie meine Mutter zu sagen pflegte: ›Wer denkt, macht sich zum Narren.‹ Ich muß Ihnen nicht sagen, was es heißt, in New York ein jiddischer Dichter zu sein. Unter diesen Umständen würde Lord Byron auch ein Hausbesitzer geworden sein.
Langsam verlor ich den Glauben an meine schöpferischen Kräfte. Aber unsere Liebe litt nicht darunter. Was eine Frau in einem Mann sieht und was ein Mann in einer Frau sieht, wird kein Dritter je ergründen. Der Tag mochte noch so schwer gewesen sein, unsere Abende waren immer Festtage. Ganz gleich, wo wir wohnten, in Broome Street, Ocean Avenue, Brighton Beach, unsere Wohnung war immer wunderschön. Wir hatten beide gern schöne Sachen um uns, und damals konnte man Antiquitäten in der Third Avenue für ein Butterbrot bekommen. Zu unserem Bedauern hatten wir keine Kinder. Ich wurde Lehrer für Jiddisch und verdiente anständig. Hie und da, wenn ein Redakteur irgendwo eine Lücke hatte, veröffentlichte er etwas von mir in seiner Zeitschrift. Genia wurde befördert in ihrem Laden. Wir gaben nicht alles aus, was wir verdienten. Im Sommer gingen wir in ein Hotel ins Gebirge, in die Catskills. Wir reisten in den Vereinigten Staaten.

Wir fuhren sogar nach Europa. Und trotzdem konnte ich mich nicht mit meinem Versagen als Dichter abfinden, und Genia litt darunter. Eines unserer wirklichen Vergnügen war Lesen. Ich liebte die Literatur und Genia konnte ohne Bücher nicht existieren. Im Anfang lasen wir Jiddisch und Polnisch, später, als wir die Sprache gelernt hatten, Englisch. Ich will nicht angeben, aber wir beide haben guten Geschmack. Sie erinnern sich an den Vorsänger, der sagte: ›Singen kann ich nicht, aber ich verstehe Singen.‹ Genias Geschmack ist noch besser als meiner. Es ist komisch, daß Leute, die dumm und taub sind, Kritiker und Professoren für Literatur werden können, während Genia, die das absolute Gehör für Worte hat, in einem Laden arbeitet. Na, das gehört alles zur Heuchelei dieser Welt. Überarbeitet haben wir uns nicht, weder Genia noch ich; ihr Job ließ ihr viel freie Zeit, und in einer jiddischen Schule ist auch nicht so viel zu tun. Wir luden Leute zum Abendessen ein; wir gaben kleine Gesellschaften, gewöhnlich für die wenigen gleichen Freunde. Aber am liebsten waren wir allein und oft dankten wir Gott, wenn die Gäste gegangen waren. Wie viele Paare führen so ein Leben?

Aber wie sehr ich auch meine Frau liebte, ich war anderen Frauen gegenüber nie gleichgültig. Ich muß Ihnen das nicht erklären. Wie kann der heutige Mensch sich gegen die Befriedigung seiner Gelüste wehren? Ich war nicht fromm, und selbst wenn ich es gewesen wäre, mehr als eine Frau zu besitzen, ist nach dem jüdischen Gesetz keine wirkliche Sünde. Das Verbot der Vielweiberei ist uns von den Christen aufgezwungen worden. Ich war vielleicht kein Byron, aber mein Appetit auf Frauen war so groß wie seiner. Sie kennen unser Milieu. Es gab immer Gelegenheiten. Ich war nie ernsthaft verstrickt, aber von Zeit zu Zeit schlief ich mit einer anderen Frau. Anfangs hielt ich es vor Genia geheim, aber Genias Instinkt ist stark – manchmal denke ich, sie kann Gedanken lesen. Als ich schließlich beichtete, machte sie nicht viel her damit. ›Tu, was du willst, aber komm zu mir zurück‹, sagte sie. ›Keine Frau kann dir das geben, was ich dir geben kann.‹ Typisch weibliches Gerede. Es wurde mir auch klar, daß meine sogenannten Abenteuer neues Verlangen in ihr weckten. Auch das ist nichts Neues.

So ging es eine ganze Reihe von Jahren. Wir verbrachten unsere Abende und Nächte im Gespräch – Phantasien, Tatsachen, was wir gelesen hatten. Wie die meisten Männer, wollte ich Freiheit, wenn es sich um andere Frauen handelte, und gleichzeitig wollte ich eine sittsame Frau. Anfangs hatte Genia gedroht, daß, wenn ich mir Freiheiten nähme, sie es auch tun würde. Aber die Zeit verging und alles blieb wie vorher. Von Natur aus ist Genia schüchtern – die Art Schüchternheit, die von Gott weiß wie vielen Großmüttern ererbt ist. Der Gedanke an einen anderen Mann machte sie schaudern, so sagte sie mir. ›Was wäre, wenn – ‹ war ein Spiel, das wir oft spielten. ›Stell dir vor, du wärst in dieser Situation, was würdest du tun?‹ Die Situationen fanden wir oft in Ihren Geschichten in den jiddischen Zeitungen. Ob Sie sich wohl klar darüber sind, wie weitgehend die Literatur das Leben beeinflußt? Wir haben uns wahrscheinlich mehr die Köpfe über Ihre Helden zerbrochen als Sie.

Ich könnte bis morgen mit Ihnen hier sitzen und hätte Ihnen noch kein Tausendstel von dem erzählt, was geschah. Aber ich werde mich kurz fassen. Genia kam allmählich zu der Ansicht, daß es keinen wesentlichen Unterschied gebe zwischen der männlichen und weiblichen Psychologie, sie sprach sogar davon, sich einen Mann zu suchen. Ich nahm es nicht ernst. Ihre Worte erregten mich und Anregung tut gut. Sie wollte wissen, wie ich es aufnehmen würde, wenn sie jemand kennen lernen sollte, der sie anzog und dem sie in einem leidenschaftlichen Augenblick nachgeben würde. Würde ich sie verlassen – sie nicht mehr lieben? Und täte ich das, wäre es nicht der Beweis, daß ich verschiedene Maßstäbe anlegte? Ich versicherte ihr, ich würde es nicht tun; was mir recht war, sollte ihr billig sein. Aber das wollte alles nichts heißen – Genia erhielt viele Anträge und sie sagte immer ›nein‹. Sie gestand mir, sie habe sich entschlossen, es mir gleich zu tun – einmal, wenigstens – nur um sich zu beweisen, daß sie eine moderne Frau sei und keine verschlafene Tante, die hinter dem Ofen saß.

Sie bekam einen regelrechten Komplex. Warum sollte sie nicht tun können, was Mme. Bovary, Anna Karenina, Ihre Hadassa und Clara getan haben? Die Mädchen in ihrem Laden prahlten mit ihren Erfolgen. Heutzutage muß der Teufel nicht sehr laut sprechen, um uns zu versuchen. Die neun Musen tun seine Arbeit. Und da war Genia und lief herum wie eine Art heilige Jungfrau. Sie fing an, über ihre Rückständigkeit in einem Jargon zu sprechen, den sie aus Büchern von Ärzten und Liebesexperten zusammengelesen hatte.

Lachen Sie nicht, aber Genia verlangte von mir, ich solle ihr helfen, einen Liebhaber zu finden. Ist das nicht verrückt? Sie sagte: ›Ich kann es nicht ohne dich. Finde du mir jemanden.‹ Sie wollte wenigstens einmal versuchen, was es heißt, ›fortschrittlich‹ zu sein. Eines Abends setzten wir uns hin und stellten tatsächlich eine Liste möglicher Kandidaten auf. Es war ein Spiel. Ich bin schon über fünfzig und Genia ist nicht viel jünger. Wir könnten Großeltern sein. Stattdessen saßen war da, mitten in der Nacht, und stellten Listen möglicher Liebhaber auf. Komisch, was?«

»So komisch auch wieder nicht.«

»Warten Sie. Ich hole mir einen Kaffee.«

Selig Fingerbein brachte zwei Tassen Kaffee, eine für sich, eine für mich. Er trank einen Schluck und sagte: »In den Büchern, die ich las, kam oft das Wort ›Hausfreund‹ vor.

Ich habe nie den Sinn dahinter verstanden. Warum sollte ein Mann seiner Frau gestatten, ihn zu betrügen? Warum läßt er ihn überhaupt in sein Haus? Ich hielt das für eine Erfindung der Romanschriftsteller und Dramatiker. In Kielce gab es so etwas nicht. Aber hier in Amerika habe ich erlebt, daß es das gibt – bei Schauspielern, Ärzten, Geschäftsleuten. Es gibt wirklich Männer, die sich mit dem Liebhaber ihrer Frau anfreunden. Sie essen zusammen, trinken zusammen und gehen zusammen ins Theater. Daß mir das einmal passieren könnte, war jenseits meiner wildesten Phantasien, aber jetzt habe ich einen Hausfreund und deshalb sitze ich hier mit Ihnen. Deshalb wollte ich ins Kino gehen. Wenn er kommt, gehe ich. Ich gehe sogar, bevor er kommt. Vielleicht ist er kein richtiger Hausfreund, aber er kommt ins Haus und ich weiß es.

Es begann folgendermaßen. Vor einigen Jahren tauchte ein Flüchtling aus Polen auf. Vielleicht kennen Sie ihn, deshalb werde ich nur seinen Vornamen nennen – Max. Angeblich war er ganz polonisiert, aber er sprach Jiddisch. Er ist Maler – das behauptet er jedenfalls. Er macht ein paar Kleckse auf eine Leinwand und das soll ein Sonnenuntergang in Zakopane oder ein Stierkampf in Mexiko sein. Die Hauptsache, die Leute kaufen es. Der moderne Käufer ist genau so ein Scharlatan wie der Verkäufer. Steht eine Gestalt auf ihren Füßen, ist es banal. Aber wenn Sie sie auf den Kopf stellen, dann ist es originell. Ich begegnete ihm im Café Royal. Er ist ein aalglatter Bursche, mit hungrigen Augen, die um Liebe und Freundschaft betteln – weiß der Teufel, was noch. Wir wurden miteinander bekanntgemacht und er stürzte sich auf mich, als sei ich sein seit langem verloren geglaubter Bruder. Sofort wollte er mein Portrait malen. Er erzählte mir, daß er in Kielce Familie hatte und es stellte sich heraus, daß ich ein entfernter Verwandter von ihm bin. Wenn Männer besonders freundlich zu mir sind, ist es meistens wegen Genia und sie machen auch kein Geheimnis daraus, aber Genia war nicht dabei, als ich Max kennenlernte, und als er sie schließlich sah, war er nicht beeindruckt. Genia war beleidigt. Sie ist nicht gewöhnt, von Männern ignoriert zu werden.

Max malte mein Portrait, und ich sah halb aus wie ein Affe, halb wie ein Krokodil. Das ist alles, was sie können. Es stellte sich heraus, daß er ein gerissener Geschäftsmann war. Er handelte mit Antiquitäten und Schmuck. Gestern war er erst in Amerika angekommen und schon kannte er alle Welt und alle Welt kannte ihn. Er bot uns Gelegenheitskäufe an: silberne Gewürzbüchsen, elfenbeinerne Torazeiger, Etrogdosen, Tabakdosen und sonst allerlei. Genia ist verrückt nach Nippsachen, und er verkaufte sie ungewöhnlich billig. Er brauchte Monate, um mein Bild fertig zu malen. Er sah mich mit schmachtenden Augen an, und bei jeder Gelegenheit berührte er mich. Einmal versuchte er, mich zu küssen. Ich war entsetzt. Nach einiger Zeit erklärte er mir geradeheraus, er liebe mich. Ich hätte mich übergeben können! Ich sagte zu ihm: ›Max, mach dich nicht lächerlich. Ich bin von dieser Art Verrücktheit so weit entfernt, wie der Himmel von der Hölle.‹ Er fing an zu seufzen wie ein verschmähter Liebhaber.

Ich erzählte Genia alles, und sie wußte nicht, ob sie lachen oder weinen sollte. Über so etwas liest man, aber wenn es einem selber begegnet, ist es unbegreiflich. Jetzt hatten wir ein neues Thema, über das wir uns am Abend unterhalten konnten. Genia war empört, daß ich für einen Mann anziehender war als sie. Ich entschloß mich, ihn loszuwerden, aber wie? Max ist nicht der Mensch, der einen losläßt. Er kam immer wieder zu uns und jedesmal brachte er ein Geschenk mit. Er kannte alle Leute vom Theater – vom Broadway, nicht nur vom Jiddischen Theater in der Second Avenue – und er bekam Karten für uns. Da saßen wir, zu dritt, in der ersten Reihe und sahen ein Stück, auf das wir sonst Monate hätten warten müssen. Er führte uns aus zu

Lindy und sonst überall hin. So wird man also ein Hausfreund, dachte ich. Im Theater versuchte er, meine Hand zu halten, aber ich sagte ihm, wenn er etwas derartiges noch einmal täte, wäre er bei mir unten durch. Die ganze Geschichte ekelte mich an.

Aber plötzlich entstand zwischen Genia und mir etwas wie ein Wettbewerb. Es machte mir fast Spaß. Da versuchte eine schöne Frau, die Aufmerksamkeit dieses Halunken zu erregen, und der gaffte mich an. Wenn Genia zu ihm sprach, tat er, als ob er sie nicht hörte; sagte ich die blödesten Dinge, schrie er vor Entzücken. Können Sie sich etwas Lächerlicheres vorstellen? Aber es wurde mir langsam klar, daß er unser Familienleben zerstörte. Jeden Abend dachten Genia und ich uns die verschiedensten Vorwände aus, um ihn aus unserem Leben verschwinden zu lassen. Wir faßten feste Entschlüsse. Am nächsten Tag rief Max an, um zu sagen, daß er ein Geschenk oder einen Gelegenheitskauf oder eine aufregende Geschichte hätte, die er uns erzählen müßte. Ehe ich noch nein sagen konnte, hatte Genia ihn schon zum Abendessen eingeladen. Später fand ich heraus, daß seine Antiquitäten aus einer Fabrik stammten, die Reproduktionen herstellte. Ich erfuhr auch, daß die meisten seiner Gemälde Kopien waren. Dieser Mann war durch und durch eine Fälschung.

Ich will es nicht in die Länge ziehen. Genia fing an, ihn alleine zu treffen. Sie hatte ihren ganztägigen Job aufgegeben und arbeitete nur zwei Tage in der Woche. In der Zwischenzeit hatte ich das Haus mit den möblierten Zimmern gekauft und das beschäftigte mich vollauf. Ich hatte keine Geduld mehr mit diesem Bluffer und seinen liebeskranken Blicken. Genia sagte immer noch schreckliche Dinge über ihn, aber offensichtlich wollte sie ihn mir wegstehlen. Er benahm sich tatsächlich wie eine Frau. Er klatschte, er liebte Spielereien, er trug Ringe mit Steinen an fast allen Fingern. Sein Haar war lang und glänzte von

Öl. Kleidung war seine idée fixe. Ich bin klein. nicht er, aber er trug Schuhe mit erhöhten Absätzen. Und seine Krawatten! Welche Frau konnte das aushalten? Sie werden denken, ich bin naiv, aber es kam mir wirklich nicht in den Sinn, daß Genia eine Affaire mit ihm haben könnte.«

»Eine Affaire? Obwohl er ein Homosexueller ist?« fragte ich.

»Weiß der Teufel, was er ist. Da alles andere bei ihm Schwindel ist, ist es das vielleicht auch. Möglicherweise hat er nur mit mir geflirtet, um an Genia heranzukommen. Er ist ein schlauer Fuchs. Langsam, während ich mich von ihm abwandte, wurden Genia und er dicke Freunde. Sie gingen zum Lunch und zum Abendessen; sie gingen ins Theater und ins Kino, zu Ausstellungen. Wenn ich protestierte, sagte Genia: ›Auf wen bist du eifersüchtig? Er interessiert sich mehr für dich als für mich.‹ Um die Wahrheit zu sagen, jedesmal, wenn sie ausgingen, wurde ich aufgefordert mitzukommen, aber ich lehnte immer ab. Genia schwor, daß er sie nie berührt hätte, und ich glaubte ihr. So ging es monatelang. Es ist erstaunlich, welcher Selbsttäuschungen man fähig ist. Außerdem hatte ich genug von all diesen Filmen, Theatern und Gelegenheitskäufen. Die Wohnung mußte gestrichen werden und wo sollten wir all den Trödel hintun? Millionen Dinge sind erfunden worden, aber noch niemand hat etwas erfunden, um die Katastrophe des Streichens einer Wohnung zu verhindern. Plötzlich wird dein ganzes Hab und Gut ausgeräumt. Die Bilder werden von den Wänden genommen. Bücherhaufen liegen auf dem Boden. Man ist ein Fremder in seinem eigenem Haus. Der Gestank der Farbe macht einem übel. Man erkennt die bittere Wahrheit: ein Heim ist, wie alles andere, nur eine Illusion.

Allmählich bemerkte ich, daß alles auseinanderfiel, und eines Abends gestand mir Genia, daß sie ein Verhältnis mit ihm hatte.«

Selig Fingerbein trank seinen kalten Kaffee in einem Zug aus. Er sah mich vorwurfsvoll an. »Warum sind Sie so entsetzt? Sie schreiben wie ein moderner Mensch, und dann sitzen Sie da mit Ihren alten Moralbegriffen und Vorurteilen. Ich hatte sie früher auch, aber ich habe mich davon freigemacht. Man kann eine moderne Frau nicht dazu verurteilen, ihr ganzes Leben mit dem gleichen Mann zu leben und wenn sie ihn noch so sehr anbetet. Es gibt keine zurückhaltendere Frau als Genia, aber sie lebt im zwanzigsten Jahrhundert, und Sie können nicht von ihr verlangen, daß sie Selig Fingerbein für den einzigen Mann in New York hält. Trotzdem, als mir Genia von ihrem Verhältnis berichtete, machte es mich krank. Mein ganzes Leben schien mir zerstört. Wenn ich gekonnt hätte, ich hätte sie vor das Sanhedrin geschleppt und sie steinigen lassen – wie es in alten Zeiten geschah. Aber in New York gibt es kein Sanhedrin. Ich hätte meine Sachen packen können und gehen – aber wohin hätte ich gehen sollen? Und zu wem hätte ich gehen sollen? Am Abend, als sie es mir erzählt hatte, lag ich mit Genia im Bett und sie weinte wie ein kleines Mädchen. ›Was soll ich tun? Wenn du bereit bist, zu sterben, dann will ich mit dir sterben – nur um dir zu zeigen, daß ich zu dir gehöre und zu niemandem sonst.‹ Sie jammerte und zitterte, daß das Bett bebte, und ich – Sie können mich einen Idioten nennen – ich tröstete sie. Ich sagte ihr, es sei keine Tragödie, aber dabei klapperten mir die Zähne.

An jenem Abend schworen wir, daß unsere Verbindung mit Max aus und vorbei sei, aber ich wußte, es war nicht so. Die Schöpfer der Religionen kannten Gott nicht, aber die menschliche Natur kannten sie. In den ›Sprüchen der Väter‹ heißt es, daß eine Sünde eine andere nach sich zieht. Ein Schritt vom Wege der Tugend, und alle Tabus sind gebrochen.

Sie schreiben über Religion, Ehe und Sex. Sie scheinen den

modernen Menschen mit all seinen Verwickelungen und Irrtümern zu verstehen. Aber Sie können auch nicht mehr tun als kritisieren, den Weg zurück zum Glauben zeigen auch Sie nicht. Ohne die Frömmigkeit unserer Eltern und Großeltern ist es uns unmöglich, uns so zu benehmen, wie sie es taten. Ich will Ihnen etwas sagen, obwohl ich mich schäme, es zu gestehen. An jenem Abend schlief Genia schließlich ein, nachdem sie ein paar Tabletten genommen hatte, aber ich konnte überhaupt nicht schlafen. Ich zog meinen Schlafrock an und meine Hausschuhe und ging in meine Bibliothek. Ich sah die Bücher an und wußte, kein einziges konnte mir die Richtung weisen. Was können Tolstoj oder Dickens oder Balzac einen lehren? Sie hatten Talent, aber sie waren ebenso verwirrt wie wir. Plötzlich sah ich einen Band des Talmud und ich dachte, da mich die Weltlichkeit so im Stich gelassen hat, sollte ich vielleicht zu Gott zurückkehren. Ich nahm das Traktat Beza heraus, schlug es auf und fing an, wie in alten Zeiten zu murmeln: ›Wenn ein Ei an einem Feiertag gelegt wurde, so sagt die Schule des Schammaj: das Ei darf gegessen werden. Und die Schule von Hillel sagt: es darf nicht gegessen werden.‹ Eine gute halbe Stunde lang nickte und murmelte ich wie ein Jeschiwaschüler. Anfangs war es wie süßes Heimweh, aber je länger es dauerte, desto schwerer wurde mir zumute. So lange man daran glaubte, daß diese Gesetze Moses auf dem Berge Sinai gegeben wurden, ergab alles einen Sinn. Ohne diesen Glauben war alles nur pure Scholastik. Ich wurde müde und ging zu Genia zurück. Wir schlafen in einem Bett. An diesem Abend kam ich zu dem Schluß, daß der Mann den stärksten Instinkt in sich abtöten muß: eine Frau zu besitzen als Teil seines Eigentums. Wenn es einen Gott gibt, vielleicht führt Er uns in diese Richtung.«

»Und was geschah dann?«

»Es gab kein ›dann‹. Genia hatte versprochen, obwohl ich es nicht von ihr verlangt hatte, daß sie Max nicht wieder-

sehen würde. Aber sie trifft ihn immer noch. Ihre Arbeit hat sie ganz aufgegeben. Sie braucht es nicht mehr, und ich kann ja nicht den ganzen Tag und die ganze Nacht mit ihr zusammen sein. Seit einiger Zeit habe ich mit allem die Geduld verloren: mit Genias Schuld und mit dem, was wir Kultur nennen. Ich kann aus den Stücken, die am Broadway gespielt werden, und aus Picassos Bildern keinen Fetisch machen. Selbst gute Literatur interessiert mich nicht mehr. Die Wand, die die Welt von der Unterwelt trennt, ist zu dünn geworden. Der Richter, der Anwalt und der Mörder hegen alle die gleichen Ideen, lesen die gleichen Bücher, besuchen die gleichen Nachtklubs, reden das gleiche Kauderwelsch. Wir kehren zur Höhle zurück, auch wenn es eine Höhle mit Telefon, Elektrizität und Fernsehen ist. Früher glaubte ich, Genia durch und durch zu kennen, aber seit diese Mißgeburt in unser Haus eingedrungen ist, entdecke ich immer neue Züge an ihr. Selbst ihre Stimme ist nicht mehr die gleiche. Was Max angeht, so kann ich ihn nicht einmal hassen, was mich wirklich überrascht. Ich weiß nicht, was er ist, und es ist mir auch gleich. Ich weiß nur, daß er dasselbe will, wie wir alle – so viel Vergnügen als möglich, ehe wir auf ewig verschwinden.«
»Er ist also kein Homosexueller?«
»Weiß der Teufel, was er ist! Vielleicht sind wir alle Homosexuelle. Ich habe vergessen, Ihnen das Wichtigste zu sagen: Genia geht seit einiger Zeit zu einem Psychoanalytiker. Max geht seit Jahren zu ihm. Sie wollten mich auch zu einem Mitglied ihres Klubs machen, aber ich ziehe es vor, über das Ei nachzudenken, das an einem Feiertag gelegt wurde.«
Ich hatte nicht bemerkt, daß die Cafeteria sich gefüllt hatte. Ich sagte zu Selig: »Gehen wir. Man wird uns sonst rauswerfen.«
Wir traten auf den Broadway, und die Glut eines Hochofens schlug mir entgegen. Es war noch Tag, aber die

Neonlichter brannten schon und kündigten in feuriger Sprache den Segen an, den Pepsi-Cola, Bonds Anzüge, Camel Zigaretten und Wrigleys Kaugummi über uns bringen würden. Lauwarmer Gestank stieg aus den Untergrundbahnrosten auf. Über einem Kino hing, vier Stockwerke hoch, das Plakat einer halbnackten Frau, von Scheinwerfern angestrahlt – mit zerzaustem Haar, wilden Augen, gespreizten Beinen, eine Pistole in jeder Hand. Um ihre Taille trug sie eine Schärpe mit Fransen, die ihre Geschlechtsteile bedeckte. Eine Menschenmenge hatte sich angesammelt und starrte sie an. Männer machten Witze, Frauen kicherten. Ich sah Selig an. Die eine Hälfte seines Gesichts war grün, die andere rot – wie ein modernes Bild. Er starrte sie an, bewegte seine Lippen, ein Auge lachte, das andere weinte. Ich sagte zu ihm: »Wenn es keinen Gott gibt, dann ist sie unser Gott.«

Selig Fingerbein zitterte, als sei er aus einem Trancezustand aufgewacht. »Was *die* verspricht, kann sie auch liefern.«

# Ihr Sohn

Ich war noch nicht lange in New York, als mich eines Tages ein Dichter zum Essen in Sholums Café einlud. Er genoß unter den jiddischen Schriftstellern den Ruf eines Gecken, Zynikers und Schürzenjägers. Seine Frau war so fett, daß sie kaum durch eine Tür ging – jedenfalls hatte man mir so etwas erzählt. Sie aß aus Kummer über die Liebschaften ihres Mannes. Er war schon nahe an siebzig, aber sein Haar war noch immer goldblond. Er hatte blaue Augen, eine hohe Stirn, und eine Nase und ein Kinn, die ihm einen welterfahrenen Ausdruck gaben. Sein Anzug war nach englischem Schnitt und er rauchte eine Havannazigarre. Sein Hemd war rot und grau gestreift, seine Krawatte goldbestickt. Er trug einen Diamantring und Manschettenknöpfe mit Monogramm. Es fiel mir auf, daß er Oscar Wilde ähnelte. Er schrieb auch wie Wilde – paradoxe Bemerkungen und Aphorismen. Ich war neunundzwanzig Jahre alt, soeben aus Warschau angekommen, und er sprach zu mir wie ein älterer Schriftsteller zu einem Anfänger, indem er seinen Rat anbot.

Er sagte: »Sie sehen aus wie ein Talmudschüler, aber an der Art, wie Sie schreiben, kann ich erkennen, daß Sie über Frauen Bescheid wissen.«

Die Tür des Cafés öffnete sich, ein Mann mit einem zerbeulten Hut trat ein. Sein Gesicht war blaß, unrasiert; seine Augen waren blutunterlaufen, schläfrig und voll der Schwermut der Verzagten. Er kam geradeswegs an unseren Tisch. Wortlos griff mein Gastgeber – ich will ihn Max Blender nennen – in die Tasche, zog einen Scheck heraus und überreichte ihn dem Neuankömmling. »Na, Bill, sehen Sie jetzt schon, wie es weitergeht?« fragte er.

»Es wird alles immer nur schlimmer«, murmelte der Mann.

»Und das Darlehen hat nicht geholfen?«
»Mir kann nichts mehr helfen.« Er sprach Jiddisch mit amerikanischem Akzent. Obgleich seine Stimme leise klang. hörte sie sich doch an wie ein gedämpfter Schrei. Bitterkeit lag um seine Lippen. Eine Schulter war höher als die andere. Der billige Schlips, den er trug, saß schief. An seinem Mantel fehlte ein Knopf. Von weitem schien er in den Fünfzigern zu sein, aber in der Nähe sah ich, daß er viel jünger war. »Also, ich gehe wieder«, sagte er.
»Vielleicht trinken Sie ein Glas Kaffee mit uns? Dieser junge Mann hier –«
»Ich muß gehen!«
»Wohin?«
»Jemandem in den Hintern kriechen, damit ich hundert Dollar für die Hypothekenzinsen leihen kann. Wenn ich sie nicht bekomme, werde ich das Haus verlieren und mit meiner Familie auf der Straße liegen.«
Max Bender biß sich auf die Unterlippe. »Warten Sie. Ich gebe Ihnen die hundert Dollar, und Sie brauchen niemandem in den Hintern zu kriechen.«
»Mir ist alles gleich.«
Max Bender öffnete seine Brieftasche und zählte hundert Dollar ab. Er schüttelte den Kopf und blinzelte mir zu. Bill raffte das Geld zusammen, murmelte irgendetwas, das ein Gruß gewesen sein mochte, und ging. Auf mich warf er keinen Blick.
»Wohl ein Verwandter, was?« sagte ich.
Max Bender lächelte und zeigte dabei ein falsches Gebiß. »Ein Sohn, aber nicht meiner. Er hat mich als seinen Vater adoptiert und er hat auch ein Recht darauf. Aber woher wußte er, daß er dieses Recht besaß? Ich werde Ihnen die Geschichte erzählen, wenn Sie wollen. Ich schwöre beim Barte des Asmodi, daß ich sie noch nie erzählt habe. Ich wollte immer einmal darüber schreiben, aber ich bin ein Dichter, kein Prosaschriftsteller. Warten Sie, ich bestelle

noch eine Portion Blintzes. Lassen Sie uns den Tag gemeinsam verbringen.«

»Es wird mir ein Vergnügen sein.«

»Lassen Sie mich nur noch anzünden.« Er nahm eine Zigarre und rollte sie zwischen seinen Fingern.

»Ich mache es so kurz wie möglich«, sagte er. »Ich hatte vor vierzig Jahren eine Geliebte, die größte Liebe meines Lebens. Sie ist nun schon siebenunddreißig Jahre tot, aber es vergeht kein Tag, ohne daß ich an sie denke. Man könnte sagen, keine Stunde. Ich hatte andere große Liebschaften. Selbst heute stecke ich noch bis hierhin in Dummheiten mit Weibern« – er hielt einen Finger an die Kehle – »aber keine ist ihr vergleichbar und keine wird es je sein. Sie war verheiratet, natürlich, was sonst? Und sie hatte nicht nur einen Ehemann, sondern einen Ehemann, der sie auch noch mit wilder Leidenschaft liebte. Und sie haßte ihn ebenso glühend, wie er sie liebte. Ihr Name war Sonja, der gewöhnlichste Name, den ein russisches Mädchen haben kann. Sie hatte nichts besonderes an sich, die üblichen dunklen Augen, schwarze Zöpfe, alles Drum und Dran, wie man es in jiddischen Romanen lesen kann. Aber als ich sie im ›Verein ehemaliger Szydlower‹ traf – die Familie meiner Mutter kam aus Szydlow – und ein paar Minuten mit ihr gesprochen hatte, verliebte ich mich hoffnungslos in sie, und, glauben Sie mir, hoffnungslos ist keine Übertreibung. Ich brannte an allen Gliedern und dazu merkte ich noch, daß es ihr ebenso ging. Tödliche Angst befiel uns, vor einander und vor dem, was sich anbahnte. Ihr Mann saß da oben auf dem Podium – er war der Vorsitzende des Vereins – und schlug mit einem kleinen Hammer auf den Tisch, um die Leute zur Ruhe zu mahnen. Ich vergaß, Ihnen das Wichtigste zu sagen: sie war zwölf Jahre älter als ich und hatte vier Kinder. Alles Mädchen. Sie lebten an der Avenue C, im Süden der Stadt, und er war, Gott sei gepriesen, Handlungsreisender. Er verkaufte Textilien und mußte oft nach Fall River in Massachusetts fahren, das ist das Lodz von Amerika. Sein Name war Chaskell Wallach.

Sonja hatte etwas von einer Intellektuellen. Sie hatte Arcybaševs ›Sanin‹ gelesen und konnte ganze Seiten aus ›Eugen Onegin‹ auswendig. Sie hatte auch versucht, Gedichte auf Jiddisch zu schreiben. Wenn ihr Mann unterwegs war, ging sie in die Oper. Sie las sozialistische Broschüren. Chaskell Wallach haßte und bewunderte zugleich ihre Vornehmheit. Er hatte eine riesige Nase, die vorstehenden Augen eines Golem und die Stimme eines Stiers. Er konnte nicht sprechen, nur brüllen. Sonja erzählte mir, noch im Bett schreie er mit ihr. Er hatte den dummen Ehrgeiz gehabt, Präsident des ›Vereines ehemaliger Szydlower‹ zu werden. Auf den Sitzungen wurde nur über eine Sache gesprochen – den Friedhof. Er nahm an dem Begräbnis jedes verstorbenen Mitglieds teil. Diesem Grobian hatte der Tod Gelegenheit gegeben, Vereinspräsident zu werden und sich mit Knisches vollzustopfen und Likör zu trinken auf Kosten des Vereins.

Er verstand von Sex und Liebe so viel wie ein Eunuch. Nach einiger Zeit gestand mir Sonja, daß in all den Jahren, die sie zusammen waren, er sie nie befriedigt hatte. Bald nach der Hochzeit fing sie an, von Liebhabern zu träumen, aber im Grunde ihres Herzens war sie eine kleinstädtische, zurückhaltende Frau, wenn sie auch in Augenblicken der Leidenschaft Worte hervorstoßen konnte, die den Marquis de Sade überrascht hätten.

Unsere Affaire begann beim allerersten Treffen. Sonja sagte, ihr sei heiß, und ich lud sie zu einem Eis in der Houston Street ein. Auf der Treppe küßten und bissen wir uns wie zwei Wahnsinnige und bis wir in der Eisdiele anlangten, hatten wir verabredet, nach Kalifornien oder Europa auszureißen.

Es gibt Feuer, die plötzlich ausbrechen. Vielleicht haben

Sie von dem Feuer im Triangle Gebäude gehört? In ein paar Minuten verbrannten dort Dutzende, vielleicht sogar Hunderte von Fabrikarbeiterinnen. Steht ein solches Unheil ins Haus, muß man es nicht erst anfachen.
Ich bin kein Wissenschaftler, aber ich habe ein wenig Naturwissenschaft studiert. Ich kenne die Theorien und all das Gerede über Evolution. Das ist ein einziger großer Schwindel. Das Weltall entstand in einer Sekunde. Gott selbst, wenn es Ihn gibt, war einfach da. Vorher gab es nur das Nichts. Ganz plötzlich war alles da – Gott, die Welt, Leben, Liebe, Tod. Oh, hier kommen unsere Blintzes.«
»Die Blintzes erschienen nicht so urplötzlich«, bemerkte ich.
»Hier in Sholums Café? Wenn dieser Koch Gott wäre, hielten wir immer noch bei der Schöpfung.«

Wir aßen unsere Blintzes und Max Blender fuhr fort. »All das Gerede über das Ausreißen führte zu nichts. Eine Mutter von vier Kindern läuft nicht einfach davon. Das alte Spiel des Betrugs begann. Wenn Chaskell unterwegs war, konnte uns nichts zurückhalten. Sie traf mich in einem Hotel oder einem möblierten Zimmer, das ich gemietet hatte. Ich war damals verheiratet, aber wir hatten keine Kinder. War ihr Mann in der Stadt, dann wurde es schwierig. Er ließ sie nicht einen Augenblick allein. Er konnte weder schreiben noch rechnen, und sie war seine Sekretärin. Außerdem bestand er darauf, daß sie seine Lieblingsgerichte kochte – gefüllte Kischkes, fette Suppen, und weiß der Teufel was noch. Sie schlich sich manchmal auf eine Stunde fort und wir fielen hungrig übereinander her. Sie erzählte die erstaunlichsten Geschichten, hatte im Wachen phantastische Träume und Visionen – oder wie soll ich es nennen? Was mich angeht, ich wurde in ihrer Nähe ein wahrer Riese. Die gewöhnlichen Liebesgeschichten kühlen

sich mit der Zeit ab, aber die unsere wuchs mit den Jahren und so etwas nimmt kein gutes Ende.
Meine Frau entdeckte, daß ich eine andere liebte – mit meinen kleineren Affairen hatte sie sich abgefunden – und sie benutzte jedes Mittel, das einer Frau zur Verfügung steht, um mich von Sonja zu trennen. Sie nahm sogar die Tochter ihrer Schwester ins Haus – ein Mädchen von neunzehn Jahren – und versuchte, sie für mich zu verführen. Hätte ich es nicht erlebt, ich würde nicht glauben, wie weit eine eifersüchtige Frau gehen kann. Sie drohte sogar, mich zu betrügen, aber wer betrügt, droht nicht. Sie gehörte zu den Frauen, die nur *einen* Mann wollen. Ob das biologisch oder eine Art Selbsthypnose ist, kann ich nicht sagen. Hypnose selbst ist ja biologisch. Die ganze Geschichte der Menschheit ist eine Geschichte der Hypnose.
Um es kurz zu machen: Sonjas Mann kam dahinter. Als ich das erfuhr, erschrak ich zutode. Er hätte mich mit einem Schlag niederstrecken können. Er hatte ein Paar Pranken wie ein Kutscher. Ich bin kein Held und es war nie mein Ideal gewesen, für ein romantisches Abenteuer mein Leben zu lassen. Aus lauter Furcht verließ ich vorübergehend die Stadt.
Sonja rief mich an, um mir zu berichten, welchen Kummer er ihr machte. Er zerschlug das ganze Geschirr. Er schlug sie. Er hielt die Kinder in Angst und Schrecken. Er erzählte den Mitgliedern des Vereins alles über uns. Aber aus einem mir ganz unverständlichen Grunde, versuchte er nicht, sich an mir zu rächen. Er rief nicht einmal meine Frau an, was das mindeste ist, was man erwarten kann. Vielleicht hielt er alle Schriftsteller für Scharlatane, zu tief unter ihm, sie ernst zu nehmen. Wie auch immer, niemand weiß, was im Gehirn eines anderen vor sich geht. Jemand, der so viel durchgemacht hat wie ich, weiß aber, daß Psychologie keine Wissenschaft ist und nie eine sein wird.

Er benutzte eine andere Methode – er schwängerte Sonja, damit sie keine Zeit für Liebesgeschichten hätte. Nach der Geburt der vierten Tochter hatten sie eine Art Geburtenverhütung praktiziert. Aber jetzt bestand er darauf, daß sie noch ein Kind bekäme. Sonja war in den Vierzigern und glaubte nicht mehr an eine mögliche Schwangerschaft. Aber es passierte und Sonja gebar den Burschen, den Sie gerade hier gesehen haben. Er ist ihr Sohn. Ich weiß, was Sie denken. Nein, er ist nicht mein Sohn. Er sieht aus wie sein Vater, obwohl der ein Kraftmeier war und er ein Schwächling ist. Übrigens, ich vermute, daß ich steril bin. Wie dem auch sei, Sonja wurde schwanger und es war die schwerste Schwangerschaft, die ich je gesehen habe. Als sie im fünften Monat war, sah sie aus wie im neunten. Sie wurde gelb, als hätte sie Gelbsucht. Er hatte sie physisch und seelisch vergewaltigt. Wir waren beide sicher, daß sie im Wochenbett sterben würde. Die wenigen Male, die wir uns trafen, sprach sie nur vom Tod. Ich mußte ihr versprechen, daß ich mich neben ihr beerdigen ließe, wenn meine Zeit gekommen sei. Unglücklicherweise läßt sich das nicht machen. Chaskell liegt schon neben ihr. Und der Friedhof ist so voll mit den ›Landsleit‹ aus Szydlow, daß ich mich wo anders werde beerdigen lassen müssen.
Nein, sie starb nicht bei der Geburt. Sie lebte noch fast zwei Jahre, aber sie waren ein langsames Sterben. Ihr Mann schwängerte sie nochmals und dieses Mal hatte sie eine Fehlgeburt. Keine Einzelheiten. Von dem Tage an, als ich von ihrer Schwangerschaft erfuhr, hörte jede körperliche Beziehung zwischen uns auf. Wir hatten weder den Wunsch danach, noch die Gelegenheit. Ich war an ihrem Tode schuld, und das Schuldgefühl war zu stark, um Raum für andere Gefühle zu lassen. Ich fürchtete auch, mein eigenes Ende sei nahe. Ich besuchte Sonja auf dem Sterbebett und sie sagte zu mir: ›Verlaß Welwel nicht.‹

Welwel ist der Name, den sein Vater dem Knaben gegeben hatte. Später wurde aus Welwel Bill.
Ich mochte den Knaben nie. Erstens war er an Sonjas Tod schuld, obwohl er nichts dafür konnte. Zweitens hatte er etwas vom Charakter seines Vaters, wenn auch nicht dessen Stärke. Ein Jahr nach Sonjas Tod heiratete Chaskell wieder und zog nach Brooklyn. Nachdem Jahre bitterster Reue für mich vergangen waren, kehrte das alte Feuer zurück. Aber ich konnte nicht mit Frauen zusammensein, ohne mir Sonja vorzustellen, ohne mich zu der Vorstellung zu zwingen, sie alle seien Sonja. In solchen intimen Augenblicken nannte ich jede Frau Sonja. Jahrelang litt ich an Halluzinationen. Ich sah Sonja auf der Straße, in der Untergrundbahn. Einmal sah ich sie im Central Park. Ich hatte vergessen, daß sie tot war und sprach zu ihr. Sie löste sich vor meinen Augen auf. Sonja hatte mir einen Packen Gedichte, an mich gerichtet, hinterlassen. Ich muß Ihnen nicht erklären, daß diese keine Gedichte im herkömmlichen Sinne waren. Aber sie waren von höchster Aufrichtigkeit und dadurch von echter Kraft. Völlige Aufrichtigkeit ist mit den Kräften der Natur verbunden.
Ich lese diese Gedichte noch heute. Ich kann sie auswendig. Einige sind über diesen Welwel, den sie Benjamin und Benoni nannte, nach dem Sohn der Mutter Rahel. Sonja liebte die Heilige Schrift. Sie besaß eine jiddische Bibelübersetzung, die von den christlichen Missionaren herausgegeben war. In ihren Gedichten nennt sie ihn ›Dein Sohn‹, denn ich war der Grund, daß er auf die Welt kam. Es ist eine Art geistiger Vaterschaft.
Jahre vergingen, ohne daß ich mit Sonjas Kindern in Berührung kam. Zu ihren Lebzeiten sagte sie mir, daß die Mädchen mich verfluchten – wenigstens die beiden älteren. Chaskell hatte seinen Kindern die Augen geöffnet und Haß gegen mich in ihre Herzen gesät. Meinetwegen hatten sie eine Stiefmutter! Diese romantischen Lieben, die die

Dichter so überschwenglich preisen, können in Wirklichkeit Leben zerstören. Unsere frommen Großeltern betrachteten, was wir Liebe nennen, als Verbrechen, und so ist es auch. Wenn diese Art von Liebe wirklich eine Tugend wäre, so würden die heutigen Menschen sie nicht so vergöttern. Sie ist das Gegenteil des freien Willens – die äußerste Form der Hypnose und des Fatalismus. Unsere gottesfürchtigen Mütter und Väter lebten ohne diese Sklaverei ein sittsames Leben, und glauben Sie mir, sie waren hilfsbereiter zu einander als die in Liebesgeschichten Verstrickten. Und das gilt auch für mich. Die Liebe unserer Zeit ist nur zu oft Verrat und Treubruch. Und Haß dazu.

Ja, so vergingen Jahre und ich hörte nichts von Chaskell. Er war mehr als zwanzig Jahre älter als ich. Dann hörte ich, er sei gestorben – wahrscheinlich hatte er sich überfressen. Eines Tages läutete das Telephon. Es war sein Sohn. Er sagte: ›Mein Name ist Bill – Welwel. Ich bin Sonjas Sohn.‹ Seine Stimme mißfiel mir. Schon damals hörte ich den Vorwurf im Ton. Trotzdem verabredete ich mich mit ihm. Drei seiner Schwestern hatten geheiratet, berichtete er. Die jüngste war nach England gegangen. Nach Chaskells Tod hatte sich die Familie aufgelöst, wie es so geht. Bill sagte einen ganzen Katalog des Jammers her. Sein Vater hatte ihn drangsaliert. Die Schwestern verzogen und haßten ihn zugleich. Die Schule hatte er nicht abgeschlossen. Er hatte viele Stellungen gehabt und war um alle betrogen worden. Er brauchte Geld. Er blickte mich an, wie ein Sohn den ihm entfremdeten Vater. Er bat nicht, er verlangte. Alles an ihm ärgerte mich und am liebsten hätte ich gesagt: ›Ich schulde Ihnen nichts, scheren Sie sich davon.‹ Stattdessen gab ich ihm alles, was ich hatte. Er nahm es und bedankte sich nicht einmal. Nachdem er gegangen war, schwor ich mir, diese elende Kreatur nie wiederzusehen. Aber ich wußte, daß ich ihm gegenüber hilflos war. Ich schuldete ihm etwas, das ich niemals zurückzahlen konnte.«

Max Blender hielt einen Augenblick inne, um mehr Kaffee zu bestellen. »Ich habe viele Nichtsnutze in meinem Leben gesehen«, fuhr er fort, »aber einen größeren Schlemihl als diesen Bill gibt es in der ganzen Welt nicht. Er fing alles verkehrt an. Er wollte nichts lernen, er wollte keine Ausbildung, er eignete sich nicht fürs Geschäftsleben. Was immer er versuchte, es ging schief. Wie das Sprichwort sagt: ›Wenn er mit Leichentüchern handelt, stirbt niemand.‹ Manchmal macht so jemand noch eine gute Partie und heiratet eine tüchtige Frau, die ihm hilft. Aber er heiratete ein faules Mädchen – einen richtigen Klumpen – und sofort begann sie, ihn mit Kindern zu überschütten. Kinder werden mal krank, Erwachsene auch, aber sein Haus war wie ein Krankenhaus. Das halbe Einkommen ging für Ärzte und Medizin drauf. Auch sonst hatte er viel Pech. Einmal brach Feuer aus. Ein andermal gab es einen Rohrbruch und die Decke stürzte ein. Bei jeder Katastrophe kam er schweißgebadet zu mir gerannt. Und ich tat, was ich konnte.

Sie können das nicht wissen, aber jahrelang besaß ich eine Druckerei – meine eigenen Bücher brachten so gut wie nichts. Ich habe nie nachgerechnet, was mich dieser Bill gekostet hat, aber es waren Tausende von Dollar. Ich habe ihm auch geholfen, das Haus zu kaufen, von dem wir gerade sprachen. Natürlich weiß er, Hypothekenzinsen werden fällig, aber jedesmal, wenn es so weit ist, kommt er angelaufen – am letzten Tag. Ich bedauere wirklich, nicht alle seine Unglücksfälle und Katastrophen aufgeschrieben zu haben. Ein ganzes Buch könnte man daraus zusammenstellen und es wäre sowohl tragisch wie komisch.

Es gab Zeiten, da wollte ich aufbegehren. Schließlich und endlich, er war nicht mein Fleisch und Blut. Wäre ich ganz sicher, daß es ein Jenseits gibt und daß Sonja, wo immer sie auch sein mag, weiß, was ich für ihren Liebling tue, dann würde ich Himmel und Erde in Bewegung setzen, ihn zu beschützen. Gibt es aber nichts dort oben und Sonja ist nur ein Häufchen Staub, für wen bringe ich dann all diese Opfer? Ihm ist noch nie eingefallen, mir irgendeine Kleinigkeit zu Chanukka oder zum Geburtstag mitzubringen. Wenn meine Bücher erschienen, gaben mir meine Kollegen gelegentlich ein Festessen. Ich ließ ihn immer dazu einladen. Er ist nie gekommen. Sie haben gesehen, wie er an sich riß, was ich ihm gab. Nicht einmal ein Dankeschön. Und so geht es seit Jahren.

Dieser Nebbich ist mein Feind, weil er irgendwie ahnt – nennen Sie es Unterbewußtsein oder einfach Instinkt –, daß ich dafür verantwortlich bin, daß er auf der Welt ist. Er hegt einen Groll gegen mich. Er scheint zu glauben, ich sei auch irgendwie an seinen Fehlschlägen schuld. Ein Kabbalist erzählte mir, daß, wenn ein Mann eine Frau vergewaltigt oder ihr gegen ihren Willen ein Kind gibt, er eine Seele, die nicht auf die Welt gehört, vom Throne der Herrlichkeit zerrt, und daß diese Seele in der Welt umherirrt wie im Chaos. In den wenigen Unterhaltungen, die ich mit diesem Bill hatte, wiederholte er immer ›Ich lebe nicht lange‹. Das hinderte ihn aber nicht, darauf anzuspielen, ich möge ihn in meinem Testament bedenken. Er ist aus Widersprüchen zusammengesetzt. Vielleicht ist das ganze Weltall ein einziger Widerspruch. Gott selbst hat sich widersprochen und daraus enstand die Welt. Was halten Sie von dieser Philosophie?

Hören Sie weiter. Ich habe Ihnen von Bills fünf Töchtern erzählt – eine klüger als die andere. Ausgerechnet mit den Kindern hatte er Erfolg. Er hatte kein Geld, sie auf ein College zu schicken, aber drei von ihnen schafften es allein. Sie bekamen außerdem Stipendien. Mich interessierten seine Töchter. Oft habe ich ihn gebeten, sie kennenlernen zu dürfen, aber er hielt mich von ihnen fern. Sie werden es nicht glauben, er lud mich niemals zu sich ein, in das Haus, das ich ihm geholfen hatte zu kaufen. Ich hatte angenom-

men, daß er eines der Mädchen nach seiner Mutter nennen würde, aber er gab allen christliche Namen: Jean und Beatrice und Nancy und ähnliche. Er will von der Jüdischkeit nichts wissen. Weihnachten kauft er einen Baum! Und der hat tatsächlich das Feuer in seinem Haus verursacht.
Ich habe mich damit abgefunden, ihm mein ganzes Leben lang etwas schuldig zu sein, aber hinterlassen werde ich ihm keinen Pfennig. Außerdem habe ich wenig zu vererben. Meine Druckerei habe ich schon vor Jahren aufgegeben.
Jetzt kommt aber erst das tollste Stück. Vor ein paar Monaten kam mein Buch ›Das Bernstein-Idol‹ heraus. Sehen Sie mich nicht so erstaunt an. Ich habe ungewöhnliche Titel gern. Irgendwo bin ich zuinnerst ein Dadaist, ein Futurist – wie immer Sie das nennen wollen. Wenn es goldene, silberne, steinerne Idole gibt, warum nicht eines aus Bernstein? Und selbst wenn es sie nicht in Wirklichkeit gibt, warum nicht in der Dichtung? Sie wissen besser als ich, daß die Kabbala auf Buchstabenkombinationen beruht. Bringt man zwei Dinge zusammen, die vorher niemals zusammengehörten, so beginnen sie eine neue Existenz und vielleicht werden dadurch die Sphären bereichert.
Kurzum, meine guten Kollegen gaben mir wieder einmal ein Fest. Sie fragten, wen sie einladen sollten und ich gab ihnen die Liste der Neujahrskarten, die meine Frau zu verschicken pflegt. Wir aßen und wir lästerten über andere Schriftsteller, wie das so geht. Während ich mit einem zähen Hühnerviertel kämpfte, kam Sonja an den Tisch. Ja, Bills Tochter. Sie hieß Nancy, aber es war Sonja, wie sie mit achtzehn Jahren ausgesehen haben mochte. Ich war sprachlos. Sie sagte zu mir: ›Sie kennen mich nicht, aber ich kenne Sie. Ihretwegen lernte ich Jiddisch, damit ich Ihre Gedichte lesen konnte. Ich bin Sonjas Enkelin!‹ Und sie lächelte, als wäre dies alles ein Scherz.
Ich konnte kaum die Tränen zurückhalten. ›Sie sehen genau

wie Ihre Großmutter aus‹, brachte ich hervor. Um nicht erst Illusionen aufkommen zu lassen, sagte sie rasch, daß sie einen Freund hätte und daß sie bald heiraten würden. Er studierte an der Universität Princeton und stammte aus der Gegend von Arizona. Sie sagte noch mehr: ihr zukünftiger Ehemann – wahrscheinlich bereits ihr Liebhaber – interessierte sich auch für meine Arbeit und wollte ebenfalls Jiddisch lernen. Er studierte Literatur.
Ich hörte kaum, was sie sagte. Die Gläubigen sprechen von der Auferstehung, und hier geschah sie vor meinen Augen. Aber Sonja war Sonja, und dies hier war Nancy. Ihr fehlte die Intensität ihrer Großmutter. Ich bat sie, sich neben mich zu setzen. Bald würden die Reden beginnen. Ich hörte sie sagen: ›Warum besuchen Sie uns nie? Wir betrachten sie alle als unseren Großvater. Jetzt, wo wir das Haus auf dem Lande haben, könnten Sie sich dort ausruhen oder schreiben. Wir haben ein Gastzimmer.‹
›Ein Haus auf dem Lande?‹ fragte ich. Sie sagte: ›Hat mein Vater Ihnen nichts davon erzählt? So etwas! Er kann kaum die Hypothek auf dem alten Haus abzahlen und geht hin und kauft ein neues Haus mit neuen Schulden. Mein Vater muß sich immer um etwas sorgen können, sich den Kopf zerbrechen. Das alte Haus ist fast abbezahlt, und wir Mädchen verdienen jetzt auch. Wir könnten bald schuldenfrei sein. Aber er kauft ein Sommerhaus und es wird neue Krisen geben. Da haben Sie meinen Vater.‹ Ich war so aufgeregt, daß ich den Reden nicht zuhörte und als ich dran war, zu antworten, verhedderte ich mich. Dabei galt ich als guter Redner. An jenem Abend ruinierte ich meinen Ruf.
In dieser Nacht schloß ich kein Auge. Ich schwor den heiligsten Schwur, Bill bei seinem nächsten Auftauchen am Kragen zu nehmen und ihn zum Teufel zu jagen. Ich schimpfte mich selbst ›Ochse‹, ›Pferd‹, ›Dummkopf‹. Kaum eine Woche verging und er stand wieder vor mir, schief zugeknöpft, in zerlumpten Kleidern, mit bleichem Gesicht,

Düsternis im Auge – ein Bild der Verzweiflung. Er blickte mich an wie das Opfer den Mörder und sprach: ›Es gibt nur noch einen Ausweg – mich aufzuhängen!‹
Ich wollte ihn anschreien: ›Verkaufen Sie Ihr Sommerhaus, Sie Schwindler! Sie Schmarotzer! Sie lausiger Schnorrer!‹ Und gleichzeitig dachte ich, warum soll er denn kein Sommerhaus haben? Warum soll er nicht etwas besitzen, wo er hingehen und ausruhen kann? Und wenn er sein Wort hielt und sich wirklich erhängte? Ich habe Idioten aus dem Fenster springen sehen, beim Wall Street Börsenkrach von 1929, als ihre Aktien in die Tiefe sausten. Den Rest wissen Sie schon. Ich zahle wie ein Vater. Sie waren soeben Zeuge. Was sagen Sie zu all dem?«
»Spinoza behauptet, daß alles zur Leidenschaft werden kann. Und ›alles‹ schließt auch alle möglichen Gefühlsregungen ein«, sagte ich.
»Mitleid auch?«
»Auch Mitleid.«
»Und wie steht es mit der Liebe?« fragte er.
»Spinoza vergleicht die Liebenden mit den Geisteskranken«, sagte ich.
»So? Ja, er ist durchaus im Recht. Aber nach all diesen Jahren ist es zu spät für mich, gesund zu werden.«

# Der Egotist

In dem New Yorker Miethaus am Riverside Drive, in dem ich damals wohnte, hatte ich zwei Stockwerke über mir eine Nachbarin – Maria Davidowna. Berühmte russische Emigranten besuchten sie – Radikale, Sozialisten. Sie war groß und dunkel, mit klassischen Proportionen, und grauen Augen hinter ihrem Kneifer mit dicken Gläsern. Ihr Haar war straff zu einem Knoten gezogen. Sie trug immer dunkle Röcke und Blusen mit Stehkragen. Sie erinnerte mich an die revolutionären Frauen in Rußland, die in Dachkammern lebten und mit der Hand illegale Flugschriften druckten oder Bomben bastelten, um sie gegen die Schergen des Zaren zu werfen. Ich lernte sie kennen, als der Fahrstuhl außer Betrieb war und ich ihr half, eine alte eselsohrige russische Enzyklopädie zu tragen, die sie in der Fourth Avenue gekauft hatte. Als wir besser miteinander bekannt wurden, lud sie mich zu sich zum Schachspielen ein, und jedesmal, wenn wir spielten, besiegte sie mich.

Allmählich lernte ich auch ihre Freunde kennen, besonders ihre drei regelmäßigen Besucher. Einer war der Führer einer Fraktion in der Duma gewesen – Popov. In New York war seine Frau gestorben und er hatte eine entfernte Verwandte von Maria Davidowna geheiratet. Popov lebte nur ein paar Straßenblocks entfernt von uns. Seine neue Frau war krank, und Popov kaufte ein und kochte. Ich traf ihn oft im Supermarkt, wenn er den Einkaufswagen schob. Er war klein, mit breiten Schultern und einem Kopf mit weißem Haar, das wie Schaum aussah. Er hatte ein rotes Gesicht, eine Stupsnase und einen weißen Spitzbart. Er trug immer den gleichen doppelreihigen Anzug und Schuhe mit runder Kappe. Sein Schlips hatte einen breiten Knoten. Manchmal schien es mir, als ob er sich vor vierzig Jahren so gekleidet hatte und seitdem bei den gleichen Kleidern geblieben war, wie auch bei dem gleichen Gesichtsausdruck, den ich auf einem Bild von ihm in einem Buch über Rußland gesehen hatte. Jedesmal, wenn wir uns trafen, streckte er seine schwere Hand aus und drückte meine Hand einmal lang, dann nochmals kurz. Da ich nicht Russisch konnte, sprach er in gebrochenem Englisch mit mir. In der russischen Politik hatte er den Ruf eines Friedensstifters zwischen den einzelnen Richtungen, eines, der viele Spaltungen innerhalb der radikalen Bewegung verhindert hatte. Der Kern seiner gutmütigen Ausführungen war, daß wir trotz aller Schwierigkeiten dankbar dafür sein sollten, in einem freien Land zu leben.

Der zweite Besucher, Professor Bulov, hatte eine Geschichte der Russischen Revolution von den Dekabristen bis zu Stalin geschrieben. Bulov war groß und breit – ein Riese von einem Mann – mit einem vierkantigen gelblichen Gesicht, und den schrägen Augen eines Mongolen. Er sprach selten; er schüttelte nur seinen Kopf. Maria Davidowna erzählte mir, daß er irgendwoher aus dem Norden Sibiriens stammte und daß er in seiner Jugend Bären mit einem Knüppel gejagt hatte. Später saß er jahrelang in Einzelhaft in einem russischen Gefängnis, und das war der Grund, warum er so schweigsam war. Er hatte eine plattgedrückte Nase, eine niedrige Stirn, dicke Lippen und einen borstigen Haarschopf. Er haßte die Bolschewiken mit einer Leidenschaft, die aus seinen stählernen Augen zu glühen schien. Ich stellte mir vor, daß sein Groll auf die Zeiten Dschingis-Chans zurückging. Maria Davidowna sagte, Bulov könne Popov nie verzeihen, sich der Verhaftung Lenins widersetzt zu haben. Ich erfuhr, daß es Bulov gelungen war, aus Rußland zu fliehen, nachdem er einen G.P.U. Mann getötet hatte. Wann immer er vom heutigen Rußland sprach, pflanzte er seine Faust auf den Tisch, und ich hatte stets das Gefühl, der Tisch könnte dem Druck dieser mächtigen Faust kaum standhalten und müßte zusammenbrechen.

Kusenski war der dritte Besucher. Er war als Graf geboren. Er war der revolutionären Bewegung beigetreten, als er noch sehr jung war, und hatte eine bedeutende Rolle in den neun Monaten von Kerenskis Regime gespielt. Kusenski war groß, mager, mit hoher Stirn und einem spitzen Bart, der schwarz geblieben war, obwohl er schon in den Sechzigern war. Er hatte braune Augen, die oft mit weltweisem Humor lächelten.

Kusenski war als Skeptiker bekannt, als Witzbold, als Frauenheld. Er war eleganter gekleidet als die anderen Russen, die Maria Davidowna besuchten, und trug Sommer und Winter Gamaschen. Einmal sah ich Maria Davidowna ein seidenes Hemd für ihn bügeln. Ein Schriftsteller, der diese Gruppe gut kannte, erzählte mir, Kusenski hätte die Seele eines Feuilletonisten – nicht die eines Kämpfers. Seine Witze ließen die anderen sich unbehaglich fühlen. Kusenski und ich hatten etwas gemeinsam: wenn er mit Maria Davidowna Schach spielte, schlug sie auch ihn unweigerlich. Manchmal spielten er und ich gemeinsam gegen sie. Kusenski rauchte eine Zigarette, summte eine russische Melodie, aß die Kichererbsen und das Halva, die Maria Davidowna uns hingestellt hatte, trank viele Gläser Tee mit Zitrone, machte einen falschen Zug nach dem anderen und warf die ganze Zeit mit witzigen Bemerkungen um sich. Neben ihm wurde ich ein noch schlechterer Spieler. Wenn wir schließlich beide schachmatt waren, pflegte Kusenski zu sagen: »Reg dich nicht auf. Genosse, der endgültige Sieg ist unser. Der Tag der Rache ist nahe.« Und damit zwinkerte er Professor Bulov zu und schnitt Grimassen. Es war eine Parodie auf Bulovs Glauben, daß jeden Tag eine Gegenrevolution in Rußland ausbrechen würde.

Kusenski und Bulov waren beide Junggesellen. Aus Bemerkungen, die Maria Davidowna fallen ließ und aus Widmungen in Büchern, die Kusenski ihr zu Geburtstagen geschenkt hatte, erriet ich, daß er sie geliebt hatte. Was Bulov anging, so schien er in sie verliebt zu sein. Er sah sie aus seinen schrägen Augen, mit den schweren Säcken darunter, begierig an. Er achtete auf jedes Geräusch, das sie in der Küche beim Teekochen machte. Maria Davidowna half ihm beim Materialsammeln für sein umfangreiches Buch. Eins wußte ich ganz sicher, er blieb nie über Nacht in ihrer Wohnung. Ich traf ihn manchmal um zwei Uhr nachts, wenn er im Fahrstuhl hinunter fuhr. Dann sah er besonders verärgert aus, hatte eine wellige Falte auf der Stirn und erwiderte meinen Gruß nicht. Sein breites Gesicht mit den hohen Backenknochen hatte einen grünlichen Schimmer. Ich glaubte, Bulov sei beständig eifersüchtig, verdächtige jeden Mann, ein Verhältnis mit Maria Davidowna zu haben und könne kaum seine Wut bezwingen, die jeden Augenblick mit sibirischer Wildheit auszubrechen drohte.

Manchmal lud mich Maria Davidowna zu sich ein, wenn keine anderen Gäste da waren. Nachdem sie mich schachmatt gesetzt hatte, tranken wir Tee und aßen Konfitüre dazu, und unterhielten uns über Zionismus, den Talmud, jiddische Literatur. Da wir beide in einer uns fremden Sprache redeten, waren unsere Gespräche nicht sehr tiefgehend.

Maria Davidowna hatte studiert und viel gelesen, kannte die russische und französische Literatur, aber ihr Verstand war der eines Sozialtheoretikers. Sie versuchte, überall Logik zu entdecken. Die Unerfahrenheit der Jugend war ihr geblieben. Die Jahre hatten sie nicht verändert. Irgendwo war sie noch eine Gymnasiastin – ein Fräulein aus den Tagen vor dem ersten Weltkrieg. Ich war sicher, sie führte ein Tagebuch. Sie hatte aus Rußland ein dickes Album voller verblaßter Photographien mitgebracht, die sie mit zahllosen Studenten, Freundinnen, Verwandten zeigten. Die meisten jungen Männer hatten Bärte; manche trugen schwarze Blusen und Gürtel mit Quasten. Ich blätterte oft in dem Photoalbum und fragte Maria Davidowna nach Einzelheiten. Sie sah die Photos mit kurzsichtigen Augen an, als ob sie selbst nicht mehr sicher sei, wer die einzelnen Leute waren, und sagte schließlich: »Im Krieg gefallen.« »Von den Bolschewisten erschossen.« »Am Typhus gestorben.«

Ich versuchte, sie über ihre Freundschaft mit Kusenski und Bulov auszufragen, aber sie antwortete ausweichend. Immerhin erfuhr ich einige Details. Maria Davidowna war die Tochter eines reichen Holzhändlers. Sie hatte das Gymnasium in Kiew mit einer Goldmedaille verlassen. Während sie die siebente Klasse besuchte, war sie einer revolutionären Gruppe beigetreten. Die kurze Zeit des Kerenski Regimes war eine Zeit persönlichen Triumphs für sie gewesen. Sie stand allen menschewistischen Führern nahe; sie vertrauten ihr wichtige Regierungsmissionen an. Jeder Tag des Jahres war voller Überraschungen gewesen. Dies war ein Jahr ohne Winter gewesen, denn die Revolution begann im Frühjahr und endete im Herbst, als die Kommunisten die Macht übernahmen. Seit damals lebte Maria Davidowna in einer Art verlängerter Trauer. Sie floh aus Rußland, verbrachte kurze Zeit in Warschau, Wien, Prag und London und fühlte sich nirgends zuhause. Sie studierte an einer Reihe von Universitäten, ohne je ein Fach zuende zu studieren. Sie lebte seit Jahren in New York, aber sie konnte diese prosaische Stadt mit ihrem Lärm, ihrer Hetze, ihrem Schmutz und der Gier nach Geld nicht ausstehen. Sie behauptete, es gebe kein einziges schönes Gebäude in New York, nicht ein einziges gemütliches Restaurant oder Café, und daß, allen elektrischen Lampen zum Trotz, die Stadt bei Nacht so dunkel sei wie der Dschungel. Die Untergrundbahn war für sie ein Alpdruck.

Einmal öffnete Maria Davidowna mir ganz unerwartet ihr Herz. Ich hatte ihr gesagt, daß sie in Wirklichkeit eine weltliche Nonne in einem privaten Kloster sei. Als sie diese

Worte hörte, nahm sie ihren Kneifer ab und ihr Gesicht wurde nackt und kummervoll. Auf beiden Seiten ihrer Nase, wo der Kneifer saß, sah man tiefe, blaue Einschnitte. Sie hob ihre geröteten Lider und fragte: »Haben Sie je einen lebenden Leichnam gesehen? Ich meine das nicht bildlich, sondern wörtlich.«

»Wörtlich nicht«.

»Da Sie über Geister und ähnliche Themen schreiben, sollen Sie wissen, daß Sie sich einem lebenden Leichnam gegenüber befinden.«

»Wann sind Sie gestorben?«

»Nach der bolschewistischen Revolution.«

»Wie?«

»Ach, darüber wäre zu viel zu sagen. In Wirklichkeit war ich tot, sogar als ich noch jung war. Ich verlangte zu viel vom Leben, und die, die zu viel verlangen, bekommen gar nichts. Mein Vater war selten zuhause. Ich weiß nicht, warum er meiner Mutter aus dem Wege ging. Sie war eine schöne Frau, wenn auch melancholisch. Sie starb, als ich noch auf dem Gymnasium war. Ich war ihre einzige Tochter. Jeden Tag, wenn ich meine Schultasche nahm und zur Schule ging, fragte ich mich: ›Wofür lebe ich? Was ist der Sinn des Lebens?‹ Das war nicht nur eine Laune. Ich hatte immer den starken Wunsch, zu sterben. Ich beneidete die Toten. Ich ging oft auf den griechisch-orthodoxen Friedhof und starrte stundenlang auf die Photographien an den Grabsteinen. Die Februarrevolution brachte mich vom Tod ab. Ich war berauscht. Aber ich wußte, selbst damals, daß der Rausch nicht dauern würde. Kerenskis Regime hatte alle Symptome der Ernüchterung – es war eine Art Karneval, der bald sein Ende finden mußte. Der Bolschewismus war der bittere Katzenjammer danach – es tut mir leid . . .«

Eine Weile schwiegen wir beide. Dann fragte ich: »Was ist Kusenski für ein Mensch?«

»Ein Egotist – der größte Egotist, dem ich je begegnet bin.

Er hat sich sein Leben lang vor der Wirklichkeit versteckt. Alles, was von dem Karneval übrig geblieben ist, ist ein Haufen Abfall, aber für ihn ist es immer noch ein Feiertag, der private Feiertag eines Hedonisten. Bitte, fragen Sie mich nicht mehr. Ich habe schon zu viel gesagt.«
Und Maria Davidowna setzte ihren Kneifer wieder auf.

Ich bemerkte allmählich, daß Kusenski nicht wohl aussah. Sein Gesicht war gelblich geworden, seine Wangen schienen hohl. Wenn er eine Zigarette anzündete, zitterte das Streichholz zwischen seinen langen Fingern. Eines Abends, als Kusenski Maria Davidowna besuchte, brachte Popov einen Topf Borscht, den er selbst gekocht hatte. Kusenski aß nur einen Löffel voll.
Popov sagte: »Dieser Borscht ist ein Heilmittel. Er ist mit Zitrone gekocht, nicht mit Sauersalz.«
»Gewiß, alle Welt weiß, daß Sie ein erstklassiger Koch sind – nach dem zu urteilen, was Sie in Rußland zusammengekocht haben.«
Kusenski machte immer noch Witze, aber alles andere veränderte sich. Wenn ich mit Maria Davidowna Schach spielte, gab er mir keine Ratschläge mehr. Er summte auch nicht mehr seine ständige Melodie. Alle paar Minuten ging er ins Badezimmer und kehrte auf wackeligen Beinen zurück. Sein Bart wurde weiß und ich vermutete, daß er ihn vorher gefärbt hatte. Man erzählte mir, daß er seine Memoiren schreibe, daß er eine Unterstützung von einer Stiftung erhalte.
In Maria Davidownas Büchern über Rußland fanden sich Bilder von Kusenski: als Gymnasiast, als Student, als Revolutionär, als politischer Gefangener in der Verbannung, als Redner in einer Massenversammlung in Petersburg. Er war ein Teil der Geschichte Rußlands und daher auch der Weltgeschichte. Aber hier lag er auf Maria Davidownas Sofa, hustete in ein Taschentuch, schlief häufig ein, und

Maria Davidowna schalt ihn, weil er seine Diät nicht einhielt und Angst hatte, zu einem Arzt oder in ein Hospital zu gehen.
Maria Davidownas Worte, daß sie ein lebender Leichnam sei, hatten mich mehr beindruckt, als es solche Redensarten tun sollten. Ich fing an, mir einzubilden, daß ein süßlicher Verwesungsgeruch in der Wohnung hing. Obwohl all ihre Lampen am Abend brannten, blieben die Räume im Dunkel, vielleicht weil die Wände bis zur Decke mit Bücherregalen bedeckt waren. Jedesmal, wenn ich ein Buch herausnahm, bröckelten trockene Papierfetzen von den Blättern ab. Ich bemerkte auch, daß Bulov und Kusenski mit Maria Davidowna sprachen, aber nicht miteinander. Sie vermieden sogar, sich anzusehen. Hatten sie sich gestritten, oder hatten sie sich einfach nichts mehr zu sagen? Ich begann, mich vor Bulov zu fürchten. Manchmal, wenn er schweigend dasaß mit seinen schrägen Augenritzen, hatte ich das Gefühl, er sei noch in den sibirischen Wäldern – ein vorgeschichtlicher Mensch, der durch eine Laune der Natur ins zwanzigste Jahrhundert hineingefallen und Professor geworden war. Ich besuchte Maria Davidowna nicht mehr.
Eine Abends, als ich in meinem Zimmer saß und Zeitung las, klopfte jemand an meine Wohnungstür. Im allgemeinen klopfte nur der Kammerjäger unangemeldet bei mir. Allerdings, der kam immer tagsüber. Ich ging in die Diele und fragte: »Wer ist da?«
»Ich. Maria Davidowna.«
Ich erkannte ihre Stimme, obwohl sie halb erstickt klang. Ich ließ sie herein. Da stand Maria Davidowna, ohne ihren Kneifer mit bleichem und verändertem Gesicht.
Sie sagte: »Bitte, entschuldigen Sie, daß ich Sie störe, aber etwas Schreckliches ist geschehen und ich weiß nicht, an wen ich mich wenden soll. Kusenski ist soeben gestorben.«
»Gestorben? Wie? Wo?«

»In meiner Wohnung. Ich telephonierte, aber niemand ist zuhause, weder Bulov noch Popov. Oder vielleicht habe ich nicht richtig gewählt – ich habe meine Gläser verloren und kann einfach nichts sehen.«

»Haben Sie den Arzt gerufen?«

»Er wäre nie zu einem Arzt gegangen. Haben Sie Mitleid und kommen Sie mit mir. Ohne Gläser bin ich blind.«

Kindische Angst überfiel mich, aber ich konnte Maria Davidowna nicht abweisen und sie mit einer Leiche allein lassen. Wir benutzten nicht den Aufzug, sondern stiegen schweigend hinauf. Maria Davidowna hielt sich an meinem Arm fest. Wir gingen durch den langen Korridor ihrer Wohnung, durch das Wohnzimmer und betraten das Schlafzimmer. Auf Maria Davidownas breitem Bett lag Kusenski, in Anzug mit Krawatte, mit Schuhen und Gamaschen. Ich erkannte ihn kaum. Seine gerade Nase hatte sich gekrümmt, seine Haut war dunkelgelb geworden, sein weißer Bart stand nach oben. In den Falten der Augenwinkel lag noch ein gefrorenes Lächeln.

Nach einigem Zögern fragte Maria Davidowna: »Glauben Sie, ich sollte die Polizei anrufen?«

»Die Polizei? Warum? Vielleicht sollten Sie bei der russischen Zeitung anrufen.«

»Nachts ist dort niemand. In meiner Aufregung ließ ich meine Gläser fallen. Es ist ein Wunder, daß ich es fertig brachte, Ihre Tür zu finden. Mit ihm ist mein Leben zuende.« Ihr Ton änderte sich. »Könnten Sie vielleicht meine Gläser suchen?«

Ich suchte auf dem Boden, auf dem Nachttisch, auf der Kommode, aber Maria Davidownas Kneifer war nirgends zu sehen. Ich sagte: »Vielleicht sollten Sie die englischen Zeitungen anrufen.«

»Sie werden Einzelheiten verlangen, und ich bin zu durcheinander, mich an irgendetwas zu erinnern. Das Telephon läutet – warten Sie!«

Maria Davidowna ging aus dem Schlafzimmer. Ich wollte ihr folgen, schämte mich aber, so feige zu sein. Ich starrte Kusenski an; mein Herz klopfte stark. Sein Gesicht war gelb und starr wie ein Knochen. Sein Mund war klein, halb offen und zahnlos. Auf dem Teppich sah ich sein Gebiß liegen, merkwürdig lang, mit einem Plastikgaumen. Mit der Spitze meines Schuhs schob ich es unter das Bett.
Maria Davidowna kam zurück. »Verrückt – man hat mir grade gesagt, daß ich zwei Gratisstunden in einer Tanzschule gewonnen habe. Was soll ich tun?«
»Wenn Sie sich an die Nummern erinnern können, werde ich Popov und Bulov anrufen.«
»Sie sind bestimmt nicht zuhause. Bulov wird gleich hier sein – jeden Augenblick. Wir tranken Tee und spielten Schach. Plötzlich brach er auf dem Bett zusammen und es war vorbei.«
»Ein gnädiges Ende.«
»Er lebte wie ein Egotist und jetzt hat er uns verlassen wie ein Egotist. Was soll ich tun? Jede Sekunde wird die Hölle sein. Bitte setzen Sie sich.«
Ich setzte mich auf einen Stuhl, Maria Davidowna auf einen anderen. Ich richtete es so sein, daß ich die Leiche nicht sehen konnte. Maria Davidowna faltete die Hände. Sie sprach in einem Singsang, der mich an die Wehklagen der Mütter und Großmütter erinnerte.
»Es war alles Selbstsucht. Sein ins Volk gehen, sein Gefängnisaufenthalt – alles. Er war ein Herr bis zur letzten Sekunde seines Lebens. Was immer er gab, es war ein Almosen – selbst seine Liebe. Er war zu stolz, zu einem Arzt zu gehen. Was mich betrifft, ich habe Jahre für nichts verschwendet. Ich vergaß, daß ich eine jüdische Tochter war. Kürzlich las ich in meiner Bibel über die Israeliten, die Götzen dienten. Ich sagte mir: ›Mein Götzenbild war die Revolution, und dafür werde ich von Gott bestraft.‹«
»Es ist gut, daß Sie es eingesehen haben.«

»Es ist zu spät. Er ging, als es ihm paßte, und ließ mich zurück, um tausendfach zu sterben. Damals setzten sie all ihre Hoffnungen auf die Revolution. In den letzten dreißig Jahren haben sie sich nach der Gegenrevolution gesehnt. Aber was macht es für einen Unterschied? Sie sind alt und krank. Die neue Generation wird die Wahrheit nicht erfahren. Der einzige ihnen gebliebene Ehrgeiz ist, die Agonie zu verlängern. Er hat es wenigstens zugegeben.«

Das Telephon läutete. Diesmal war es Popov. Ich hörte, wie Maria Davidowna ihm die Neuigkeit berichtete. Sie wiederholte immer wieder: »Da, da, da.«

Nach kurzer Zeit kamen sowohl Popov wie Bulov, und andere ebenfalls – einige mit weißen Bärten, einige mit weißen Schnurrbärten. Ein alter Mann stützte sich auf Krücken. Popovs Anzug war fleckig, seine Backen waren gerötet, als käme er gerade von einem heißen Ofen. Seine kindlichen Augen schienen zu sagen: »Seht, was er uns angetan hat!« Bulov nahm das Handgelenk der Leiche und fühlte nach dem Puls. Er zog ein Gesicht, bewegte seinen vierkantigen Kopf von einer Seite zur anderen, und seine Augen sagten: »Das ist gegen jede Regel, Graf. So benimmt man sich nicht.« Geschickt schloß er der Leiche den Mund. Allmählich kamen Frauen in langen altmodischen Kleidern und Schuhen mit niedrigen Absätzen, das spärliche Haar war in Knoten zusammengefaßt und mit Haarnadeln befestigt. Eine von ihnen trug einen türkischen Schal, wie meine Großmutter ihn zu tragen pflegte. In Amerika hatte ich vergessen, daß es solche runzeligen Gesichter und gebeugte Rücken gab. Eine alte Frau ging an zwei Stöcken. Sie machte einen Schritt und ich hörte das knirschende Geräusch von zerbrechendem Glas. Sie war auf Maria Davidownas Kneifer getreten. Ihr kleines haariges Kinn zitterte, als ob sie eine Beschwörung murmelte. Ich erkannte sie nach einem Bild, das ich in einem Buch gesehen hatte. Sie war eine erfahrene Bombenherstellerin gewesen und in dem berüchtigten Gefängnis von Schlüsselburg in Einzelhaft gesessen.

Ich wollte gehen, aber Maria Davidowna bat mich, zu bleiben. Sie stellte mich immer neuen Besuchern vor und ich hörte Namen, die mir aus Büchern, Zeitschriften und Zeitungen vertraut waren: Führer der Revolution, der Duma; Mitglieder von Kerenskis Kabinett. Jeder von ihnen hatte historische Reden gehalten, an entscheidenden Konferenzen teilgenommen. Da ich Polnisch verstand, wenn auch nicht Russisch, konnte ich ihren Worten folgen.

Die alte Frau mit den Stöcken fragte: »Sollten wir nicht Kerzen anzünden?«

»Kerzen? Nein«, sagte Popov.

Die Frau im türkischen Schal knackte mit ihren rheumatischen Fingern. »Selbst jetzt ist er schön.«

»Vielleicht sollte man ihn zudecken«, sagte der alte Mann auf Krücken.

»Wer kann seinen Platz einnehmen?« fragte Popov, und antwortete selbst, »Niemand«. Sein Gesicht wurde schlagflüssig rot und sein weißer Bart schien noch weißer. Er murmelte: »Wir sterben aus; bald wird niemand mehr übrig sein; die Ewigkeit ruft uns – das große Mysterium. Rußland wird uns vergessen.«

»Sergej Iwanowitsch, übertreiben Sie nicht.«

»Es steht geschrieben in der Bibel: ›Ein Geschlecht vergeht, das andere kommt.‹ Gestern noch war er jung und kühn – wie ein Adler.«

Einer aus der Gruppe, klein, hager, mit einem spitzen melierten Bart, der dicke Gläser trug, hinter denen seine Augen zu schielen schienen, begann eine Art Nachruf zu halten. »Er lebte für Rußland und er starb für Rußland«, sagte er.

Maria Davidowna unterbrach ihn. »Er lebte für niemanden außer für sich selbst. Die Welt wird nie erfahren, wie groß sein Egotismus war – nie, nie!«

Man schwieg.
Das Telephon läutete, aber niemand nahm es ab. Alle sahen bestürzt aus, bekümmert, vorwurfsvoll, bereit, zu vergeben. Die Falten um Kusenskis Augenwinkel schienen zu lachen. Maria Davidowna bedeckte ihr Gesicht mit beiden Händen und begann mit heiserer Stimme zu wehklagen.

# Der Bart

Daß ein jiddischer Schriftsteller reich würde und das obendrein auf seine alten Tage, schien unglaublich. Aber bei Chaim Pupko, einem kleinen, kranken, pockennarbigen Mann mit einem blinden Auge und einem lahmen Fuß, kam es so.

Während er sich mit seinen körperlichen Leiden abquälte und mit den Theaterstücken, die er nie zu Ende brachte, den Gedichten, die niemand las, und den Romanen, für die er keinen Verleger fand, befolgte er den Rat eines Verwandten und kaufte für 1.000 $ Aktien an der Over the Counter Börse, die Aktie zu 2 $. Das Geld bekam er anfänglich von großzügigen Geldgebern und wohltätigen Verbänden. Die Aktien stiegen im Verlauf von ein paar Monaten auf das beinahe Hundertfache ihres ursprünglichen Kaufpreises.

Später gab ihm derselbe Verwandte den Rat, einige halb verfallene Gebäude an der Third Avenue in New York zu kaufen. Eine Bauunternehmung wollte das Grundstück haben und zahlte ihm dafür eine riesige Summe.

Niemand in der Cafeteria, unserem Stammlokal, erfuhr jemals, wer der mysteriöse Ratgeber war, aber wir wußten, daß Chaim Pupko von Tag zu Tag reicher wurde. Er selbst gestand uns, daß ihm zu seiner ersten Million nicht mehr viel fehlte. Dennoch trug er dieselben schäbigen Kleider, die er immer getragen hatte. Er saß mit uns an einem Tisch, rauchte Zigaretten, hustete, aß Reispudding und stöhnte: »Was kann ich mit meinem Geld anfangen? Gar nichts.«

»Du kannst es mir geben«, sagte Pelta Mannes, der Fabeln schrieb.

»Was würdest du damit tun? Nimm dir ein Eierkichel und einen Kaffee auf meine Rechnung.«

Chaim Pupko war einer jener primitiven Schriftsteller, die

nie lernen, was korrekter Satzbau ist und von Grammatik keine Ahnung haben, aber trotzdem talentiert sind. Manchmal warf ich einen Blick in seine veröffentlichten Werke. Sie hatten keinerlei Ordnung, aber auf jeder Seite fand ich einige überraschende Zeilen. Er schilderte halbirre Menschen, notorische Geizkragen, verjährte Dispute aus der alten Heimat, die schon so lange dauerten, daß niemand mehr wußte, wie sie angefangen hatten oder worum es sich eigentlich handelte, und tragische Liebesgeschichten, die in polnischen Dörfern begannen, sich in den Eastside-Spelunken von New York fortsetzten und schließlich bis in die Hotels von Miami Beach führten. Seitenlang machte er keine Absätze. Plötzlich tauchte er mitten im Dialog eines Helden auf.

In Amerika hatte Pupko zum ersten Mal etwas von Freud gehört und nun versuchte er seine Helden nach Freudscher Theorie zu erklären. Er brauchte einen Redakteur, aber er erlaubte nicht einmal, seine Interpunktion zu ändern.

Als ich einmal Redakteur eines literarischen Blattes war, brachte er mir eine Erzählung, die mit den Worten begann: »Der Tag war wolkig und der Himmel getreu.« Als ich ihn fragte, was er mit »getreu« meinte, starrte er mich mit seinem guten Auge voller Ärger und Mißtrauen an und rief: »Laß mich in Ruhe mit diesem gebildeten Blödsinn. Entweder veröffentliche es oder geh zum Teufel.« Er riß das Manuskript an sich und lief davon.

Obwohl er seit über 40 Jahren in Amerika lebte, konnte er nicht mehr als ein paar Wörter Englisch sprechen. Er las ausschließlich seine jiddischen Zeitungen. »Psychologie« nannte er »Pyschologie«. Jemand meinte, man könne ein ganzes Wörterbuch von Pupkos Fehlern zusammenstellen. Aber manchmal sprach er wieder wie ein Gelehrter. Er wohnte irgendwo in Brownsville und er war kinderlos.

Ein Mann erzählte mir, daß Chaim Pupkos Frau einen starken Bart habe, der früher schwarz gewesen, aber dann grau geworden sei. Er nahm sie nie mit, wenn er ausging. Niemand konnte verstehen, warum sie den Bart nicht abrasierte.

Ich hatte es längst aufgegeben, in meinem Bekanntenkreis nach Erklärungen zu suchen. Ein Komiker der Jiddischen Bühne, der für seine frechen Redensarten bekannt war, wurde plötzlich religiös, ließ sich Schläfenlocken wachsen und nahm sich in Jerusalem eine Wohnung in der Gegend der 100 Tore. Ein orthodoxer Rabbiner ließ sich scheiden, gab seine Synagoge auf und wurde Kommunist. Zwei Rabbinerfrauen aus Brooklyn ließen sich scheiden und fingen an, als lesbisches Liebespaar zusammenzuleben. Selbst Pupkos zunehmender Reichtum hätte uns nicht zu sehr überrascht, aber er unterließ es nie, uns immer wieder darauf hinzuweisen. Täglich kam er und rühmte sich seiner finanziellen Erfolge. Er begann, uns Ratschläge zu geben, wie wir unsere Ersparnisse anlegen sollten.

Eines Tages prahlte er damit, daß der Kritiker Gabriel Weitz über ihn ein Buch schreibe. Das konnten wir nicht glauben. Weitz hatte sich bei jeder Gelegenheit abfällig über Pupkos Werke geäußert. Er nannte ihn einen Ignoramus, einen Dorfphilosophen und Schundschriftsteller.

Wir fragten uns alle: »Wie ist das möglich?« Chaim Pupko zwinkerte mit seinem schlechten Auge, lächelte schlau und sagte: »Wer gut schmiert, fährt gut.« Dann zitierte er einen Spruch aus dem Talmud: »Geld kann selbst einen Bastard reinwaschen.«

Pupko sprach ganz offen mit uns. »Alle diese literarischen Größen kann man für einen Pappenstiel kaufen.« Er, Pupko, habe mit Gabriel Weitz klipp und klar gesprochen. »Was würde es kosten, mein Freund?« und der Kritiker habe ihm einen Preis genannt: Fünftausend Dollar.

Wir waren alle entsetzt. Gabriel Weitz kam niemals in unser Café. Er galt als seriöser Schriftsteller. Wir waren alle der Meinung, daß Chaim Pupko uns etwas vormachte. Aber dann erschien in einem literarischen Blatt ein Artikel von Gabriel Weitz über Chaim Pupko, der als Fragment eines größeren Werkes angezeigt war. Darin erklärte Gabriel Weitz, Chaim Pupko sei ein Klassiker. Er nannte ihn genial. Er sprach eingehend über Pupkos Bedeutung für die jiddische Literatur. Chaim Pupko hatte uns nichts vorgemacht: Gabriel Weitz hatte sich für fünftausend Dollar kaufen lassen.

Ich sagte zu Pupko: »Was hast du schon davon, wenn du dafür zahlen mußt! Was taugt solche Berühmtheit?« und Pupko antwortete: »Man muß alles kaufen. Wenn du eine Frau hast, mußt du für sie sorgen, sonst verklagt sie dich. Wenn du eine Geliebte hast, mußt du sie ins Restaurant ausführen, ihr Hotel bezahlen und sie mit Geschenken überhäufen. Selbst deine eigenen Kinder würden zu Feinden werden, wenn du nicht mehr für sie sorgst. Früher oder später schickt dir jeder eine Rechnung. Warum soll Ruhm eine Ausnahme sein?«

Zu mir sagte er: »Du wirst mich eines Tages auch noch loben.« Ich schauderte bei dieser Bemerkung und antwortete: »Ich habe eine hohe Meinung von dir, aber keine Summe Geldes könnte mich veranlassen, über dich zu schreiben.« Er lachte und wurde sofort ernst. »Nicht einmal für zehntausend Dollar?«

»Nicht einmal für zehn Millionen Dollar.«

Jemand am Tisch bemerkte: »Chaim, du verdirbst dir dein eigenes Geschäft. Vielleicht hätte er einmal über dich geschrieben.«

»Ja, vielleicht«, sagte ich, »Aber jetzt ist es vorbei.«

Chaim Pupko neigte zustimmend den Kopf. »Und doch, – wenn du wüßtest, daß du für eine gute Kritik über mich den Rest deines Lebens behaglich verbringen könntest, – du brauchtest keine Artikel mehr zu schreiben und könntest nach Belieben in Kalifornien sitzen, – dann würdest du dir den Fall schon zweimal überlegen. Warum ist es eine Sünde, einzugestehen, daß Chaim Pupko Talent hat?«

»Es ist keine Sünde, und du hast wirklich Talent, aber seit du angefangen hast, Kritiker zu bestechen, würde ich um keinen Preis mehr über dich schreiben.«

»Und wenn dir jemand den Revolver an die Stirn setzte? Würdest du dann nachgeben?«

»Ja, es ist sicher nicht der Mühe wert, dafür zu sterben«, antwortete ich in unserem üblichen Cafeteriastil.

»Nun gut, iß deinen Reispudding. Ich gebe dir ohnehin keine zehntausend Dollar. Du wirst es noch viel billiger machen.« Und er lachte und zeigte seine Zähne, die schwarz und krumm waren wie rostige Nägel.

Ungefähr ein Jahr verging. Eines Tages kam ich in die Cafeteria und setzte mich an unsern Stammtisch. Eine Zeitlang drehte sich das Gespräch um ein Gedicht, das ein Kollege in einer Zeitschrift veröffentlicht hatte. Einer von uns hielt es für ein geniales Werk, während ein anderer sagte, es enthalte nichts als leere Phrasen. Eine Weile waren wir in dieses Thema vertieft. Dann fragte der Fabelschriftsteller. »Hast du das Neueste von Chaim Pupko gehört?«

»Was ist passiert?«

»Er hat Krebs.«

»So, das ist das Ende von all seinem Reichtum«, sagte einer. Wir aßen unsern Reispudding, tranken unsern Kaffee und die Frage, ob das Gedicht ein geniales Werk oder ein wertloses Fabrikat sei, verlor an Bedeutung. Einer von uns bemerkte: »Wir treten ab und kein Nachwuchs kommt. In zwanzig Jahren wird keiner mehr wissen, daß wir existierten.«

»Und selbst wenn sie es wüßten, würde uns das was nützen?«

Nach einer Weile ging ich nach Hause, in meine Junggesellenstube. Mein Schreibtisch war mit Manuskripten, Erzählungen und Romanen überhäuft, die ich nie zu Ende brachte. Alles war mit Staub bedeckt. Ich hatte ein schwarzes Dienstmädchen, das einmal wöchentlich für mich sauber machte, aber ich hatte ihr verboten, meine Papiere anzurühren. Außerdem war sie alt und halb gelähmt. Ich bezahlte ihr oft ihren Tageslohn und schickte sie heim, da ich sah, daß sie keine Kraft hatte, zu arbeiten. Ich fürchtete, sie würde bei der Arbeit in meiner Wohnung zusammenbrechen.

An diesem Tag legte ich mich auf das Sofa und las einen Brief, dessen Datum zeigte, daß ich ihn schon vor zwei Jahren erhalten hatte. Ich hatte ihn gefunden, als ich in der inneren Brusttasche meiner Jacke herumkramte. Der Absender war nicht mehr leserlich. Da klopfte jemand an meine Tür. Ich öffnete und was sich meinem Blick darbot, war wie ein Alptraum. Draußen stand eine Frau in einem schwarzen Kleid, mit Männerschuhen und Hut und einem weißen Bart. Sie stützte sich auf einen Stock. Ich wußte sofort, wer sie war – Frau Pupko. Ich fürchtete, daß meine lauernden Nachbarn sie sehen und über sie lachen würden.
Ich sagte: »Treten Sie ein, Fau Pupko.«
Sie sah mich erstaunt an. Ihr Stock war zuerst über der Schwelle. Sie sagte mit männlicher Stimme: »Ihr Aufzug funktioniert nicht ... Ich mußte fünf Treppen steigen.«
»Es tut mir leid, es ist ein altes Haus. Setzen Sie sich.«
»Darf ich rauchen?«
»Ja, gewiß.«
Sie zog eine Zigarre aus der Tasche und zündete sie an. Vielleicht ist es ein Mann, dachte ich mir. Aber ich sah, daß sie einen großen Busen hatte. Wahrscheinlich ein Zwitter, dachte ich.
Sie sagte: »Mein Mann ist schwerkrank.«
»Ja, ich habe es gehört. Es tut mir sehr leid.«
»Sie sind schuld an seiner Krankheit«, sagte sie mit lauter Stimme.

Erschüttert fragte ich: »Was sagen Sie da?«

»Ich weiß, was ich sage, vor einiger Zeit ließen Sie ihn wissen, daß Sie um keinen Preis in der Welt über ihn schreiben würden. Für Sie war das bloß so dahingesagt, eine Wichtigtuerei. Aber es gibt ein Sprichwort: ›Einen Schlag vergißt man, aber nie ein böses Wort.‹ Mit Ihren Worten haben Sie ihn mehr verletzt, als Sie sich vorstellen können. Wie hat er das verdient?

Mein Mann hat großes Talent, Gabriel Weitz nennt ihn genial. Chaim hat eine hohe Meinung von Ihnen. Als Sie ihm sagten, daß Sie nie über ihn schreiben würden, nahm er sich das sehr zu Herzen. Sie werden nie wissen, wie ihn das verletzt hat. Als er heim kam, war er gelb wie Wachs. Ich fragte ihn, was los sei. Erst wollte er es mir nicht erzählen, aber ich bekam es aus ihm heraus. Sie werden es mir nicht glauben, aber von dem Tag an war er nie mehr derselbe. Obwohl er kränklich war, war er doch immer voller Lebensfreude. Er machte Pläne jahrelang im voraus. Aber seit jenem Tag nahm er nie mehr die Feder zur Hand. Er fing an, unter Magenkrämpfen zu leiden –.«

»Frau Pupko, das kann nicht wahr sein«, unterbrach ich sie.

»Gott weiß, daß es wahr ist.«

»Ich bin kein Kritiker. Gabriel Weitz schreibt ein ganzes Buch über ihn.«

»Er hält nicht viel von Gabriel Weitz. Wir kennen ihn alle und wissen, was er ist, ein intellektueller Langweiler. Nur Verstand, kein Gefühl. Er versteht von Literatur soviel wie mein linker Fuß. Denken Sie ja nicht, daß man Chaim etwas vormachen kann. Sie sind etwas ganz anderes. Er liest jedes Wort, das Sie schreiben. Manchmal lesen wir Ihre Sachen zusammen. Wir leiden beide an Schlaflosigkeit. Wir liegen wach bei Nacht und wenn die Sprache auf Sie kommt, sagt er immer dasselbe, ›der hat Talent‹.

Und Sie mußten ihm solch einen Schlag versetzen. Er ist

empfindlicher als Sie glauben. Literatur ist sein ein und alles. Sie kennen mich nicht, aber ich kenne Sie. Vielleicht kenne ich Sie sogar besser, als Sie sich selber kennen. Ich bin mit Chaim über vierzig Jahre verbunden. Wissen Sie, was es heißt, ein Leben vierzig Jahre lang zu teilen! Er liest mir jede Zeile vor. Wenn er Schwierigkeiten hat mit seiner Arbeit, fragt er mich um Rat.

Wir sind kinderlos, aber seine Werke sind unsere Kinder. Sie haben nie mit jemandem geteilt und verstehen nichts von solchen Dingen. Sie schreiben über Liebe, aber Sie verstehen nichts davon. Verzeihen Sie mir, Sie beschreiben Leidenschaft, nicht Liebe, die Opfer bringt und mit den Jahren wächst. In dieser Beziehung überragt Sie Chaim um mehr als Haupteslänge. Haben Sie einen Aschenbecher?«

Ich brachte ihr einen Aschenbecher und sie streifte die Asche ihrer Zigarre ab. Sie hob ihre buschigen Augenbrauen und ich sah dunkle Augen, fast nur Pupille. Hexen, die samstags bei Nacht auf Besenstielen zur schwarzen Messe flogen und dann auf dem Scheiterhaufen verbrannt wurden, müssen so ausgesehen haben.

»Warum starren Sie mich so an? Ich bin eine Frau, kein Mann.«

»Darf ich Sie fragen, warum –«

»Ich weiß, was Sie fragen wollen. Mir wuchs ein Bart, als ich noch ein junges Mädchen war. Sie werden es nicht glauben, aber ich war schön. Ich versuchte ihn abzurasieren oder sogar die Wurzeln auszubrennen, aber je mehr ich dagegen zu tun versuchte, desto schneller wuchs er. Denken Sie nur nicht, daß ich die einzige bin. Tausende von Frauen haben Bärte. Ein Bart ist kein Vorrecht des Mannes.

Als ich Chaim kennenlernte und er mich auf die Wange küßte, rief er: ›Bella, dir wächst ein Bart!‹ Und er fiel in ein seltsames Entzücken. Er war in meinen Bart verliebt. Unglaublich? Ich konnte es selbst nicht glauben, daß das wahr sein könnte. Er sprach sich mit mir aus. Er war bereit, mich zu heiraten, aber nur unter einer Bedingung, – daß ich meinen Bart wachsen lasse. Es war nicht leicht, so etwas zu versprechen. Ich dachte, er sei verrückt.«

»Er muß homosexuelle Neigungen haben«, sagte ich.

»Oh, ich wußte, daß das kommen würde. Jedermann sagte das. Von Ihnen hätte ich etwas Originelleres erwartet. Er ist kein Homosexueller. Die Menschen haben Vorlieben, die man nicht mit irgendwelchen Theorien erklären kann. Es war keine Kleinigkeit, mich dem anzupassen. Es bedeutete vollkommene Isolierung. Als meine Mutter nach unserer Heirat zu Besuch nach Odessa kam und mich mit dem Bart sah, wurde sie fast ohnmächtig.

Ich wurde ein vollkommener Einsiedler. Aber Chaims Wunsch war mir wichtiger als ein angenehmes Leben. Das ist jene Liebe, die Sie nicht verstehen. Hier in Amerika wurde ich noch einsamer. Ich könnte Ihnen noch mehr erzählen, aber ich bin nicht hierhergekommen, um meinen Bart zu rechtfertigen, sondern um Sie wissen zu lassen, daß Sie Chaim umbringen.«

»Bitte, sagen Sie so etwas nicht, Chaim ist mein Freund.«

»Dann bringen Sie Ihren Freund um.«

Eine Zeitlang führten wir das Gespräch noch weiter. Ich gab Frau Pupko mein Ehrenwort, daß ich über ihren Mann etwas schreiben würde. Sie sagte zu mir: »Es ist vielleicht zu spät, ihn zu retten, aber ich möchte ihm die Genugtuung verschaffen, etwas aus Ihrer Feder über sich zu lesen.«

»Darf ich fragen, warum Sie Zigarren rauchen?«

»Nu, man muß doch nicht alles wissen.«

Im Stillen sandte ich ein Stoßgebet zu Gott, daß keiner meiner Nachbarn sehen würde, wie sie aus meiner Wohnung wegging, aber als ich die Tür für Frau Pupko öffnete, sah ich meine Nachbarin, eine geschiedene Frau, im Gang lauern. Der Aufzug war noch immer nicht in Betrieb und Frau Pupko mußte die Stiegen hinunter gehen. Sie rief mir zu: »Seien Sie ein Kavalier und helfen Sie mir hinunter.« Sie hielt sich an meinem Arm fest und ihre Brust berührte meinen Ellbogen. Als wir hinunterstiegen, waren alle Nachbarstüren auf allen Stockwerken aus irgendwelchem Grund offen. Ich hörte Kinder schreien: »Mama, sieh doch, eine Frau mit einem Bart.« Ein bellender Hund rannte aus einer Wohnung und verbiß sich in Frau Pupkos Kleid, mit Mühe und Not vertrieb ich ihn.

Am selben Abend setzte ich mich hin, um Chaim Pupkos Werke wieder zu lesen. Nach ein paar Wochen hatte ich einen Artikel über ihn geschrieben, aber der Redakteur des Blattes, an den ich den Aufsatz sandte, schob die Veröffentlichung so lange hinaus, daß Chaim Pupko darüber starb. Er hatte gerade noch die Korrekturfahnen lesen können und auf die letzte Seite hatte er mit zitternder Hand geschrieben: »Hab ich es dir nicht gesagt?«

Eines Tages, als ich in dem Automatencafé an der Sixth Avenue nicht weit von der Stadtbibliothek saß, öffnete sich die Tür und Frau Pupko kam herein. Sie stützte sich auf einen Stock und eine Krücke. Obwohl sie schon zwei Jahre Witwe war, trug sie noch immer ihren Bart und Männerhut und Stiefel. Sie hinkte sofort herüber zu meinem Tisch und setzte sich, als ob sie mit mir eine Verabredung hätte.

Alle Gäste in dem Automatenrestaurant starrten sie an, winkten ihren Nachbarn zu und lachten. Ich wollte Frau Pupko fragen, warum sie noch immer ihren Bart beibehielt, obwohl ihr Mann nicht mehr am Leben war, aber ich erinnerte mich an ihren Ausspruch: »Nun, man muß doch nicht alles wissen.«

# Unterwegs

Rejowiec war die Endstation. Von dort nach Zamość fuhr man mit Pferd und Wagen. Oser Mecheles stieg aus dem Zug und blieb mit seinen zwei Koffern einen Augenblick auf dem Bahnsteig stehen. Die Sommernacht war warm und mondlos. Der Schaffner hatte die Kerzen in den Abteilen des Zuges ausgelöscht, sobald die Reisenden ausgestiegen waren, das einzige Licht kam von einer Petroleumlampe in dem leeren Bahnhof. Eine Zeitlang stieß die Lokomotive dicken Rauch aus, zischte und ließ Wasser ausströmen, dann bewegte sie sich rückwärts. Oser erblickte kurz den Lokomotivführer. Er stand am Fenster, halb von dem Feuer aus dem Tender beleuchtet, mit rußverschmiertem Gesicht wie ein Schornsteinfeger. Er erinnerte Oser an die schwarzen Engel in Gehenna, wie sie im ›Nod of Punishment‹ beschrieben sind. Der Bahnhof lag ein paar Werst vom Dorf entfernt, und der über die Felder streichende Wind brachte den Duft frisch gemähten Heus und den Rauch der Feuer, in denen die Schafhirten Kartoffeln rösteten. Frösche quakten. Grillen zirpten. Ein Pferdewagen kam aus der Dunkelheit, und Oser wußte, daß er ihn durch die Nacht den ganzen Weg bis Zamość bringen würde.

Noch ein Reisender wartete auf dem Bahnsteig – eine Frau aus dem gleichen Zug. Im Licht der Bahnhofslampe konnte Oser sehen, daß sie jung war. Sie trug einen langen Rock und eine weiße Bluse, ihr breitkrempiger Strohhut war mit Blumen umkränzt. Sie ließ ihr Gepäck auf dem Bahnsteig und schien zu zögern, ehe sie auf Oser zuging.

»Fahren Sie nach Zamość?« fragte sie.

»Ja«, sagte Oser. »Nach Zamość.«

»Sind Sie aus Zamość?«

»Ich bin aus Lublin, aber meine Schwiegereltern leben in Zamość.«

»Wessen Schwiegersohn sind Sie denn, wenn ich fragen darf?«
»Gabriel Danzigers.«
»Dann sind Sie Neschas Mann!« rief die Frau.
»Ja, der Mann von Nescha.«
»Dann war ich doch bei Ihrer Hochzeit – und hier stehe ich und frage mich ›Ist er oder ist er nicht aus Zamość!‹ Es ist so dunkel, ich würde meine eigene Mutter nicht erkennen. Ich bin mit Ihrer Schwägerin Mirale sehr befreundet. Sie sind also Oser Mecheles.«
»Ganz recht. Darf ich fragen, mit wem ich das Vergnügen habe?«
»Bella Felhendler. Mein Mädchenname war Bardulin. Mein ist Mann ist Feiwel Felhendler, von der Sägemühle.«
»Ich kenne Ihren Mann und Ihren Schwiegervater ganz gut«, sagte Oser.
»Wer kennt sie nicht? Zamość ist schließlich nicht Lublin. Aber unser Kutscher wartet schon.« Und sie rief: »Reb Seinwel, seid Ihr bereit?«
Seinwel, ein kleiner Mann, fast so breit wie groß, trug an diesem Sommerabend eine wattierte Jacke, einen Schaffellhut und schwere Stiefel. Er roch nach Wagenschmiere und Schweiß. Er knallte mit der Peitsche. »Ja, bin bereit!« rief er zurück. »Wieviele seid Ihr?«
»Nur zwei.«
»Was, nur zwei – da kann ich nicht genug verdienen für den Sabbat. Los, was steht Ihr noch herum? Steigt ein.«
»Wollt Ihr so gut sein und mein Gepäck holen?« sagte die Frau.
»Wo ist es? Ohne Mond herrscht in diesem gottverlassenen Loch ägyptische Finsternis. Das russische Schwein, verflucht nochmal, ist zu knausrig, um einen Viertelliter Petroleum zu kaufen. Steigt ein, steigt ein. Gestern hatte ich einen vollen Wagen. Heute – niemand. Na, wenn schon.

Wenn es nur nicht regnet. Allerdings, nach dem Stechen in meinem linken Bein, kommt schlechtes Wetter.«
Oser beeilte sich, selbst das Gepäck aufzuladen und half Bella in den Wagen. Ein Duft von Parfüm, Schokolade und Gebäck umgab sie. Sie stützte sich auf seine Schulter, und Osers Hand berührte versehentlich ihre Brust. Er entschuldigte sich, und sie lachte. Der Wagen hatte vier mit Roßhaar gepolsterte Bänke. Der Boden war mit Heu und Stroh bedeckt. Bella setzte sich auf die hinterste Bank, die eine Lehne hatte. Sie zeigte auf den Platz neben ihr. »Setzen Sie sich zu mir«, sagte sie.
»Ja, danke.« Welch Glück, daß es dunkel ist, dachte Oser. Er fühlte, wie er rot wurde. Obwohl er sich schon für aufgeklärt hielt, ehe er noch die Jeschiwa verlassen hatte, moderne Bücher las und jetzt in Warschau in Museen und in die Sternwarte ging, bekam er noch immer einen roten Kopf, wenn ein Mädchen oder eine junge Frau ihn ansprach. Jedesmal, wenn er nach Warschau mußte, wurde ihm bewußt, wie ungewandt er war. In den Straßen verlief er sich und mußte nach dem Weg fragen. Im Hotel fand er nur mit Mühe sein Zimmer. Hatte er zu telephonieren, war er plötzlich taub. Allerlei Mißgeschick stieß ihm zu. Morgens schnürte er die Schuhe zu und tagsüber gingen die Schuhbänder dauernd auf. Der schwarze Schlips, wie ihn die Chassidim tragen, hing immer schief. Sein Schwiegervater versuchte, aus ihm einen Schnittwarenhändler zu machen und hatte ihn zum Einkauf geschickt, aber er konnte Wolle nicht von Filz unterscheiden. Außerdem waren ihm die Warschauer Großhändler mit ihren ordinären Witzen und Verkäufermanieren zuwider. Hinter dem Rücken seines Schwiegervaters lernte er Algebra, Physik und Philosophie. In einem seiner Koffer führte er Darwins ›Über den Ursprung der Arten‹ mit sich und ein Buch über Astronomie von Flammarion, das ins Polnische übersetzt war. Es war zu spät für ihn, auf die Universität zu gehen, um Arzt, In-

genieur oder Chemiker zu werden. Er studierte aus reinem Wissensdrang. Aber wie Seinwel, der Kutscher, gerade gesagt hatte, damit würde er nicht genug für den Sabbat verdienen.

Seinwel war verschwunden. In der halben Dunkelheit kaute das Pferd Hafer aus dem Leinwandsack und verstreute einige Körner. Ab und zu stampfte es auf den Boden, als sei es ungeduldig. Bella Felhendler hatte ihren Hut abgenommen und auf die Bank vor sich gelegt. Sie strich ihr schwarzes Haar glatt, das im Nacken aufgerollt war, und machte es sich bequem. Oser Mecheles rückte etwas zur Seite, um ihr mehr Platz zu lassen, aber sie hatte sich auf der schmalen Bank so ausgebreitet, daß er ihre Hüfte fühlen konnte. Sie öffnete ihren Beutel und nahm Halva und Gebäck heraus, aß selbst etwas und bot auch Oser an. Sie sagte: »Warum rücken Sie so weit weg? Sie werden aus dem Wagen fallen.« Nach einer Weile fügte sie hinzu: »Sie sind doch kein Heiliger.«

Seinwel kehrte zurück, er brachte einen Sack und eine Kiste. Gewöhnlich nahm er keine Lasten mit, aber da er nur zwei Reisende hatte, konnte er damit einen Gulden dazuverdienen. Nach dem Sack und der Kiste lud er noch ein Bündel Flachs auf. Diese Fracht verdeckte fast Pferd und Kutschersitz. Bella lachte leise: »Als nächstes wird er ein Faß Heringe bringen.« Seinwel stieg auf, schwenkte die Peitsche: hüh!

Das Pferd ging langsam auf dem Schotterweg mit Löchern und Rillen. Im Frühjahr und Herbst stürzte der Wagen oft um, und die Reisenden fielen in den Schlamm. Aber nach Pfingsten war der Schlamm getrocknet. Jetzt führte der Weg an reifenden Feldern entlang, zwischen Weiden, auf denen Pferde während der Nacht grasten, vorbei an Heuhaufen und schlafenden Weilern. Tau bildete sich. Ein Nachtvogel schrie. Am Rande des Horizonts blitzte es, aber es folgte kein Donner. Oser blickte schweigend von rechts

nach links. Er hatte schon fast fünfundzwanzig Jahre gelebt, er hatte viele wissenschaftliche Bücher gelesen, aber die Welt war immer noch das gleiche Rätsel für ihn wie damals, als er in die Vorschule ging. Der Wagen rollte über eine Brücke. Sterne spiegelten sich im Wasser. Wo der Fluß eine Biegung nach rechts machte, stieg milchweißer Nebel auf. Es gab keinen Zweifel – Bella drückte ihren Fuß absichtlich gegen seinen. Ihr weiches Knie sprach außerdem zu seinem Knie und in einer Sprache, die nur das Fleisch versteht. Oser war überrascht: sie hatte einen ordentlichen Mann, er war reich, der Besitzer einer Sägemühle – sogar etwas weltläufig. Was konnte sie von ihm, Oser, wollen? Oder neckte sie ihn nur?
Bella fragte: »Sie kommen aus Warschau, nicht wahr?«
»Ja, aus Warschau.«
»Was machen Sie in Warschau? Kaufen Sie Stoffe für Ihren Schwiegervater ein?«
Oser antwortete nicht gleich. »Mein Schwiegervater will einen Kaufmann aus mir machen, aber ich fürchte, daraus wird nicht viel werden.«
»Würden Sie lieber ein Professor sein?«
»Bin zu alt dazu.«
»Hören Sie, was ich Ihnen sage, Sie werden ein Kaufmann werden. Mein Onkel Beinusch war als junger Mensch so weltfremd, daß er eine Kopeke nicht von einem Rubel unterscheiden konnte, und er ist ein tüchtiger Kaufmann geworden. Man hat ihm sogar nachgesagt, Geld von einem Großgrundbesitzer herausgeholt zu haben. Außerdem wird Gabriel Danziger Ihnen eine hübsche Erbschaft hinterlassen.«
»Möge er hundertzwanzig Jahre leben!«
»Warum sollte jemand so lange leben? Ich selbst wäre ganz zufrieden, wenn ich fünfundvierzig werde.«
»Nicht mehr als das?«
»Was ist eine Frau über fünfundvierzig? Alt, krank und

verbraucht. Es gibt Sorgen mit Töchtern, Schwiegersöhnen, Schwiegertöchtern und Enkeln. Mit einem kurzen Leben könnte ich mich abfinden, aber ich will es genossen haben.«

»Soviel ich weiß, haben Sie ein gutes Leben.«

»Nicht schlecht. Aber was kann einem eine kleine Stadt bieten? Kein Theater. Kein Zirkus. Es braucht nur ein Tanzbär zu kommen und schon wird die ganze Stadt verrückt. Man kann nicht einmal richtig spazierengehen. Und mit wem könnte ich schon spazierengehen? Feiwel ist ewig mit seinem Betrieb beschäftigt. Ihre Schwägerin Mirale kann die Kinder nicht allein lassen. Ihre Nescha war mal ein lustiges Mädchen, aber sie ist nicht mehr dieselbe. Und dann ist sie auch noch jünger als ich.«

»Wie war sie früher?«

»Ein Ehemann sollte nicht zu neugierig sein«, sagte Bella und lachte kurz.

»Ich hoffe, sie war nicht schlimm.«

»Nein, aber sie amüsierte sich gern. Sie war die beste Tänzerin von Zamość. Wir Mädchen versammelten uns oft bei Salman Krosess – sein Wohnzimmer war so groß wie ein Wald und dort tanzten wir. Er verbot zwar den Jungen und Mädchen, zusammen zu tanzen, aber er ging um neun Uhr schlafen, und dann taten wir, was wir wollten, bis elf. Die jungen Männer schlichen durch die Hintertür herein. Das waren lustige Zeiten – besonders im Winter. Ihre Nescha war immer die Seele der ganzen Gesellschaft. Die Hälfte der jungen Leute in Zamość war in sie verliebt, aber sie war ganz vernarrt in einen üblen Burschen.«

Oser wurde es heiß unter seinem Kragen. »Wer war das?«

»Oh, Sie wissen schon, wer das war. So etwas spricht sich herum. Bei mir müssen Sie nicht unschuldig tun.«

»Ich schwöre, ich weiß es nicht.«

»Männer sind schon komisch. Was macht das jetzt noch aus? Was gewesen ist, ist gewesen.«

»Bitte, tun Sie mir den Gefallen. Sagen Sie mir, wer es ist.«
»Neugierig, was?« Bella sprach leise: »Gut, ich werde es Ihnen ins Ohr flüstern. Ich möchte nicht, daß Seinwel es hört.« Sie beugte sich zu ihm, legte den Arm um seinen Hals und zog seinen Kopf zu sich. Ihre Hand war warm, ihre Lippen berührten sein Ohr. »Mendele Schmeiser.« Und sie tat etwas, was ihm noch keine Frau getan hatte: sie steckte ihre Zunge in sein Ohr.
Oser war unangenehm überrascht, sowohl von dem Namen wie von ihrem Tun. Sein Ohr brannte und es sauste darin, Ärger überkam ihn und ein unbekanntes Gefühl der Scham. Er kannte Mendele Schmeiser – ein Musiker und Barbier. Er hatte ein rundes Gesicht, einen Lockenkopf und einen dünnen gezwirbelten Schnurrbart; er hatte ein gespaltenes Kinn. Und obwohl er nie ritt, hielt er eine Peitsche in der Hand und trug glänzend polierte Reitstiefel. Er war in der Stadt wegen seiner gepfefferten Witze bekannt. Oser wurde übel und sein Mund füllte sich mit Galle. Er fürchtete, sich übergeben zu müssen, aber mit großer Willensanstrengung konnte er sich beherrschen. Sein linkes Bein zitterte, aber sein rechtes, gegen das Bella ihres drückte, blieb steif. Seine Stirn wurde feucht. Trotz seiner Zweifel an Gott murmelte er ein Gebet: »Vater im Himmel, laß mich nicht entehrt sein.«

Er hörte Bella sprechen – ihre Stimme schien von weither zu kommen. »Was wollen Sie, wir leben nicht im Mittelalter«, sagte sie. »Wir leben doch im zwanzigsten Jahrhundert. Es ist höchste Zeit, daß sich die Menschheit zivilisiert. Zamość ist weder Bilgoraj noch Tomaszow. Eine Frau hat den gleichen Anspruch darauf, sich zu amüsieren, wie ein Mann. Wir nahmen uns, was wir bekommen konnten. War das so schlimm? Sobald man verheiratet ist und schwanger wird, ist alles aus. Man ist dann nicht mehr so leichtfüßig beim Tanzen. Dieser Mendele taugt nichts, aber wie man Mädchen um den kleinen Finger wickelt, das weiß er. Er küßte jede – ein toller Kerl. Ihre Nescha war furchtbar eifersüchtig! Sie wollte ihn für sich ganz allein, das arme Ding.«

Oser neigte schweigend seinen Kopf.

»Ich hätte Ihnen das nicht erzählen sollen. Geben Sie mir Ihre Hand. Schwören Sie, daß Sie ihr keine Vorwürfe machen werden.«

»Nein.« Osers Stimme war fast unhörbar.

»Einige Zeit vor der Unterzeichnung des Ehevertrags wurde sie krank und mußte nach Warschau. Es wurde allerlei gemunkelt. Aber was will das heißen? Die Leute klatschen. Schwören Sie.« Bella nahm Osers Hand und legte sie auf ihre Brust. Sie hielt sie dort mit ihrer fest. »Was macht das? Jetzt ist sie Ihre Frau. Aber Mendele hat sie doch nicht vergessen. Eines Nachmittags standen wir alle in Zippes Schokoladengeschäft, es ist noch nicht lange her, und er kam herein. Sie sah ihn an und wurde kalkweiß. Und was glauben Sie, tat er? Er streckte seine Reitgerte aus und hob ihren Rock hoch. Ihm gilt eine Frau nichts, weil sie sich ihm alle an den Hals werfen. Er ist ein unverschämter Halunke, wenn er auch gut aussieht.«

»Gut aussieht . . . Nun –«

»Ein Großmaul ist er, weiter nichts. Ein böses Maul. Mit seinem Gerede schmeichelt er sich ein. Aber auch ein Mann aus einem chassidischen Hause kann Charme haben. Mir gefallen Sie besser als Mendele Schmeiser. Sie sind ruhig und sanft. Nescha weiß Sie nicht zu schätzen. Das ist wahr. Wenn Sie mein Mann wären, ich würde Mendele nicht einmal ansehen.«

»Trifft sie ihn?«

»Wer weiß, was eine Frau tut, wenn ihr Mann fort ist! Man kann sogar seinen Mann lieben und sich doch für einen anderen Mann interessieren. Manchmal möchte man etwas Abwechslung. Eine Frau trägt ja auch nicht ewig das gleiche Kleid. Und man ißt auch nicht jeden Abend Nudeln mit gekochtem Rindfleisch. Hab ich recht?«

»Vielleicht haben Sie recht«, murmelte Oser Mecheles. Die Bitterkeit in seinem Mund blieb. Vorsichtig zog er seine Hand von Bellas Brust fort.

Der Abend war dunkler geworden. Alles verschmolz: Felder, Weg und Himmel. Das Pferd bewegte sich langsam; ab und zu blieb es stehen und ging dann wieder weiter. Oser erinnerte sich an die Worte seiner Mutter, daß Tiere Dämonen sehen – ein Pferd bleibt stehen, um eines dieser nächtigen Wesen vorüberzulassen. Die Räder schlugen gegen die Pflastersteine. Die Luft blieb warm und feucht. Wer weiß, dachte Oser, vielleicht nähert sich ein Komet der Erde. Da die Himmelskörper weder Zweck noch Bewußtsein haben, sind solche Zusammentreffen möglich. Der Kutscher Seinwel, jenseits des Ballens Flachs, schwieg, vielleicht war er auch eingeschlafen.

Bella nahm wieder Osers Hand und legte sie auf ihre Brust. »Bitte, seien Sie kein Trauerkloß.« Sie sprach mit einer Unverschämtheit, die ihm fremd war. »Was macht es Gott aus, wenn junge Leute sich amüsieren? Und woher wissen Sie, daß es einen Gott gibt? Der Redner aus Warschau hat gesagt, alles ist Evolution. Er sagte, die Erde war heiß und kühlte ab, wie die Kruste auf einem Topf Buchweizen. Ist das wahr?«

»Wer weiß das?«

»Ich liebe Feiwel. Aber selbst wenn man gerne Butterplätzchen ißt, kann man doch auch ein paar Makronen essen. Warum sollen nur die Männer alles dürfen? Die bandeln mit jeder an. Ich sitze im Zug und es kommt ein Handelsreisender herein. Wir fangen an, uns zu unterhalten. Er hat Frau und drei Kinder, das hält ihn nicht von den Frauen anderer Männer ab. Wohin er geht, findet er eine Frau, christlich oder jüdisch. Mit mir wollte er auch was anfangen, aber er gefiel mir nicht – er war klein, fett und hatte einen Bauch. Wenn ich mit jemandem etwas anfange, dann will ich auch Vergnügen davon haben. Verstehen Sie mich?«

»Ja, ich verstehe. Unsere Väter und Mütter –«

»Väter und Mütter!« Bella schrie fast. »Fanatiker waren das! Die haben ihre Lebenszeit mit dem Talmud und den Bittgebeten vergeudet. Was hatte meine Mutter von ihrem Leben? Mit vierunddreißig wurde sie Witwe und das war das Ende. Am Tage vor dem Neumond ging sie auf den Friedhof und warf sich auf dem Grab meines Vaters nieder. Sie sprach zu ihm, als sei er noch am Leben, berichtete von den Kindern. Dummer Aberglaube! Die Welt ist inzwischen erwacht, aber diese Leute wissen nicht einmal, daß sie im zwanzigsten Jahrhundert leben. Was ist los?« Bellas Ton änderte sich» »Ist Ihnen nicht gut?«

»Ja. Nein.«

»Warum zittern Sie? Ist Ihnen kalt?«

»Ich glaube, ich habe Fieber.«

»Wirklich? Ja, dann –« Bella machte eine Bewegung, die bedeutete, ›Sie können Ihre Hand jetzt fortnehmen‹. Sie rückte sogar zur Seite. Sie sagte: »In den Warschauer Restaurants bekommt man Fleisch, das aus der Zeit der Sintflut übriggeblieben ist. Sie haben sich wahrscheinlich den Magen verdorben. Nehmen Sie Rhizinusöl, wenn Sie nachhause kommen. Es gibt nichts Besseres. Vergessen Sie nicht, was ich Ihnen erzählt habe, ist unser Geheimnis.«

»Ja, sicher.«

»Gehen Sie manchmal im Wald spazieren?«

»In was für einem Wald?«

»In einer kleinen Stadt wie der unseren, spielt sich alles im Wald ab. In der Mitte der Woche ist niemand im Wald, Samstags kommt die halbe Stadt und dann ist es schlimmer als auf dem Marktplatz . . .«

Oser Mecheles antwortete nicht. Er erinnerte sich daran, daß er in Neschas Photographiealbum ein Bild von Mendele Schmeiser gesehen hatte. Nescha hielt ihn zum Narren. Sie liebte einen Barbier – einen Ignoranten, einen Lumpen. Sie hatte Oser kürzlich gesagt, daß sie schwanger sei. Wer weiß, ob nicht von Mendele Schmeiser. Was konnte sie zurückhalten? Wenn diese Dummköpfe fortschrittlich werden, gibt es keine Grenzen.

Oser überblickte sein Leben. Ja, wenn man Gott leugnet und die Tora, und daran glaubt, daß der Mensch vom Affen abstammt, warum sollte man sich dann nicht wie ein Affe benehmen? Und wenn Nescha derartig vernarrt war in Mendele Schmeiser, was konnte er, Oser, ihr dann bedeuten?

Als Oser Mecheles sich mit Nescha verlobte, nahm er an, daß sie ein anständiges Mädchen war. Am Verlobungsfest saß sie am Tisch der Frauen und er sah kaum etwas von ihr. Er war umgeben von Chassidim, Gelehrten, Jeschiwaschülern. Bei der Hochzeit, nach dem Tanz mit der Braut, führte man ihn in ein dunkles Schlafzimmer. Er wußte aus dem Talmud, ein Mädchen hatte eine Jungfrau zu sein, aber er wußte nicht, wie ein Mann dessen sicher sein konnte. Im Morgengrauen kamen die Frauen, um das Betttuch fortzunehmen, und dann war es üblich, einen Ritualtanz vor dem Fenster auszuführen. Später merkte er, daß Nescha nicht fromm war. Sie kämmte ihr Haar an einem Sabbat und wusch sich. Einigemal ertappte er sie, wie sie Milch trank, nachdem sie Fleisch gegessen hatte. Sie machte Scherze über das rituelle Bad. Sie verlangte auch von ihm, daß er in ihr Bett komme, zuzeiten, wenn es nach dem Gesetz verboten war. Sie ging in die Leihbücherei und holte sich polnische und russische Romane. Oser freute sich darüber – er hatte eine fortschrittliche Frau.

Andererseits war er ihr geistig nie nahe gekommen. Oser strebte nach Wissen und sie dachte an Geld. Sie beneidete ihren Schwager Bennie, weil er ein gut gehendes Geschäft hatte. Obwohl sie viel Schmuck zur Hochzeit bekommen hatte, beschwerte sie sich ständig, daß ihre Schwester mehr hatte. Nescha versuchte, Oser davon zu überzeugen, daß er ihre Mitgift verlangen und ein eigenes Geschäft eröffnen sollte, und in ein eigenes Haus ziehen und nicht bei ihrem Vater leben. Immerwährend bestellte sie neue Kleider und stundenlang konnte sie sich mit ihrer Schwester Mirale über Schuhe, Wäsche, Spitzen, Kuchen und Gebäck unterhalten, die beide Schwestern backten, und über verschiedene Sorten von Cremes und Parfüms, die sie in Lublin bestellten. Auf ihrem Nachttisch stand eine Schachtel mit Pralinen, die sie mitten in der Nacht knabberte. Oser bemerkte, daß Nescha die Bücher, die sie nachhause brachte, nicht las. Oft versuchte er, mit ihr über Wissenschaft und Philosophie zu sprechen, aber sie unterbrach ihn regelmäßig – eine Freundin brauchte sie, sie mußte ihrer Mutter etwas mitteilen, sie hatte in der Küche zu tun. Oser merkte zu seinem Erstaunen, daß die Zweifel, die ihn von jeher gequält hatten – Zeit, Raum, Ewigkeit, das Problem der Gerechten, die leiden müssen – sie nicht berührten. Sie beschäftigte sich nicht einmal mit dem Tod, über den er schon angefangen hatte zu brüten, als er noch in die Vorschule ging. Oser kam zu dem Schluß, daß Frauen dazu geschaffen sind, in Kleinigkeiten zu schwelgen. Eine Frau war in gewisser Weise wie ein Kind, das Spielzeug braucht.

Aber um sich von einem Mendele Schmeiser blenden zu lassen, dazu mußte man selbst ein Mendele Schmeiser sein. Wenn alles, was von der Aufklärung kam, Mendele Schmeiser war, dann weh über die Aufklärung!

Oser hörte ein Schnarchen. Bella war eingeschlafen. Er hob seine Augen zum Himmel. Er hatte die Theorie von Kant und Laplace gelesen, daß sich das Universum aus einem Nebel entwickelt hatte. Aber wie kann ein Nebel

Menschen hervorbringen, Tiere, Bäume, Getreide, Blumen, Augen, Ohren, ein Gehirn? Woraus waren Leid und Scham, die Oser jetzt empfand, gemacht? Worauf beruhten die Worte von Jesaja, Lessing, Mendelssohn, Reb Nachman Krochmal, wenn alles Seiende eine Zusammensetzung von Atomen ist? Irgendwo stimmte Oser Mecheles Rechnung nicht, aber wo lag der Fehler? Konnte er wieder fromm werden? Konnte er daran glauben, daß jeder Kommentar, den ein jeder Rabbi jeder Generation geschrieben hatte, Moses auf dem Sinai gegeben wurde? Woran konnte er glauben?

Haß? War es Mendeles Schuld, daß sich seine Atome auf diese Weise verbanden und nicht auf eine andere? Und wie kann es Neschas Schuld sein? Kann man überhaupt von Gut und Böse sprechen, wenn es keinen Gott gibt, keine Offenbarung?

Oser Mecheles schloß seine Augen. Er schlief nicht, aber er war auch nicht wach. Eine Schwere drückte auf sein Herz und lag dort wie ein Gewicht. Ihm war kalt, als sei es Winter. Er fühlte sich wie ein Trauernder: er mußte Schiwe sitzen für seine eigenen Illusionen.

Der Wagen hielt und Oser fuhr mit einem Schreck auf. Bella stieg wortlos aus. Ihr Mann Feiwel kam in Nachtgewand und Hausschuhen aus dem Haus; er trug kein Käppchen. Der Morgen brach an. Oser sah die Silhouette von Mann und Frau, die sich umarmten, sich sacht bewegen.

Bald hielt der Wagen vor Gabriel Danzigers Haus. Oser nahm sein Gepäck herunter. Besonders die Tasche mit den Büchern war schwer. In dem Haus seines Schwiegervaters schlief alles. In der Küche glomm eine kleine Petroleumlampe. Im Brutkorb hinter dem Ofen gluckten die Hennen. Oser lauschte. Der ganze Haushalt schnarchte – sein Schwiegervater, seine Schwiegermutter, Nescha. Oser hörte sie seufzen. Verse aus den Sprüchen Salomos kamen ihm in den Sinn: »Drei sind mir zu wunderlich, und das vierte weiß ich nicht: Des Adlers Weg am Himmel, der Schlange Weg auf einem Felsen, des Schiffes Weg mitten im Meer und eines Mannes Weg an einer Magd.« »Und verläßt den Herrn ihrer Jugend und vergißt den Bund ihres Gottes.«

Oser ließ sein Gepäck in der Stube und ging hinaus. Die eine Hälfte des Himmels war noch dunkel; die andere glühte tiefrot. Tau fiel wie durch ein Sieb. Vögel sangen. Oser bewegte sich wie ein Schlafwandler. Seine Beine trugen ihn in den Hof der Synagoge. Er kam an der Tonne vorbei, wo die Andächtigen ihre Hände wuschen. Das Wasser spiegelte das Gold der aufsteigenden Sonne wider.

Oser betrat das Bethaus. Hier herrschte noch Nacht. Eine einzige Gedächtniskerze tropfte im Leuchter. Die Säulen des Almemors warfen springende Schatten. Die Tische, die Bücherbretter, die Kerzenhalter bewahrten mitternächtliches Schweigen. Oser stand still und versuchte im Dämmer, die Zehn Gebote zu lesen, aber die Buchstaben blieben ihm verborgen. »Es ist vorbei, vorbei«, murmelte er und wußte nicht, was er meinte. Eine nie zuvor erfahrene Müdigkeit überkam ihn. Er lehnte sich gegen ein Pult, um nicht umzufallen. Er erinnerte sich daran, daß angeblich zu dieser Stunde die Toten an heiliger Stelle beten, ehe der erste Andächtige über die Schwelle tritt.

Plötzlich brach ein purpurnes Licht durch die Fenster und jeder Gegenstand im Bethaus war wie von einer himmlischen Lampe erhellt: das Lesepult, die Bänke, die Ständer, die Löwen an dem Gesims des Heiligen Bogens, deren ausgestreckte Zungen die Schrifttafeln hielten. Ihre Knopfaugen schienen lebendig. Oser stand wie angewurzelt. Es ging ihm plötzlich auf, daß die Bücher, die er aus Warschau mitgebracht hatte, und die Gebote auf diesen Tafeln, einander ausschlossen. Wenn die Schöpfung blinder Zufall war, und der Mensch ein Tier ist, dann durfte man Oser (oder Feiwel) betrügen, ihn bestehlen, ihn sogar töten. Warum habe ich das früher nicht verstanden, überlegte er. Er schauderte und seine Zähne klapperten. Zum erstenmal seit Jahren fühlte er das Verlangen, den Tag mit einem Gebet zu beginnen, aber wie konnte er wissen, ob sein Gebet erhört werden würde?

Oser ging hinaus. Am Himmel zog eine Wolke wie ein feuriger Wagen nach Osten. Die Fenster der Synagoge glänzten und flackerten. Das Wasser in der Tonne war grünlich geworden und Oser sah sein Bild darin wie in einem Spiegel: ein bleiches Gesicht, eingefallene Wangen, Schläfenlocken wie Hanf, eine Kehle mit ausgeprägtem Adamsapfel. Er erkannte sich kaum. Die Weltlichkeit hatte ihn verlassen. Er war wieder, wer er vor seiner Heirat mit Nescha gewesen war – ein armer Jeschiwaschüler aus Lublin, ein Waisenknabe, der von Fremden unterstützt wurde. Er beugte sich hinunter und tauchte einen Finger in das Wasser. Stärkere Mächte als menschliche hatten sich diese Nacht verschworen, ihm alles zu nehmen: seine Frau, ihre Mitgift, sein Heim. Die Aufklärung hatte ihn betrogen; Nescha und Mendele Schmeiser besorgten den Rest. Oser wußte, er mußte wieder sein Bündel schnüren und seinen Weg zu einer Jeschiwa finden. Er war nicht böse, nur erstaunt. Er mußte sich entscheiden, zwischen Gott, den es vielleicht nicht gibt, und so abscheulichen Geschöpfen wie Mendele Schmeiser und seine Weiber.

# Nachbarn

Sie wohnten beide in meinem Haus in Central Park West – er zwei Stockwerke unter mir, sie eins über mir. Größere Gegensätze als diese beiden waren schwer vorstellbar. Morris Terkeltoyb war der Verfasser ›wahrer Geschichten‹ für die jiddische Zeitung, an der ich ebenfalls mitarbeitete. Margit Levy war die ehemalige Geliebte eines italienischen Grafen. Eines hatten sie beide gemeinsam: über keinen von ihnen erfuhr ich je die Wahrheit. Morris Terkeltoyb versicherte mir, daß seine Geschichten erfunden seien, aber wenn ich sie las, wurde mir klar, ganz erfunden konnten sie nicht sein. Die Einzelheiten und sonderbaren Ereignisse, die sie enthielten, konnte nur das Leben selbst entworfen haben. Ich beobachtete ihn oft mit älteren Leuten, die wie die Gestalten aus seinen Geschichten aussahen. Morris Terkeltoyb war weit davon entfernt, literarische Gewandtheit zu besitzen. Sein Stil wimmelte von Klischees. Auf der Redaktion sah ich einmal eines seiner Manuskripte. Er hatte keine Ahnung von Satzbau. Kommata und Bindestriche benutzte er aufs Geratewohl. Jeder Satz endete mit drei Gedankenstrichen. Aber Morris Terkeltoyb wollte in meinen Augen ein schöpferischer Schriftsteller sein, kein Reporter.

In der Zeit, in der ich ihn kannte, tischte er viele Lügen auf. Zahllose Frauen hatten sich ihm in die Arme geworfen – Gesellschaftslöwinnen, Stars der Metropolitan Opera, berühmte Schriftstellerinnen, Ballettänzerinnen, Schauspielerinnen. Jedesmal, wenn Morris Terkeltoyb auf Urlaub nach Europa fuhr, kam er mit einer Liste neuer Liebesabenteuer zurück. Einmal zeigte er mir einen Liebesbrief in einer Handschrift, die ich als seine eigene erkannte. Er genierte sich nicht einmal, seine Geschichten mit Szenen aus der Weltliteratur auszuschmücken. In Wirklichkeit war er ein einsamer, alter Junggeselle mit krankem Herzen und nur einer Niere. Er schien sich seiner abwesenden Niere nicht bewußt zu sein; ich erfuhr es durch einen Verwandten von ihm.

Morris Terkeltoyb war klein, breitschulterig, mit Resten von weißem Haar, das er wie eine Brücke quer über seinen Schädel kämmte. Er hatte große wäßrige Augen, eine Adlernase, und einen fast lippenlosen Mund – einen Spalt, der ein großes Gebiß sehen ließ. Er sagte, er stamme von Rabbinern und Kaufleuten ab und er mußte in seiner Jugend den Talmud studiert haben, denn seine Rede war mit Zitaten daraus gespickt. Seine Muttersprache war Jiddisch, aber er sprach auch ein gebrochenes Englisch, ein fehlerhaftes Polnisch, und die Art Jiddisch-Deutsch, wie es auf zionistischen Kongressen gesprochen wird. Langsam gelang es mir, aus seinen Übertreibungen einige Tatsachen herauszulösen. In Polen war er mit der Tochter eines Rabbiners verlobt gewesen: sie starb eine Woche vor der Hochzeit an Typhus. Er hatte in Berlin am Rabbinerseminar von Hildesheimer studiert, aber kein Examen abgelegt. In der Schweiz hatte er philosophische Vorlesungen an einer Universität besucht. Er hatte einige Gedichte in einer jiddischen Anthologie veröffentlicht und auch Aufsätze in der hebräischen Zeitung ›Morgenstern‹. Von seinen Geliebten kannte ich nur eine – die Witwe eines Hebräischlehrers. Ich begegnete ihr auf einer Neujahrsgesellschaft, und nach ein paar Drinks erzählte sie mir, daß sie jahrelang mit Morris Terkeltoyb liiert gewesen war. Er litt an Schlaflosigkeit und zeitweise an Impotenz. Sie machte sich über seine Prahlereien lustig. Ihr gegenüber hatte er sich gerühmt, mit Isadora Duncan eine Affaire gehabt zu haben.

Meine andere Nachbarin, Margit Levy, schien keine Lügnerin zu sein, aber die Ereignisse in ihrem Leben waren so seltsam und kompliziert, daß ich nie schlau aus ihr wurde.

Ihr Vater war ein Jude; ihre Mutter gehörte der ungarischen Aristokratie an. Ihr Vater soll sich das Leben genommen haben, als er erfuhr, daß seine Frau ein Verhältnis mit einem Mitglied der Familie Esterhazy hatte – ein Verwandter des Esterhazy, der eine Hauptrolle in der Dreyfus Affaire spielte. Als er sein Vermögen in Monte Carlo verspielt hatte, nahm sich der Liebhaber ihrer Mutter das Leben. Nach seinem Tod wurde Margits Mutter wahnsinnig und verbrachte zwanzig Jahre in einer Klinik in Wien. Margit wurde von einer Schwester ihres Vaters erzogen, die die Geliebte eines brasilianischen Kaffeeplantagenbesitzers war. Margit Levy sprach ein Dutzend Sprachen. Sie hatte Koffer voller Photographien, Briefe, alle Arten von Dokumenten, die die Wahrheit ihrer Erzählungen bezeugten. Sie sagte mir oft: »Aus meinem Leben könnte man nicht nur ein Buch machen, sondern eine ganze Literatur. Die Hollywood Filme sind ein Kinderspiel, verglichen mit dem, was ich erlebt habe.«
Jetzt lebte Margit Levy in einem einzigen Zimmer als Pensionärin einer alten Jungfer und überlebte mit der Altersrente. Sie litt an Rheumatismus und konnte kaum gehen. Sie trippelte mit winzigen Schritten, indem sie sich auf zwei Stöcke stützte. Obwohl sie behauptete, in den Sechzigern zu sein, rechnete ich mir aus, daß sie einiges über siebzig sein mußte. Margit Levy lebte in einem Zustand der Verwirrung. Jedesmal, wenn sie mich besuchte, vergaß sie etwas – ihre Handtasche, ihre Handschuhe, ihre Brille, ja selbst einen ihrer Stöcke. Manchmal färbte sie ihr Haar rot, manchmal schwarz. Sie legte Rouge auf ihr runzeliges Gesicht und benutzte zu viel Wimperntusche. Unter ihren dunklen Augen hatte sie schwarze Säcke. Die Nägel ihrer verkrümmten Finger waren grellrot lackiert. Ihr Hals erinnerte mich an ein gerupftes Huhn. Ich hatte ihr gesagt, daß meine Sprachkenntnisse nicht sehr gut seien, aber wieder und wieder sprach sie zu mir Französisch, Ita-

lienisch oder Ungarisch. Obwohl ihr Name jüdisch war, trug sie, wie ich bemerkte, unter der Bluse ein kleines Kreuz, und ich nahm an, daß sie übergetreten war. Margit Levy hatte sich einmal eines meiner Bücher aus der Stadtbibliothek geliehen, und seitdem las sie alles, was ich schrieb. Sie versicherte mir, sie habe all die Kräfte, die ich in meinen Geschichten beschrieb – Telepathie, Hellsehen, Vorahnungen, oder die Fähigkeit, mit Toten in Beziehung zu treten. Sie besaß ein Ouija-Brett und einen kleinen Tisch ohne Nägel. So arm sie war, auf einige okkulte Zeitschriften war sie abonniert.

Nach ihrem ersten Besuch bei mir schüttelte sie mir die Hand und sagte mit zitternder Stimme: »Ich wußte, daß Sie in mein Leben kommen würden. Dies wird meine letzte große Freundschaft sein.«

Und sie brachte mir als Geschenk ein Paar Manschettenknöpfe, die sie vom Grafen Esterhazy geerbt hatte – jenes Esterhazy, der in einer Nacht achtzigtausend Kronen verspielt und sich dann eine Kugel durch den Kopf gejagt hatte.

Ich kam nicht auf den Gedanken, meine beiden Nachbarn zusammenzubringen. Tatsächlich lud ich weder den einen noch die andere ein. Sie pflegten an meine Tür zu klopfen, und wenn ich nicht zu viel zu tun hatte, bat ich sie, wer immer es war, herein und bot ihnen, ihm oder ihr, Kaffee und Gebäck an. Morris Terkeltoyb erhielt aus Tel Aviv hebräische Zeitungen. Wenn er eine Besprechung eines meiner Bücher oder auch nur eine Anzeige davon fand, brachte er sie mir. Ab und zu, wenn Margit Levy im Herd ihrer Vermieterin, der alten Jungfer, einen Kuchen gebacken hatte, kam sie vorbei und bestand darauf, mir ein Stück davon zu geben.

Aber einmal geschah es, daß beide zur gleichen Zeit kamen. Margit hatte zwischen ihren Papieren einen Brief gefunden,

über den sie mit mir gesprochen hatte. Morris hatte in einer Monatszeitschrift aus Südafrika den Nachdruck einer Skizze von mir entdeckt. Ich stellte meine Gäste einander vor; obwohl sie seit Jahren in dem gleichen Hause wohnten, waren sie sich nie begegnet. Margit war in den letzten Monaten ziemlich taub geworden. Aus irgendeinem Grunde konnte sie ›Terkeltoyb‹ nicht aussprechen. Sie zupfte an ihrem Ohr, runzelte die Stirn und sprach den Namen falsch aus. Gleichzeitig schrie sie in Terkeltoybs Ohr, als ob er der Schwerhörige sei. Morris sprach Englisch, aber sie konnte seinen Akzent nicht verstehen. Er versuchte es mit Deutsch. Margit Levy schüttelte ihren Kopf und ließ ihn jedes Wort wiederholen. Wie ein strenger Lehrer verbesserte sie seine Grammatik und Aussprache. Er hatte die Gewohnheit, Worte zu verschlucken, und wenn er aufgeregt war, wurde seine Stimme schrill. Ohne seinen Kaffee auszutrinken, stand er auf und ging zur Tür: »Wer ist das verrückte alte Weib?« fragte er mich. Er schlug die Tür zu, als sei es meine Schuld, daß es ihm nicht gelungen war, Eindruck auf Margit Levy zu machen.
Als er gegangen war, nannte Margit Levy ihn einen ungebildeten Idioten, einen Grobian, sie, die sonst übertrieben höflich zu jedem war und so weit ging, die Hunde und Katzen ihrer Nachbarn mit Komplimenten zu überhäufen. Obgleich sie wußte, daß ich aus Polen kam, konnte sie ihre Wut nicht bezähmen und sprach von ihm als ›einem polnischen Schlemihl‹. Gleich darauf entschuldigte sie sich und versicherte mir, ich sei eine Ausnahme. Auf ihren Backen erschienen Flecke, die so rot waren, daß sie durch das Rouge hindurch sichtbar wurden. Den Kaffee, den ich ihr vorgesetzt hatte, ließ sie stehen. An der Tür ergriff sie meine beiden Handgelenke, küßte mich und bat: »Bitte, mein Lieber, lassen Sie mich diese Kreatur nie wiedersehen.«
Ich glaubte, sie weinen zu hören, als sie die Treppe hinauf-

stieg. Margit hatte Angst vor Aufzügen. Sie war einmal drei Stunden in einem steckengeblieben. Ein anderes Mal hatte die Lifttür ihre Hand eingequetscht, so daß sie dabei einen Diamantring verloren hatte. Sie hatte den Hausbesitzer verklagt.

Nach diesem Zusammentreffen beschloß ich, nie wieder einen von beiden in meine Wohnung zu lassen, wenn der andere da war. Ich hatte mit beiden die Geduld verloren. Wenn Morris Terkeltoyb nicht mit seinen Erfolgen bei Frauen oder den fabelhaften Angeboten von Verlegern und Universitäten protzte, dann beschwerte er sich über die Unhöflichkeit, mit der ihn Redakteure, Kritiker, die Vertreter des Journalistenverbandes oder die Sekretäre des P.E.N. Klubs behandelten. Niemand ließ ihn gelten; die Leute legten ihn alle herein. Die Korrektoren an unserer Zeitung weigerten sich nicht nur, die Fehler zu korrigieren, die er in seinen Geschichten angemerkt hatte, sie verstümmelten seinen Text auch noch absichtlich. Einmal erwischte er jemanden beim Umbruch in der Setzerei, wie er in einem Aufsatz Zeilen vertauschte. Als Morris sich bei der Gewerkschaft der Drucker beschwerte, erhielt er keine Antwort. Er nannte die jiddische Literatur ein ›Racket‹. Er beschuldigte die Autoren des jiddischen Theaters, seine Geschichten auszuschlachten. Er sagte zu mir: »Sie werden wahrscheinlich glauben, daß ich an Verfolgungswahn leide. Vergessen Sie nicht, daß die Menschen einander wirklich verfolgen.«

»Nein, das vergesse ich nicht.«

»Mein eigener Vater hat mich verfolgt.« Und mit klagender Stimme brachte Morris Terkeltoyb einen langen Monolog vor, der gut als ein Dutzend Kapitel eines Fortsetzungsromans auf seiner Seite der ›wahren Geschichten‹ hätte erscheinen können. Wann immer ich versuchte, ihn zu unterbrechen, um nach Einzelheiten zu fragen, fuhr er mit solcher Intensität fort zu erzählen, daß er nicht aufzuhalten

war. Meine Fragen wischte er mit einer ungeduldigen Handbewegung beiseite.
Bei aller Verschiedenheit hatten Margit Levy und Morris Terkeltoyb doch viel Gemeinsames, fand ich. Wie er, warf auch Margit alles durcheinander, Namen, Daten und Episoden. Wie er, beschuldigte auch sie längst verstorbene Menschen, unzählige Vergehen gegen sie verübt zu haben. Alle bösen Mächte hatten sich zu ihrem Ruin verschworen. Ein Börsenmakler, der ihr Geld angelegt hatte, verfiel dem Wettfieber bei Pferderennen und vergeudete ihr Kapital. Ein Arzt, der ihren Rheumatismus heilen sollte, gab ihr eine Spritze, die einen Ausschlag am ganzen Körper verursachte und eine Krankheit, an der sie fast gestorben war. Im Winter glitt sie häufig auf dem Eis aus, in Warenhäusern fiel sie die Rolltreppen hinunter. Ihre Handtasche wurde ihr gestohlen. Einmal wurde sie auf einer belebten Straße am hellichten Tage überfallen. Margit Levy schwor, daß, wenn sie in Ferien ging, die alte Jungfer, bei der sie wohnte, ihre Kleider und ihre Unterwäsche trug, ihre Briefe öffnete und sich selbst mit ihren Medizinen bediente.
»Aber wer würde die Medizin anderer Leute einnehmen?« fragte ich sie.
Sie antwortete: »Wenn sie könnten, würden sich die Menschen gegenseitig die Augen stehlen.«

Im Sommer machte ich lange Ferien. Ich fuhr in die Schweiz, nach Frankreich und Israel. Ich verließ New York Mitte August, wenn mein Heuschnupfen beginnt, und kam Anfang Dezember zurück. Meine Miete hatte ich im voraus bezahlt, die Wohnung bei meiner Abreise abgeschlossen. Für Diebe gab es dort außer Büchern und Manuskripten nichts zu holen.
Am Tag meiner Rückkehr fiel Schnee in New York. Als ich vor meinem Haus aus dem Taxi stieg, war ich verblüfft

von dem, was ich sah. Margit Levy kroch mit einem Stock und einer Krücke die Straße entlang und Morris Terkeltoyb hielt ihren Arm. Mit seiner freien Hand schob er ein Wägelchen mit Lebensmitteln aus dem Supermarkt an der Columbus Avenue. Margits Gesicht war gelb von der Kälte und verrunzelter denn je. Sie trug einen schäbigen Pelzmantel und einen schwarzen Hut, der mich an meine Kindheit in Warschau erinnerte. Sie schien krank und abgemagert. Ihre zu nahe beieinander stehenden Augen hatten den durchdringenden Ausdruck eines Raubvogels. Morris Terkeltoyb war auch gealtert. Seine Adlernase war rot, und ein weißer Bart sproßte ihm.

Wie ungewöhnlich ein Ereignis auch sein mag, meine Überraschung dauert nie länger als einen Augenblick. Ich näherte mich ihnen und fragte: »Wie geht es Ihnen, meine Freunde?«

Margit schüttelte ihren Kopf. »Die Tatsachen sprechen für sich selbst.«

Später erzählte mir eine Nachbarin, daß die alte Jungfer, bei der Margit gewohnt hatte, die Wohnung aufgegeben hatte, um nach Miami zu ziehen. Margit hätte auf der Straße gelegen. Stattdessen war sie zu Morris Terkeltoyb gezogen. Wie es dazu gekommen war, wußte die Nachbarin nicht. Ich bemerkte, daß Margit Levys Name auf Morris Terkeltoybs Briefkasten hinzugefügt worden war.

Ein paar Tage nach meiner Rückkehr besuchte mich Margit. Sie weinte, mischte Deutsch und Englisch, und erzählte mir sehr ausführlich, wie diese selbstsüchtige alte Jungfer sich entschieden hatte, ohne Warnung wegzuziehen, und wie alle Nachbarn ihr Mißgeschick gleichgültig aufgenommen hatten. Der einzige, der sich menschlich gezeigt hätte, war Morris Terkeltoyb gewesen. Margit tat, als hätte er sie nur als Untermieterin aufgenommen. Aber am nächsten Tag klopfte Morris an meine Tür, und aus seinen nicht beendeten Sätzen und Gebärden ging hervor,

daß ihre Beziehung mehr war als die zwischen Vermieter und Untermieter. Er sagte: »Man wird älter, nicht jünger. Wenn man krank ist, braucht man jemanden, der einem ein Glas Tee bringt.«
Er nickte, zwinkerte mir zu, lächelte schuldbewußt und blöde, und lud mich ein, sie am Abend zu besuchen.
Nach dem Essen ging ich hinunter. Margit empfing mich als Gastgeberin. Die Wohnung sah sauber aus, an den Fenstern waren Vorhänge, auf dem Tisch lag ein Tischtuch und standen Teller, die nur Margit gehören konnten. Ich hatte Blumen mitgebracht; Margit küßte mich und trocknete einige Tränen. Margit und Morris fuhren fort, sich mit ›Sie‹ anzureden, nicht mit ›Du‹, aber ich glaubte, gehört zu haben, daß Margit es einmal vergaß und ›Du‹ sagte. Sie redeten miteinander in einem Mischmasch aus Deutsch-Englisch-Jiddisch. Als Morris Terkeltoyb Hering mit den Fingern aß und sie hinterher an seinem Ärmel abwischte, sagte Margit zu ihm: »Nimm deine Serviette. Wir sind in New York, nicht in Klimontow.«
Und Morris Terkeltoyb antwortete mit typisch polnisch-chassidischer Betonung: »Nu, von mir aus.«
In jenem Winter war Morris Terkeltoyb krank. Es fing mit einer Grippe an. Dann entdeckte der Arzt, daß er Zucker hatte, und verschrieb Insulin. Er ging nicht mehr auf die Redaktion der Zeitung und schickte seine Manuskripte mit der Post. Margit erzählte mir, daß er seine eigenen Aufsätze in der Zeitung nicht mehr las, weil sie so viele Fehler enthielten. Jedesmal, wenn er einen las, bekam er Herzklopfen. Sie bat mich, die Korrekturfahnen für ihn aus der Druckerei mitzubringen. Ich wollte gerne helfen, aber ich hatte nur selten Zeit, in die Redaktion zu gehen. Ich hielt oft Vorträge und war wochenlang nicht in der Stadt. Als ich einmal in die Setzerei kam, sah ich Margit Levy dort. Sie stand da und wartete auf die Fahnenkorrekturen. Sie kam jetzt zweimal in der Woche mit der

Untergrundbahn in die Stadt – einmal holte sie die Fahnen. das andere Mal brachte sie sie zurück. Sie sagte zu mir: »Ärger schadet der Gesundheit mehr, als Medikamente heilen können.« Sie sagte noch etwas, das nur von Morris Terkeltoyb stammen konnte: »Ein Schriftsteller stirbt nicht an medizinischen Fehlern, sondern an Druckfehlern.« Der Setzerlehrling Jake warf ihr die Druckfahnen hastig hin. Margit setzte ihre Brille auf und sah die Bogen an. Jake zog die Fahnen oft so nachlässig ab, daß am Rande Buchstaben fehlten oder ganze Zeilen, weil das Papier nicht lange genug war für die Spalte. Obwohl sie kein Jiddisch konnte, schien sie doch zu merken, daß einige der Fahnen fehlerhaft waren und sie ging Jake zwischen den summenden Linotypemaschinen suchen. Der Junge schreie sie an und beschimpfe sie, beschwerte sie sich, als sie zurückkam. »Behandelt man so in Amerika die Literatur?«
Gegen das Frühjahr zu, fing Morris Terkeltoyb an, wieder in die Redaktion zu gehen, aber Margit bekam einen Gallenanfall und wurde in ein Hospital gebracht. Morris besuchte sie zweimal am Tage. Die Ärzte stellten allerlei Komplikationen fest. Man machte viele Untersuchungen und nahm dafür eine Menge Blut ab. Morris behauptete, daß die amerikanischen Ärzte ihre Patienten nicht respektierten; sie schnitten an ihnen herum, als seien sie schon Leichen. Die Schwestern kamen nicht, wenn man sie rief, und die Kranken bekamen nicht die richtige Kost. Morris mußte Suppe für Margit kochen und ihr Orangensaft bringen. Er fragte mich: »Wieso sollten Ärzte besser sein als Schriftsteller oder Regisseure? Es ist doch die gleiche menschliche Rasse.«

Ich verließ New York wieder auf etwa drei Monate. Als ich im Herbst zurückkehrte, las ich in der Zeitung, daß der Jiddische Schriftstellerverband eine Gedächtnisfeier für Morris Terkeltoyb veranstaltete, am dreißigsten Tage nach seinem Tod. Während einer Fahnenkorrektur hatte er einen Herzanfall erlitten. Vielleicht war er an einem Druckfehler gestorben. Am Abend fuhr ich mit Margit in einem Taxi zu dem Saal. Er war schlecht beleuchtet und halb leer. Margit war in Schwarz gehüllt. Sie verstand die jiddischen Redner nicht, aber sie schluchzte jedesmal, wenn der Name Morris Terkeltoyb erwähnt wurde.

Einige Tage danach klopfte Margit an meine Tür. Zum erstenmal sah ich sie ohne Schminke. Sie sah aus wie eine Neunzigjährige. Als sie sich setzte, mußte ich ihr helfen. Ihre Hände zitterten, ihr Kopf wackelte und sie konnte nur schwer sprechen. Sie sagte: »Ich will nicht, daß man nach meinem Tode die Manuskripte von Morris in den Abfallkübel wirft.« Ich mußte ihr feierlich versprechen, eine Institution zu finden, die alles aufnehmen würde: seine Manuskripte und Bücher, die Tausende von Briefen, die er in Koffern und sogar in einem Wäschekorb aufgehoben hatte.

Margit lebte noch dreizehn Monate. In dieser Zeit kam sie immer wieder mit Plänen zu mir. Sie wollte eine Sammlung von Morris Terkeltoybs besten Arbeiten veröffentlichen, aber er hatte so viele Manuskripte hinterlassen, daß es Jahre dauern würde, eine Auswahl zu treffen. Es schien aussichtslos, einen Verleger zu finden. Sie stellte immer wieder die gleiche Frage: »Warum hat Morris nicht in einer verständlichen Sprache geschrieben – Polnisch oder Ungarisch?« Ich sollte ihr eine jiddische Grammatik besorgen, damit sie die Sprache lernen könnte. Obwohl sie niemals etwas von dem, was er geschrieben, gelesen hatte, sprach Margit von ihm als einem Talent, vielleicht sogar einem Genie. Ein andermal hatte Margit ein Manuskript gefunden, das wie ein Theaterstück aussah, und sie drängte mich, es einem Theater anzubieten oder jemanden zu finden, der es ins Englische übersetzen würde.

Margit Levy verbrachte die letzten Monate ihres Lebens

mehr im Hospital als zuhause. Einigemal ging ich sie besuchen. Sie lag auf der Allgemeinen Abteilung, und ihr Gesicht hatte sich so verändert, daß ich bei jedem Besuch Mühe hatte, sie zu erkennen. Ihre falschen Zähne paßten nicht mehr in den geschrumpften Mund. Ihre Nase war auch krumm geworden, genau wie die von Morris. Sie sprach bald Deutsch, bald Französisch, bald Italienisch mit mir. Einmal traf ich einen anderen Besucher bei ihr – ihren Anwalt, einen deutschen Juden. Ich hörte, wie sie zu ihm sagte, sie habe ein Grab auf dem Friedhof des Vereins ehemaliger Klimontower gekauft, in der Nähe von Morris' Grab.

Sie starb im Januar. Es war ein kalter Tag und der Wind blies. Zwei Leute kamen zu der kurzen Feier in der Kapelle. Der Anwalt und ich. Der Rabbi sprach schnell das Totengebet »Barmherziger Gott« und ein paar Abschiedsworte. Ich hörte ihn sagen: »Nur in einem Dorf hat man das Privileg, einen guten Namen zu hinterlassen. In einer Stadt wie New York stirbt der Name eines Menschen oft schon vor ihm.« Dann wurde der Sarg in den Leichenwagen geschoben, der zum Friedhof fuhr, und Margit Levy begab sich in die Ewigkeit ohne irgendwelche Begleitung.

Ich wollte mein Versprechen halten, einen Ort für Morris Terkeltoybs Packen von Manuskripten zu finden, aber alle Institutionen, bei denen ich anfragte, lehnten ab. In meiner Wohnung bewahrte ich einen Koffer auf, der mit seinen Schriften gefüllt war, und zwei Alben, die Margit Levy gehört hatten. Den ganzen Rest warf der Hausmeister auf die Straße. An jenem Tag verließ ich das Haus nicht.

In Morris Terkeltoybs Koffer fand ich zu meiner Überraschung Bündel von verblichenen Liebesbriefen, die Frauen an ihn geschrieben hatten – alle auf Jiddisch. Eine Frau drohte, sie würde Selbstmord begehen, wenn er nicht zu ihr zurückkehre.

Nein, Morris Terkeltoyb war nicht der psychopathische

Aufschneider gewesen, für den ich ihn gehalten hatte. Frauen hatten ihn wirklich geliebt. Mir fiel Spinozas Ausspruch ein, daß es keine Unwahrheiten gibt, nur entstellte Wahrheiten. Ein merkwürdiger Gedanke kam mir: vielleicht würde ich unter diesen Briefen einen von Isadora Duncan finden. Einen Augenblick lang hatte ich vergessen, daß Isadora Duncan kein Jiddisch konnte.

Ein Jahr nach dem Tod von Margit Levy erhielt ich eine Einladung des Vereins ehemaliger Klimontower, der Enthüllung eines Grabsteins für Malkah Levy beizuwohnen – der Verein hatte ihr einen hebräischen Namen gegeben. Aber an diesem Sonntag setzte ein starker Schneefall ein, und ich war sicher, daß man die Enthüllung verschieben würde. Außerdem erwachte ich mit einem schweren Ischiasanfall. Ich nahm ein heißes Bad, aber für wen sollte ich mich rasieren und anziehen? Ich vermißte ja auch niemanden. Nach dem Frühstück nahm ich Margits Album heraus, einige von Morris' Briefen, sah die Photos an und las. Ich duselte ein, träumte und hatte den Traum vergessen, als ich aufwachte. Von Zeit zu Zeit sah ich aus dem Fenster. Der Schnee fiel dünn und friedlich, als ob er sein eigenes Fallen betrachte. Der kurze Tag ging zu Ende. Der verlassene Park wurde ein Friedhof. Die Gebäude am Central Park South ragten auf wie Grabsteine. Am Riverside Drive ging die Sonne unter, und das Wasser des Reservoirs spiegelte einen brennenden Docht wider. Der Heizkörper, neben dem ich saß, zischte und brummte: »Staub, Staub, Staub.« Der Singsang drang in meine Knochen, zusammen mit der Wärme. Er wiederholte eine Wahrheit, so alt wie die Welt, so tief wie der Schlaf.

# Großvater und Enkel

Nach dem Tod von Beile Teme verkaufte Reb Mordechai Meir seinen Laden und lebte von seinem Kapital. Jemand hatte ihm schwarz auf weiß ausgerechnet, daß sein Geld bei einem wöchentlichen Verbrauch von acht Rubeln sieben Jahre reichen würde – und wie viel länger würde er schon leben? Er hatte das Alter erreicht, in dem seine Eltern gestorben waren. Von nun an war jede Minute ein Geschenk.

Vor einigen Jahren war seine einzige Tochter an Typhus gestorben und irgendwo in Slonim hatte er ein paar Enkelkinder, aber die würden ohne eine Erbschaft von ihm auskommen müssen. Reb Mordechai Meirs Tochter hatte einen Litvak geheiratet, einen Gegner des Chassidismus, einen aufgeklärten Juden, und ihr Vater hatte sie so gut wie verstoßen.

Reb Mordechai Meir war ein kleiner Mann mit einem gelblichweißen Bart, breiter Stirn und buschigen Augenbrauen, unter denen guckte ein Paar gelber Augen hervor, wie Augen eines Huhnes. Auf seiner Nasenspitze wuchs ein kleiner Bart. Haarbüschel standen aus seinen Ohren und Nasenlöchern. Im Laufe der Jahre hatte sich sein Rücken gebeugt und er sah aus, als suche er etwas auf dem Boden. Er ging nicht, sondern schlurfte. Jahraus, jahrein, trug er einen Kaftan aus Baumwolle mit einem Gürtel, niedrige Schuhe und einen Velvethut über zwei Käppchen. Er sprach in halben Sätzen und dies auch nur zu den Eingeweihten des Chassidismus.

Selbst unter Chassidim galt Reb Mordechai Meir als unpraktischer Mensch. Obwohl er viele Jahre in Warschau gelebt hatte, kannte er sich in den Straßen von Warschau nicht aus. Der einzige Weg, den er kannte, war der von seinem Haus zu dem chassidischen Bethaus und zurück.

Mehrmals im Jahr reiste er zum Rabbi von Alexandrow, aber er hatte immer Schwierigkeiten, die Straßenbahn zum Bahnhof zu finden, umzusteigen und eine Fahrkarte zu kaufen. Er mußte sich bei allem von jungen Leuten helfen lassen, die Bescheid wußten. Er hatte weder die Zeit noch die Geduld für solche Äußerlichkeiten.

Um Mitternacht stand er auf, um zu lernen und zu beten. Sehr früh am Morgen studierte er den Talmud und die Tosephot Kommentare. Danach kamen die Psalmen, wieder Gebete, dann vergrub er sich in chassidische Bücher und untersuchte chassidische Angelegenheiten. Die Wintertage waren kurz. Ehe man etwas gegessen und einen kurzen Nachmittagsschlaf gemacht hatte, war es wieder Zeit, für die Abendgebete ins Bethaus zurückzukehren. Und wenn auch die Sommertage lang waren, so gab es doch zu wenige. Erst kam das Osterfest, dann der Halbfeiertag Lag Ba Omer, und bevor man sich umgedreht hatte, war schon Schawuot da. Danach kamen der siebzehnte Tammus, dann drei Wochen der Trauer für die Zerstörung des Tempels, die neun Tage, an denen kein Fleisch gegessen werden durfte, Tisch'a b'Aw, und endlich der Sabbat des Trostes. Ihnen folgte der Monat Elul, in dem selbst die Fische im Wasser zittern. Noch später kamen das Neujahrsfest, die zehn Tage der Reue, das Versöhnungsfest, das Laubhüttenfest, der Tag der Gesetzesfreude und schließlich der Sabbat, an dem im Gottesdienst das erste Kapitel des ersten Buches Mose vorgelesen wurde.

Schon als Knabe hatte Reb Mordechai Meir begriffen, daß es keine Zeit für anderes gab, wenn man wirklich ein frommer Jude sein wollte. Gott sei gelobt, seine Frau Beile Teme hatte das verstanden. Sie hatte ihn nie gebeten, im Laden zu helfen, sich mit Geschäften zu befassen, die Last des Broterwerbs zu tragen. Er hatte selten Geld bei sich, außer den paar Gulden, die sie ihm jede Woche für Almosen, das rituelle Bad, Bücher, Schnupf- und Pfeifentabak gab.

Reb Mordechai Meir war nicht einmal ganz sicher, wo sich der Laden befand und welche Waren man dort verkaufte. Ein Ladenbesitzer mußte mit den Käuferinnen reden, und er wußte nur zu gut, daß es nur ein kleiner Schritt war vom Reden zum Sehen und zu wollüstigen Gedanken.

In der Straße, in der Reb Mordechai Meir lebte, wimmelte es von Ungläubigen, von liederlichen Frauen. Junge Burschen verkauften jiddische Zeitungen, die alles verhöhnten und Atheismus verbreiteten. Die Kneipen waren voller Raufbolde. In seiner Studierstube hielt Reb Mordechai Meir die Fenster geschlossen, selbst im Sommer. Sobald er das Oberfenster öffnete, hörte er das Grammophon, auf dem man leichtfertige Lieder spielte, und das Lachen von Frauen. Im Hof führten barhäuptige Gaukler oft ihre Tricks vor, die er für schwarze Magie hielt. Reb Mordechai Meir hatte gehört, daß jüdische junge Männer und Mädchen in das jiddische Theater gingen, wo man sich über die Jüdischkeit lustig machte. Weltliche Schriftsteller tauchten auf, die Hebräisch oder Jiddisch schrieben. Sie ermunterten den Leser zur Sünde. An jeder Ecke lag der Böse auf der Lauer. Es gab nur einen Weg, ihn zu besiegen: mit der Tora, mit dem Gebet, mit dem Chassidismus.

Die Jahre vergingen und Reb Mordechai Meir wußte nicht, wie sie vergangen waren und wohin. Über Nacht war sein gelber Bart grau geworden. Da er nicht gern in den Barbierladen ging, schnitt ihm Beile Teme das Haar. Sie nahm seine Käppchen ab und er setzte sie schnell wieder auf. Sie pflegte zu ihm zu sagen: »Wie kann ich dir das Haar schneiden, mit den Käppchen auf dem Kopf?«

Später wurde er kahl und nur die Schläfenlocken blieben. Als Beile Teme keine Kinder mehr bekam – fünf Kinder waren gestorben und ihnen war nur die eine Tochter Selda Reisl geblieben – hielt er sich von seiner Frau fern. Nachdem er das Gebot »Seid fruchtbar und mehret Euch« erfüllt hatte, was brauchte es da noch? Nach dem Gesetz war es dem Mann allerdings erlaubt, Beziehungen mit seiner Frau zu haben, auch wenn sie keine Kinder mehr bekommen konnte. Es hieß sogar, der Mensch dürfe kein Einsiedler werden. Aber für welchen Fall galt das? Nur, wenn man sich vereinigte, ohne Verlangen nach dem Fleisch. Wenn jemand um des Vergnügens willen den Beischlaf vollzog, so konnte das zu Versuchungen und sinnlicher Begierde führen. Außerdem war Beile Teme in den letzten Jahren nicht gesund gewesen. Sie kam aus dem Laden erschöpft nachhause und roch nach Heringen und Baldrian.

Nach dem Tod von Selda Reisl wurde Beile Teme schwermütig. Sie weinte fast jeden Abend und wiederholte immer wieder die Worte: »Warum mußte mir das geschehen?« Reb Mordechai Meir erinnerte sie daran, daß es verboten war, sich über Gott zu beklagen. »Alles was Gott tut, ist wohlgetan.« Der Grund dafür, daß es so etwas wie den Tod gibt, liegt darin, daß der Körper nur ein Gewand ist. Die Seele wird auf kurze Zeit nach Gehenna gebracht, um dort geläutert zu werden, und danach kommt sie ins Paradies und erfährt die Geheimnisse der Tora. War Essen, Trinken, Wasserlassen, Schwitzen so ein Vergnügen?

Aber Beile Teme wurde von Tag zu Tag kränker. Sie starb an einem Mittwoch und wurde am Freitag nachmittag beerdigt. Da es kurz vor dem Sabbatbeginn war, ging sie gleich in die Sabbatruhe ein. Reb Mordechai Meir sprach Kaddisch für ihre Seelenruhe, betete vor der Gemeinde, las in der Mischna. Als die dreißig Tage der Trauer vergangen waren, übernahm ein Verwandter den Laden für viertausend Rubel. Pescha, eine verwitwete Nachbarin, kam jeden Tag zu Reb Mordechai Meir, um die Hausarbeit zu machen und zu kochen. Für den Sabbat bereitete sie ein geschmortes Fleisch vor und einen Pudding. Die Chassidim versuchten, ihn wieder zu verheiraten, aber er lehnte es ab.

An einem Sommermorgen, als er die ›Toledot des Jakob Joseph‹ las, duselte er ein und wurde von einem Klopfen geweckt. Er öffnete die Tür und sah einen jungen Mann ohne Bart und mit langen Haaren, auf denen er einen breitrandigen schwarzen Hut trug, in einer schwarzen Bluse mit Gürtel, und mit karierten Hosen. In einer Hand hielt er eine Reisetasche und in der anderen ein Buch. Sein Gesicht war bleich, er hatte eine kurze Nase.

Reb Mordechai Meir fragte: »Was wollt Ihr?«

Der junge Mann blinzelte mit seinen weit auseinanderstehenden Augen und stammelte: »Ich bin Fulie ... Ihr seid mein Großvater.«

Reb Mordechai Meir stand sprachlos da. Er hatte nie den Namen Fulie gehört. Dann dämmerte es ihm, daß dies wahrscheinlich die moderne Abwandlung des alten jüdischen Namens Raphael war. Er war Selda Reisls ältester Sohn. Reb Mordechai Meir empfand sowohl Schmerz wie Scham. Er hatte einen Enkelsohn, der versuchte, die Ungläubigen nachzuahmen. Er sagte: »So komm herein.« Der junge Mann zögerte einen Augenblick, trat dann ein und stellte seine Reisetasche ab. Reb Mordechai Meir fragte: »Was ist das?« und deutete auf das Buch in seiner Hand.

»Volkswirtschaftslehre.«

»Und was nutzt dir das?«

»Das ...«

»Was gibt es Neues in Slonim?« fragte Reb Mordechai Meir. Er wollte den Namen seines ehemaligen Schwiegersohnes, der ein Gegner der Chassidim war, nicht erwähnen. Fulie zog ein Gesicht, als wolle er zeigen, daß er die Frage seines Großvaters nicht ganz verstanden habe.

»In Slonim? Dort ist es wie überall. Die Reichen werden reicher und die Arbeiter haben nichts zu essen. Ich mußte fort, weil ...« und Fulie brach den Satz ab.

»Was willst du hier machen?«

»Hier? Mich etwas umsehen ... ich werde ...«

Ach, er stottert, dachte Reb Mordechai Meir. Seine Kehle war rauh und ihm wurde übel. Dies war der Sohn seiner Tochter Selda Reisl, aber wenn er seinen Bart abrasierte und sich wie ein Ungläubiger kleidete, was konnte er, Reb Mordechai Meir, dann mit ihm anfangen? Er schüttelte den Kopf und starrte ihn an. Es schien, als ob der junge Mann der anderen Seite der Familie nachschlug, mit seinen hohen Backenknochen, der niedrigen Stirn und dem breiten Mund. Seine verschmutzte und verhungerte Erscheinung erinnerte Reb Mordechai Meir an die Militärdienstpflichtigen, die hungerten, um dem Dienst zu entgehen.
»Wasche dir die Hände. Iß etwas. Vergiß nicht, daß du ein Jude bist.«
»Großvater, sie lassen es einen nicht vergessen.«
In der Küche setzte sich der junge Mann an den Tisch und blätterte in seinem Buch. Reb Mordechai Meir öffnete den Küchenschrank, fand aber kein Brot, nur Zwiebeln, eine Schnur mit getrockneten Pilzen, ein Paket Zichorie, etwas Knoblauch.
Er sagte zu Fulie: »Ich werde dir Geld geben, geh in den Laden und kaufe einen Laib Brot oder sonst etwas, was du essen möchtest.«
»Großvater, ich bin nicht hungrig. Und außerdem, je weniger ich draußen bin, desto besser«, antwortete der junge Mann.
»Warum? Du bist doch, Gott behüte, nicht krank?«
»Ganz Rußland leidet unter der gleichen Krankheit. Überall sitzen die Denunzianten und Geheimpolizisten. Großvater, ich bin nicht ganz ›einwandfrei‹.«
»Bist du zum Militärdienst aufgerufen?«
»Das auch.«
»Vielleicht kann man dich davor retten?«
»Die ganze Menschheit muß gerettet werden, nicht nur ich.«

Reb Mordechai Meir hatte bei sich beschlossen, nicht zornig zu werden, was immer sein Enkel tat oder sagte. Zorn wird niemanden zur Frömmigkeit bekehren. Es gab Augenblicke, da hätte Reb Mordechai Meir den unverschämten Burschen am liebsten angespien und aus seinem Hause gejagt. Aber er bezwang sich mit aller Kraft. Obwohl Fulie Jiddisch sprach, verstand Reb Mordechai Meir nicht ganz, was er sagte. All sein Gerede ließ sich in die eine Anklage zusammenfassen: die Reichen leben im Luxus, die Armen leiden Not. Er sprach unentwegt von den Arbeitern in den Fabriken und den Bauern, die das Land bestellen. Er äußerte sich gegen den Zaren: »Er residiert in einem Palast und läßt andere in Kellern verfaulen. Millionen sterben an Hunger und Schwindsucht. Das Volk muß erwachen. Es muß eine Revolution geben ...«
Reb Mordechai Meir griff an seinen Bart und fragte: »Woher willst du wissen, daß ein neuer Zar besser wäre?«
»Wenn es nach uns geht, wird es keinen neuen Zaren geben.«
»Wer wird dann regieren?«
»Das Volk.«
»Das ganze Volk kann nicht auf dem Herrscherthron sitzen«, antwortete Reb Mordechai Meir.
»Man wird Vertreter der Arbeiter und Bauern wählen.«
»Wenn sie die Macht bekommen, werden auch sie vielleicht Schurken«, folgerte Reb Mordechai Meir.
»Dann wird man sie einen Kopf kürzer machen.«
»Es steht geschrieben: ›Es wird die Armut nicht aufhören im Lande‹«, sagte Reb Mordechai Meir. »Wenn es keine Armen gäbe, wem könnte man dann Wohltaten erweisen? Außerdem liegt alles im Himmel beschlossen. Am Neujahrsfest wird im Himmel bestimmt, wer reich und wer arm sein wird.«
»Der Himmel ist nichts als Luft«, sagte Fulie. »Niemand bestimmt irgendetwas.«

»Was? Die Welt hat sich selbst erschaffen?«
»Sie entwickelte sich.«
»Was soll das heißen?«
Der junge Mann begann etwas zu sagen, dann stockte er. Er erwähnte Namen, die Reb Mordechai Meir nie gehört hatte. Er mischte polnische, russische und deutsche Wörter miteinander. Das Ergebnis seiner Rede war, daß alles Zufall sei. Er schwatzte von einem Nebel, Schwerkraft, daß die Erde sich von der Sonne losgerissen hatte und abgekühlt war. Er leugnete den Auszug aus Ägypten, daß das Rote Meer sich geteilt hatte, daß die Juden auf dem Berge Sinai die Tora empfangen hatten. Es war alles Legende. Jedes Wort von Fulie schmerzte in Reb Mordechai Meirs Innerem, als hätte er geschmolzenes Blei geschluckt, wie man es in alten Zeiten denen gegeben hatte, die zum Tode durch Verbrennen verurteilt worden waren. Ein Schrei kam aus seiner Kehle. Er hätte fast gerufen: »Lump, Jerobeam, Sohn des Newat, verlasse mein Haus, geh zum Teufel!« Aber er dachte daran, daß der junge Mann eine Waise war, ein Fremder in der Stadt und mittellos. Er könnte, Gott behüte, ein Abtrünniger werden, oder sich das Leben nehmen.
»Möge der Herr dir vergeben. Du bist in die Irre geführt worden.«
»Großvater, Ihr habt gefragt, ich habe geantwortet.«
Von diesem Tage an debattierten Großvater und Enkel nicht mehr. Sie sprachen überhaupt nicht mehr miteinander. Reb Mordechai Meir saß im Wohnzimmer, Fulie blieb in der Küche und schlief dort auf einer Pritsche. Wenn Pescha etwas kochte, gab sie ihm auch einen Teller voll. Sie kaufte Brot, Butter, Käse für ihn. Sie wusch sein Hemd. Fulie bekam einen Schlüssel zur Tür. Obwohl Fulie nicht gemeldet war, ließ ihn der Pförtner nachts hinein. Fulie gab ihm jedesmal zehn Groschen. In manchen Nächten kam er gar nicht nachhause.

Reb Mordechai schlief wenig. Bald nach den Abendgebeten überkam ihn Müdigkeit und er ging zu Bett, aber nach ein oder zwei Stunden erwachte er. Morgens hatte Fulie das Haus verlassen, noch ehe Reb Mordechai Meir angefangen hatte, das ›Schema Israel‹ zu beten. »Man darf sie nicht entfremden«, sagte sich Reb Mordechai Meir. »Die Geburtswehen des Messias haben begonnen.«
Reb Mordechai Meir fand in der Küche in einer Bücherkiste eine zerlesene Broschüre auf Jiddisch. Er versuchte sie zu lesen, aber verstand nur wenig von dem, was dort geschrieben stand. Der Verfasser schien mit einem anderen Schreiber seiner Art zu polemisieren. Er erwähnte so seltsame Namen wie Željabov, Kilbatčhitčh, Perovskaja. Einer sei ein Märtyrer, hieß es dort. Ein bitterer Geschmack kam in Reb Mordechai Meirs Mund. In seinem Alter mußte er einen Ketzer beherbergen, der sein Enkel war. In Alexandrow, im Lehrhaus, erkundigte er sich nach dem, was in der Welt vorging, und man erzählte ihm Dinge, die ihn bestürzten. Diejenigen, die vor Jahren den Zaren ermordet hatten, haben wiederum begonnen, das Volk aufzuwiegeln. Unter ihnen waren auch viele Juden. Irgendwo in Rußland war eine Bombe geworfen worden, ein Zug entgleist, und Säcke mit Gold waren geraubt worden. In einer weit entfernten Stadt war ein Gouverneur erschossen worden. Die Gefängnisse waren voll. Viele der Aufrührerischen wurden nach Sibirien verschickt. Der Chassid, der all diese Ereignisse aufzählte, sagte: »Sie töten und werden getötet. Sie bringen einander um.«
»Was wollen sie?« fragte Reb Mordechai Meir.
»Daß alle gleich sein sollen.«
»Wie könnte das möglich sein?«
»Söhne der Reichen haben sich der Gruppe angeschlossen.«
Der Chassid berichtete, daß die Tochter eines Weinhändlers, der ein Anhänger des Rabbi von Gur war, sich mit

diesen Aufwieglern eingelassen hatte und jetzt in der Zitadelle gefangen saß. Dort fastete sie achtzehn Tage und mußte gewaltsam ernährt werden.
Reb Mordechai Meir war niedergeschmettert. Die Erlösung mußte nahe sein! Er fragte: »Wenn sie an die jenseitige Welt nicht glauben, warum quälen sie sich dann so?«
»Sie wollen Gerechtigkeit.«
An jenem Abend, als Reb Mordechai Meir nach dem Abendgebet in sein Haus zurückgekehrt war, sah er Fulie am Küchentisch sitzen; seine schwarze Bluse war nicht zugeknöpft, sein Haar ungekämmt, er kaute an einem Stück Brot und las ein Buch.
»Warum ißt du trockenes Brot? Die Frau kocht doch auch für dich?«
»Pescha? Sie mußte ins Hospital gebracht werden.«
»O weh! Wir müssen für sie beten.«
»Sie hatte einen Gallenanfall. Wenn Ihr wollt, so kann ich etwas kochen.«
»Du?«
»Ich passe auch auf, daß es koscher ist.«
»Glaubst du daran?«
»Euretwegen.«
»Dann nicht.«
Von diesem Tage an aßen Großvater und Enkel nur Ungekochtes. Fulie kaufte Brötchen, Zucker und Käse im Laden. Er machte Tee. Reb Mordechai Meir war nicht sicher, daß er einem solchen auch nur das Bereiten des Tees anvertrauen konnte. Es war eine Sache, ein nichtjüdischer Koch zu sein, der, so nahm der Talmud an, seinen Lebensunterhalt nicht gefährden würde und dem man deshalb trauen konnte, und es war etwas ganz anderes, ein jüdischer Renegat zu sein. Wie dem auch sei, Brot und Zucker konnten nicht verunreinigt werden. Fulie kaufte den Käse bei David in dem Milchladen auf der anderen Straßenseite. Hätte Fulie sich nach einem christlichen Geschäft

in einer anderen Straße umgesehen, hätte das geheißen, daß er ein Abtrünniger aus Trotz sei, von dem gesagt wird: »Er kennt seinen Herrn und will ihm trotzen.« Aber so tief war er nicht gesunken.
Das Sabbatessen hatte eine andere Nachbarin vorbereitet. Reb Mordechai Meir zündete selbst die Sabbatkerzen an. Er saß allein am Tisch, in seinem fadenscheinigen Baumwollkaftan, mit dem vertragenen Pelzhut, sang Sabbatlieder, tauchte ein Stück Weißbrot in ein Glas mit rituellem Wein. Der Junge, wie Reb Mordechai Meir seinen Enkel Fulie nannte, zeigte sich nicht am Sabbat. Die Tochter der Nachbarin brachte Reissuppe, Fleisch und Karottenpudding. Reb Mordechai Meir sang halb, halb stöhnte er.
Wäre der alte Rabbi noch am Leben gewesen, so wäre Reb Mordechai Meir wahrscheinlich zu ihm gezogen. Aber Reb Henoch war tot. Der neue Rabbi war noch ein junger Mann, der sich mehr um die jungen, als die alten Chassidim kümmerte. Man munkelte, er sei in weltlichen Dingen erfahren. Viele der alten Chassidim waren gestorben und es gab keinen Nachwuchs mehr.
An einem Sabbat, als Reb Mordechai Meir am Tisch saß und murmelte: »Ich will ein Loblied singen«, hörte er den Knall eines Schusses und einen gräßlichen Schrei. Im Hof erhob sich ein Getöse. Fenster wurden aufgerissen. Der Ton einer Polizeipfeife zerriß die Luft. Ein Nachbar kam zu Reb Mordechai Meir, um ihm zu sagen, daß die ›Genossen‹, die Streikenden, einen ihrer eigenen Leute erschossen hätten, einen Schuhmacher, der sie angeblich bei der Polizei verpfiffen hatte. Reb Mordechai Meir zitterte. »Wer hat es getan – Juden?«
»Ja, Juden.«
»Das ist das Ende der Welt.« Und im gleichen Augenblick bedauerte Reb Mordechai Meir seine Worte. Es war nicht erlaubt, am Sabbat traurig zu sein, oder Worte der Verzweiflung zu äußern.

Da Reb Mordechai für die Mitternachtsgebete aufstand, ging er früh schlafen. Um neun Uhr war er schon im Bett, oft entkleidete er sich nicht. Er zog nur die Stiefel aus. In jener Nacht hörte er, daß die Küchentür geöffnet wurde und erkannte Fulies Schritte. Er schlief wieder ein, aber punkt zwölf erwachte er, stand auf, nahm die Zeremonie der rituellen Handwaschung vor, zog Hausrock und Hausschuhe an und begann, die Zerstörung des Tempels zu beklagen. Er tat etwas Asche auf sein Haupt, die er in einem kleinen Topf aufbewahrte. Er intonierte einen Klagegesang. Als er zu den Worten kam: »Rahel weint um ihre Kinder«, öffnete sich die Tür und Fulie kam barfuß herein, in schmutzigen Unterhosen, den Kopf unbedeckt. Reb Mordechai Meir hob seine Augenbrauen und machte Fulie Zeichen, sich zu entfernen und ihn seine Bittgebete beenden zu lassen, aber der junge Mann sagte: »Großvater, betet Ihr?«

Reb Mordechai Meir war nicht ganz sicher, ob es gestattet war, die Gebete zu unterbrechen. Nach einigem Zögern sagte er: »Ich spreche die Mitternachtsgebete.«

»Was sind das für welche?«

»Ein Jude darf nie die Zerstörung des Tempels vergessen.«

»Und was versucht Ihr damit zu erreichen«, fragte Fulie.

Und obwohl Reb Mordechai Meir jedes einzelne Wort verstand, begriff er den Sinn nicht. Er wollte Fulie fragen, wo sein ausgefranstes Unterhemd sei, aber er sah ein, daß die Frage zwecklos sei. Er dachte einen Augenblick nach und sagte: »Man muß beten. Mit Gottes Hilfe wird der Messias kommen und die Zerstreuung wird beendet sein.«

»Wenn er bis heute nicht gekommen ist«, fragte Fulie, »warum sollte er dann jetzt kommen?«

»Der Messias möchte zu den Juden kommen, mehr als sie ihn zu kommen wünschen, aber die Generation muß dessen wert sein. Die Himmel schicken uns reichen Segen, aber

wir verschließen die Wege der Gnade mit unseren Missetaten.«
»Großvater, ich muß mit Euch reden.«
»Worüber willst du reden? Es ist nicht erlaubt, die Mitternachtsgebete zu unterbrechen.«
»Großvater, der Welt nutzen alle diese Gebete gar nichts. Die Menschen haben bald zweitausend Jahre gebetet, aber der Messias ist noch immer nicht auf seinem weißen Esel erschienen. Es ist ein Kampf, Großvater, ein bitterer Krieg zwischen den Ausbeutern und den Ausgebeuteten. Wer hat die Bauern dazu angestiftet, Pogrome gegen die Juden zu machen? Die Schwarzen Hundert, die Reaktionäre. Wenn die Arbeiter keinen Widerstand leisten, werden wir noch mehr versklavt werden. Großvater, morgen wird eine große Demonstration stattfinden und ich werde der Redner sein. Wenn mir etwas zustoßen sollte, dann gib bitte diesen Brief einem Mädchen namens Nechama Katz.«
Erst jetzt bemerkte Reb Mordechai Meir, daß der junge Mann einen dicken Umschlag in der Hand hielt.
Er sagt: »Ich kenne keine Mädchen. Ich bin ein alter Mann. Warum hast du dich mit den Meuterern eingelassen? Du kannst verhaftet werden, Gott behüte, und du wirst Leid über uns alle bringen. Der Zar hat viele Kosaken und er ist stärker als du. Da du doch nicht an die Seele und das Jenseits glaubst, warum bringst du dich in Gefahr?«
»Großvater, ich will nicht wieder von vorn anfangen. Ganz Europa ist frei, und bei uns ist der Zar ein Tyrann. Wir haben kein Parlament. Was er, und die, die in seinem Namen handeln, wollen, das führen sie aus. Der Krieg mit Japan hat Millionen gekostet. Tausende von Soldaten mußten sterben. Im Westen macht man sich Gedanken über die Gesundheit der Arbeiter, bei uns ist der Arbeiter weniger als ein Hund. Wenn wir keine Verfassung bekommen, wird ganz Rußland im Blut ersticken.«
Reb Mordechai Meir legte sein Gebetbuch aus der Hand.

»Bist du ein Arbeiter?«

»Was ich bin, ist nicht wichtig, Großvater. Wir kämpfen für etwas, für ein Ideal. Hier ist der Brief. Legt ihn in die Schublade. Vielleicht komme ich morgen zurück. Wenn nicht, wird ein Mädchen namens Nechama Katz kommen. Gebt ihn ihr.«

»Lauf nicht, übereile nichts. Derjenige, der über uns ist, regiert die Welt. Er bestimmt, daß es reiche und arme Leute geben wird. Gäbe es keine armen Leute, würde niemand die Schmutzarbeit tun. Einer ist ein Kaufmann und ein anderer ein Kaminfeger. Wenn alle Ladenbesitzer wären, wer würde dann Kamine fegen?«

»Wir kämpfen dafür, daß die Kaminfeger die gleichen Rechte und die gleichen Chancen bekommen sollen wie die Kaufleute. Kaufleute sind überflüssig. In einer sozialistischen Welt werden die Erzeugnisse den Bedürfnissen entsprechend verteilt werden. Wir werden keinem Mittelsmann gestatten, den Rahm für sich abzuschöpfen.«

»Was! Wir Juden dürfen uns nicht einmischen. Wer immer regiert, die Juden werden verfolgt.«

»Der Antisemitismus ist von den Kapitalisten geschaffen worden, um die gegen das Regime gerichtete Wut der Massen abzulenken. Die Zionisten wollen nach Palästina flüchten, an das Grab der Mutter Rahel, aber das sind nur Phantasien. Wir Juden müssen mit allen anderen Unterdrückten zusammen für ein besseres Morgen kämpfen.«

»Gut, gut, gib mir den Brief. Laß mich in Ruhe. ›Wo der Herr nicht das Haus bauet, so arbeiten umsonst, die dran bauen.‹ Es steht geschrieben: ›Keine Strafe ohne vorherige Warnung.‹ Die Gemara sagt: ›Gehst du in einen Gewürzladen, so wirst du gut riechen, gehst du aber in eine Gerberei, wird der Gestank dir anhaften.‹«

»Großvater, wie könnt Ihr den Kampf des Volkes für sein Recht einen Gestank nennen? Seid Ihr auf der Seite der Ausbeuter?«

»Gib mir den Brief.«

»Gute Nacht, Großvater. Wir werden einander nie verstehen.«

Fulie ging. Reb Mordechai Meir faßte den Brief an einer Ecke und legte ihn in eine Schublade. Er fing von neuem an: »Man höret eine klägliche Stimme und bittres Weinen auf der Höhe, Rahel weinet über ihre Kinder und will sich nicht trösten lassen über ihre Kinder.«

Eine Petroleumlampe brannte und Reb Mordechai Meirs Gestalt warf einen großen Schatten an die Wand. Sein Kopf stieg auf zu den Dachbalken. Reb Mordechai Meir verzog das Gesicht und wiegte sich vor und zurück. Kann man sie überhaupt dazu bringen, die Wahrheit zu erkennen? fragte er sich. Sie lesen ein paar Bücher und wiederholen das Zeug. Verfassung! Konstitution! Schmonstitution! Es ist ein Kampf zwischen Gut und Böse, Gott und Satan, Israel und Amalek. Esau und Ismael weigerten sich, die Tora anzunehmen. Der Sklave genießt seine Verworfenheit. Aber wenn Juden das Gesetz verwerfen, werden sie wie die Heiden und vielleicht noch schlimmer. Wie kann da der Messias erscheinen? Vielleicht, Gott behüte!, könnte die ganze Generation schuldig werden. Er wischte sich die Stirn.

»Gott, hilf mir; denn das Wasser gehet mir bis an die Seele.«

Nachdem er sein Gebet beendet hatte, ging Reb Mordechai Meir wieder zu Bett. Aber diesmal konnte er nicht einschlafen. Er hörte, wie der Junge sich in der Küche bewegte. Er klapperte mit dem Geschirr, er drehte den Hahn auf. Es schien Reb Mordechai Meir, daß er einen Seufzer hörte. Konnte das Fulie sein? Wer weiß, vielleicht waren ihm Gedanken der Reue gekommen. Schließlich, von der Mutterseite stammt er von rechtschaffenen Männern ab. Und sogar unter seinen litauischen Vorfahren gab es wahrscheinlich ein paar fromme Juden. Reb Mordechai Meir litt es nicht im Bette. Vielleicht konnte er den Jungen überreden, zuhause zu bleiben. Was er heute abend gesagt hatte, hörte sich wie ein letzter Wille an. Mit zitternden Beinen verließ Reb Mordechai Meir sein Bett. Wiederum zog er seine Hausschuhe und den Hausrock an. Als er die Küchentüre öffnete, sah er etwas so Seltsames, daß er seinen Augen nicht traute. Dort stand Fulie, angezogen, und hielt einen Revolver in der Hand. Reb Mordechai Meir wußte, was das war. Am letzten Tag der Omerzählung gab man Kindern solche Revolver, keine richtigen, nur Spielzeug.

Als Fulie seinen Großvater bemerkte, legte er die Waffe auf den Küchentisch. »Großvater, was wollt Ihr? Spioniert Ihr mir nach?«

»Was ist das für eine Ungeheuerlichkeit?« fragte er. Er zitterte und seine Zähne schlugen aufeinander.

Fulie lachte. »Habt keine Angst, Großvater. Er ist nicht für Euch bestimmt.«

»Für wen denn?«

»Für die, die den Fortschritt aufhalten wollen, um die Welt im Dunkel zu halten.«

»Was? *Du* willst sie zum Tode verurteilen? Siebzig Richter brauchte man im Sanhedrin, um einen Menschen zum Tode zu verurteilen. Ihm mußte Rechtsbelehrung erteilt werden, und man brauchte wenigstens zwei Zeugen. In der Gemara heißt es: ein Gericht, das in siebzig Jahren nur einen einzigen Menschen zum Tode verurteilte, wurde ein blutrünstiges Gericht genannt.«

»Großvater, diese Leute haben sich selbst gerichtet. Ihre Zeit ist vorbei, aber sie weigern sich, friedlich abzudanken. So wird man sie mit Gewalt dazu zwingen.«

»Fulie, Raphael, du bist ein Jude!« Reb Mordechai Meir erstickte fast an den Worten. »Esau lebt durch das Schwert, nicht Jakob.«

»Altweibermärchen. Juden sind aus dem gleichen Stoff wie

Nichtjuden. Das ist alles dummer Chauvinismus. Diese Geschichte mit dem auserwählten Volk ist reiner Unsinn. Großvater, ich gehe.«

»Geh nicht! Geh nicht! Wenn sie dich erwischen, Gott behüte, könnten sie dich ...«

»Ich weiß, ich weiß. Ich bin kein Kind.« Fulie steckte den Revolver in die Tasche seiner Hose. Er nahm ein in Zeitungspapier gewickeltes Paket mit sich. Wahrscheinlich ein Brot. Er ließ die Tür zufallen, als er ging. Reb Mordechai Meir blieb auf unsicheren Füßen stehen. Er lehnte sich an die Wand, um nicht umzufallen. »Ist es so weit gekommen?« fragte er sich. Zu schlafen war unmöglich, und für das Morgengebet war es zu früh. Der Morgenstern war noch nicht zu sehen. Noch herrschte Verwirrung zwischen Nacht und Tag.

Auf schwankenden Füßen ging Reb Mordechai Meir zum Fenster hinüber. Rechter Hand war der Himmel noch dunkel. Aber linker Hand, nach Osten, war es schon taghell. Die Läden in der Straße waren alle geschlossen. Ein Bäkkerlehrling ging vorüber, barfuß, in weißen Hosen, mit einem Blech voll Kuchen oder Brötchen auf dem Kopf. »Nun, Gebackenes ist notwendig«, murmelte Reb Mordechai Meir.

Er wartete, Fulie auf dem Bürgersteig zu sehen, aber er kam nicht vorbei. Vielleicht war das Tor noch geschlossen. Er muß Freunde hier im Hof haben, dachte Reb Mordechai Meir. Weh, weh, was ist aus meinem Volk geworden! Zum erstenmal beneidete er Beile Teme – sie mußte dieses Elend nicht erleben. Jetzt war sie gewiß im Paradies. Bis heute hatte Reb Mordechai Meir selten während der Gebete an seine Frau gedacht. Von einem Juden wurde erwartet, daß er unmittelbar zu seinem Gott betete, nicht durch einen seligen Mann oder eine selige Frau. Aber jetzt begann Reb Mordechai zu Beile Temes Seele zu sprechen. »Er ist dein Enkelkind. Lege Fürsprache für ihn ein. Laß ihm nichts

Böses geschehen, und laß ihn, Gott behüte, nicht anderen Böses tun.«
Rechts war der Mond noch sichtbar und Reb Mordechai Meir sah auf zu ihm, dem geringeren Licht, das, nach dem Talmud, das größere Licht beneidete und dem zum Ausgleich die Sterne gegeben waren. Das bedeutete, daß dort oben Neid herrschte, folgerte Reb Mordechai Meir und bezweifelte es sogleich. Er konnte sich nicht dazu bringen, das Fenster zu verlassen, denn er hoffte, Fulie noch einmal zu sehen. Ihm kam der Gedanke, daß auch Abraham einen Esau zum Enkel hatte. Er hatte Ismael zum Sohn und die Söhne von Ketura. Selbst der Same der Heiligen konnte nicht nur Gutes hervorbringen. Plötzlich war die Straße in einen rötlichen Schein getaucht. Die Sonne war über den Ufern der Weichsel aufgestiegen. Man hörte das Klappern von Pferdehufen auf Pflastersteinen und das Zwitschern der Vögel. Reb Mordechai Meir sah Soldaten mit blitzenden Säbeln vorbeireiten. Die Reiter blickten auf die oberen Stockwerke.
War Fulie ausgezogen, um sie zu bekriegen? überlegte Reb Mordechai Meir. Ihm war kalt und er schauderte. Nie zuvor hatte er sich gewünscht, diese Welt zu verlassen. Aber jetzt war er bereit, zu sterben. Wie lange würde er noch in diesem Jammertal wandern müssen? Es war besser, durch das Feuer in Gehenna zu gehen, als diesen nutzlosen Aufruhr mitanzusehen.
Das Schreien und das Durcheinander begannen früh am Morgen. Gerade hier in dieser Straße, so schien es, versuchten die Aufrührer die Truppen des russischen Zaren zu besiegen. Jugendliche stürmten aus jedem Tor, sie schrien, sie schwangen die Fäuste, sie sangen. Polizisten mit blankem Säbel jagten sie und schossen auf sie. Mit erneutem Gesang und Rufen wurde eine rote Fahne erhoben. Die Läden blieben geschlossen. Die Tore auch. Das grelle Pfeifen der Polizisten klang herüber. Sanitätswagen fuhren

vor, und für kurze Zeit leerte sich die Straße. Die rote Fahne, die jemand eben noch hochgehalten hatte, lag nun im Rinnstein, zerrissen und beschmutzt. Die Straße füllte sich bald wieder. Eine andere Fahne flatterte. Wiederum hörte man Rufe und das Trampeln vieler Füße.

Reb Mordechai Meir konnte es nicht mehr mitansehen. Das Licht Gottes mußte sich verdunkeln und Sein Antlitz sich abwenden, ehe es einen freien Willen geben konnte, Belohnung und Strafe, Erlösung; aber konnte der Allmächtige keinen anderen Weg finden, Seine Macht zu enthüllen? Diese jungen Leute mit ihren bartlosen Gesichtern und kurzen Jacken brüllten wie Bauern. Ab und zu drangen weibliche Schreie herüber. Ein Polizist war verprügelt worden, ein Pferd war gestürzt und lag auf dem Pflaster, offenbar mit gebrochenen Beinen. Wie konnte das arme Tier schuldig sein? Es sei denn, es wäre die Reinkarnation einer Seele, die in ihrem früheren Leben gesündigt hatte und jetzt dafür büßen mußte?

Reb Mordechai Meir fing an zu beten. An einem solchen Tag gab es keine Möglichkeit, in die Synagoge zu gehen. Er hüllte sich in sein Gebetstuch, küßte die Schaufäden, legte die Gebetsriemen um Arme und Kopf. Es fiel ihm schwer, die achtzehn Segenssprüche hindurch auf den Füßen zu bleiben. Während er betete, nahm der Lärm draußen zu. Er hörte die Schreie der Getroffenen und Verwundeten. Blut war an die Mauern der gegenüberliegenden Straßenseite gespritzt. Kinder, die von Mütter getragen, geboren, genährt worden waren, über deren leiseste Regung man gewacht hatte, lagen nun hier im Schlamm, in Todesqualen. »Weh! Meine Strafe ist größer, als daß ich sie tragen könnte.« Gewöhnlich wusch Reb Mordechai Meir seine Hände nach dem Morgengebet und aß etwas: ein Stück Brot, eine Scheibe Käse, manchmal einen Hering, ein Glas Tee. Aber heute konnte er nichts essen; es wäre ihm im Halse stecken geblieben. Er dachte an die Stelle im

Midrasch: »Als die Ägypter im Schilfmeer ertranken, wollten die Engel Lobgesänge anstimmen, aber der Allmächtige sprach zu ihnen: ›Meine Geschöpfe versinken im Meer, und ihr wollt singen!‹« Der Schöpfer hatte noch mit den ägyptischen Unterdrückern Mitleid.

Reb Mordechai Meir fühlte sich schwindlig und legte sich nieder. Gegen das grelle Tageslicht bedeckte er seine Augen mit dem breitrandigen Hut. Eine Zeitlang war er weder wach, noch schlief er. Endlich fiel er in den tiefen Schlaf eines, der viele Nächte nicht geschlafen hat und völlig erschöpft ist. Er träumte, aber später konnte er sich nicht an seine Träume erinnern.

Der Lärm draußen wurde noch stärker. Er schreckte auf. Schreie und Schüsse hallten wider. Reb Mordechai Meir glaubte, eine Vielzahl von Frauen schreien und Hunde heulen zu hören. Während eine kurze Stille eintrat, hörte Reb Mordechai Meir den Gesang der Vögel, die inmitten dieses völligen Wahnsinns ihre Aufgabe erfüllten. Diese Geschöpfe nahmen keine Kenntnis vom Menschen und seinen Berechnungen und Begierden, während sie ihre Nester unter seinem Dach bauten, seine Überbleibsel verzehrten, und auf seinen Telephondrähten herumhüpften. Auch Menschen kommt Hilfe von Wesen, die sie nicht verstehen.

Reb Mordechai Meir stand auf, um sich eine Tasse Tee zu kochen. Er ging in die Küche, fand Streichhölzer, füllte den Wasserkessel am Hahn. Es war noch ein Viertel Brot übrig, das Fulie gestern abend gekauft haben mußte, und noch ein Stück trockenen Kuchens. Der alte Mann war gerade dabei, ein Streichholz anzuzünden, als er sich plötzlich an seinen Entschluß erinnerte, heute fasten zu wollen. »Heute ist Tisch'a b'Aw für mich. Ich werde weder essen noch trinken«, und er legte das Streichholz hin.

Im Wohnzimmer gab es einen Wandschrank mit Büchern, und er fing an, darin zu stöbern. Er hatte nicht die Kraft, den Talmud zu studieren, aber er wollte einen chassidischen

Band durchsehen. Vielleicht ›Toledot Jakob Joseph‹? Er zog ein dünnes kleines Buch heraus, ›Die Wasser zu Siloa‹, geschrieben vom ersten der Dynastie der Radzyner. Er war überrascht; er hatte nicht einmal gewußt, daß er dieses Buch besaß. Reb Mordechai Meir schlug eine Seite in der Mitte auf. Dort las er: Um die Größe des Schöpfers ermessen zu können, muß man seine eigene Nichtigkeit erkennen. So lange der Mensch sich für wichtig hält, sind seine Augen blind für den Himmel. Reb Mordechai Meir griff nach seinem Bart. Das Fleisch vergißt. Der Böse und der Herr des Vergessens vereinigen sich. Vielleicht sind sie ein und derselbe?

Plötzlich fiel ihm auf, daß es draußen merkwürdig still war. Waren sie müde geworden? Er trat an das Fenster und sah, die Straße war leer, die Läden noch immer geschlossen. Es begann zu dämmern. »Haben sie schon bekommen, was sie wollten; wie hieß es doch, die Verfassung?« fragte er sich. Es war unheimlich, an einem Wochentag geschlossene Läden zu sehen. Der Platz, der gewöhnlich von Knaben und Mädchen, allerlei Hausierern und Gassenjungen wimmelte, war so leer wie mitten in der Nacht.

Dann hörte er das Stampfen schwerer Schritte auf der Treppe und wußte augenblicks, daß sie zu ihm kamen, und daß sie mit schlechten Nachrichten kamen. Er zitterte und seine Lippen bewegten sich im Gebet, obwohl er wußte, daß es zu spät war, das abzuwehren, was sich bereits ereignet hatte. Einige Augenblicke lang war es still, und ihn durchfuhr der Gedanke, er könne sich geirrt haben. Dann kamen die Schläge gegen die Tür und der Tritt eines Stiefels; seine Beine gaben nach. Er glaubte, die Tür nicht erreichen zu können. Aber er öffnete und sah, was er erwartet hatte: vier Männer trugen einen Körper auf einer Bahre, einen toten Mann – Fulie. Ohne zu sprechen kamen sie herein, mit der Düsterkeit der Sargträger.

»Die Mörder haben ihn umgebracht«, schrie einer von ihnen. »Wohin sollen wir ihn absetzen?« fragte ein zweiter. Reb Mordechai Meir zeigte auf den Boden. Der Tote blutete. Auf dem Boden bildete sich eine Blutlache. Unter der Decke sah eine Hand hervor – eine leblose Hand, schlaff und bleich, die nichts mehr halten konnte, keine Gabe, keine Gunst, keine Verfassung ...

Reb Mordechai Meirs Leib schwoll an wie eine Trommel. »Großer Gott, ich will nicht mehr leben. Genug!« Er zürnte Gott, weil dieser ihm in seinem hohen Alter eine solche Strafe auferlegt hatte. Ihm wurde übel und er schleppte sich in den Waschraum, wo er würgte, als habe er den ganzen Tag lang gegessen und getrunken und nicht gefastet. Vor seinen Augen hüpften Flammen. Nie in seinem Leben hatte er vor Gott Klage geführt. Er murmelte: »Ich verdiene diese Heimsuchung nicht!« Und er wußte, daß es Gotteslästerung war.

Später am Abend klopfte es wieder an der Tür. Reb Mordechai Meir fragte sich angstvoll: »Wer kann das sein, noch eine Leiche?« Er saß neben Fulies Leichnam und rezitierte Psalmen. Als er die Tür öffnete, kam erst ein Polizist herein, ihm folgte ein Zivilist, dann kamen zwei weitere Polizisten und der Pförtner. Sie sagten etwas auf Russisch, aber Reb Mordechai Meir verstand ihre Sprache nicht. Er zeigte auf die Leiche, aber sie wendeten sich ab.

Die Durchsuchung begann. Schubladen wurden geöffnet, Papiere herumgeworfen. Aus dem Küchenschrank nahm der Zivilist den dicken Umschlag für Nechama Katz. Er öffnete ihn, zog einige Blatt Papier heraus, ein Notizbuch, eine Nickeluhr und anderes. Er las einen Teil des Briefes den anderen vor – auf Russisch. Einer von ihnen lächelte. Ein anderer starrte schweigend. Dann sagte er zu Reb Mordechai Meir in gebrochenem Jiddisch: »Großvater, komm.«

»Was? Wohin?«
»Komm.«
»Was wird mit der Leiche geschehen?«
»Komm, komm.«
Irgendwo fand der Pförtner Reb Mordechai Meirs Mantel. Reb Mordechai Meir wollte denjenigen, der die Befehle erteilte, fragen, warum man ihn verhaftete, aber er konnte weder Polnisch noch Russisch sprechen. Außerdem, was würde es nutzen, zu fragen? Der Zivilist nahm ihn beim einen Arm, der Polizist beim anderen, und sie führten ihn die dunkle Treppe hinunter. Der Pförtner riß Streichhölzer an. Er öffnete das Tor. Ein kleiner Wagen mit vergitterten Fenstern wartete draußen. Sie halfen Reb Mordechai Meir hinein und setzten ihn auf eine Bank. Einer der Polizisten setzte sich neben ihn. Langsam fuhr der Wagen an.
»Gut, ich stelle mir vor, daß ich zu meiner eigenen Beerdigung fahre«, sagte sich Reb Mordechai Meir. »Es wird doch keiner Kaddisch für mich sagen.«
Eine seltsame Ruhe kam über ihn und die völlige Ergebung, die ein so großes Unglück begleitet, daß man weiß, etwas Schlimmeres kann nicht mehr geschehen. Vorher, als sie Fulies Leiche brachten, hatte er in Gedanken aufbegehrt, aber jetzt bereute er seinen Groll. »Vater im Himmel, vergib mir.« Er dachte an das Wort aus dem Talmud: »Niemand wird für Worte bestraft, die in äußerster Verzweiflung gesprochen wurden.«
»Wie spät mag es sein?« überlegte er. Plötzlich fiel ihm ein, daß er weder sein Gebetstuch noch die Gebetsriemen mitgenommen hatte. Nun, auch dafür war es jetzt zu spät. Reb Mordechai Meir fing an, seine Sünden zu beichten: »Wir haben Vieles verschuldet; wir haben treulos gehandelt; wir haben zum Bösen geraten; wir haben gelogen und gespottet und uns gegen Dich aufgelehnt.« Er hob seine Hand und versuchte, eine Faust zu machen, um an seine Brust zu schlagen, aber seine Finger waren steif. Nun,

wahrscheinlich hat er schon für seine Sünden gebüßt, dachte Reb Mordechai Meir von Fulie. Seine Absichten sind gut gewesen. Er wollte den Armen helfen. Er bemitleidete die Hungrigen. Vielleicht bringt das seiner Seele Rettung? Im Himmel wird alles nach den Absichten beurteilt. War es möglich, daß seine Seele schon geläutert war?
Es war nicht üblich, Kaddisch zu sagen ohne ein Quorum von zehn Männern, oder für jemanden, der noch nicht beerdigt war, aber Reb Mordechai Meir wußte, ihm blieb wenig Zeit. Er murmelte das Gebet. Dann sprach er einen Abschnitt aus dem Talmud, den er auswendig konnte. »Von welcher Zeit ab liest man das ›Schema‹ am Abend? Von der Zeit an, da die Priester eintreten, um von ihrer Hebe zu essen bis zu Ende der ersten Nachtwache. Dies sind die Worte des Rabbi Elieser. Die Weisen sagen: Bis Mitternacht.«
»He, du, Jud, alter Hund, zu wem redest du da, zu deinem Gott?« fragte der Polizist. Irgendwie verstand Reb Mordechai Meir diese wenigen Worte. Was weiß er? Wie kann er verstehen? In seinen Gedanken verteidigte Reb Mordechai Meir den Polizisten. Da von Gott nichts Böses kommen kann, konnten die nach seinem Bilde Geschaffenen nicht völlig schlecht sein. Er sagte zu dem Polizisten: »Ja, ich Jude. Ich bete Gott.«
Das waren alle nichtjüdischen Worte, die Reb Mordechai Meir kannte.

## Nachbemerkung des Autors

Wie der Leser bemerkt haben wird, enthält diese Sammlung von Erzählungen ebenso viele Geschichten, die vom Leben in den Vereinigten Staaten handeln, wie solche, die im Vorkriegspolen spielen. Da ich jetzt länger in den Vereinigten Staaten lebe als ich je in Polen gelebt habe, habe ich auch hier Wurzeln geschlagen. Dennoch handeln meine amerikanischen Erzählungen nur von Jiddisch sprechenden Immigranten aus Polen, damit ich ganz sicher sein kann, daß ich nicht nur ihr jetziges Leben kenne, sondern auch ihre Wurzeln – ihre Kultur, ihre Geschichte, ihre Art zu denken und sich auszudrücken. Trotz diesen selbst auferlegten Begrenzungen glaube ich ein weites Feld und große Verantwortung zu haben. Einige dieser Menschen haben dazu beigetragen, Warschau und New York zu erbauen, und andere helfen jetzt noch beim Aufbau Tel Avivs mit. Sie haben inmitten fast aller sozialen Bewegungen unserer Zeit gelebt. Ihre Illusionen waren die Illusionen der Menschheit. Die Vandalen, die Millionen dieser Menschen ermordeten, haben einen Schatz von Individualitäten zerstört, den zurückzubringen keine Literatur auch nur wagen kann.
Die vierzehn Geschichten, die in der Zeitschrift »The New Yorker« erschienen sind und einige andere sind von Rachel Mackenzie und alle sind von Robert Giroux redigiert worden. Die meisten sind von mir gemeinsam mit meinen Übersetzern aus dem Jiddischen ins Englische übertragen worden. Da ich während der Übersetzung noch eine Reihe von Korrekturen und Veränderungen anbringe, glaube ich nicht zu übertreiben, wenn ich sage, daß Englisch meine »zweite Muttersprache« geworden ist, so paradox dies klingen mag.
Ich widme dieses Buch meinem verstorbenen Freund Maurice Winograd, Mitarbeiter an der in New York erschei-

nenden Tageszeitung »The Jewish Daily Forward«, einem begabten Dichter und originellen Erforscher des Übersinnlichen. Meinen Lektoren und Übersetzern bin ich zu Dank verpflichtet. Gott segne sie.

New York                                                                                    I. B. S.
9. Juli 1973

# Glossar

*Almemor* arab., wörtl. Kanzel; umgrenzter, erhöhter Bezirk in der Synagoge mit Pult zur Toravorlesung.

*Aschkenasim* hebr., die mittel- und osteuropäischen Juden, im Unterschied zu den spanischen Juden (Sefardim), die seit ihrer Vertreibung 1492 vor allem in den Mittelmeerländern leben.

*Asmodi* ein böser Geist, böser Dämon. (Buch Tobias 3,8) Im Talmud als »König der Dämonen« bezeichnet.

*Aw* hebr., der elfte Monat (Juli–August) im jüdischen Kalender.

*Baalschem* hebr., Abkürzung von Baal Schem Tow, der »Meister des (göttlichen) Namens« Israel ben Elieser Baalschem (1699–1760) war Begründer des Chassidismus.

*Baum des Lebens* neben dem Baum der Erkenntnis im Paradies erwähnt (Gen. 2,9).

*Ben Jehuda* Eliezer, (1858–1922), Schriftsteller, Lexikograph, Schöpfer des modernen Hebr.

*Beza* hebr., ein nach seinem Anfangswort benannter Traktat aus dem babylonischen Talmud. Er behandelt vorwiegend Probleme der Feiertage.

*Blintzes* dünne Pfannkuchen mit süßem Quark gefüllt, mit saurer Sahne übergossen.

*Chamsin* trockenheißer, aus dem Süden oder Südosten wehender Wüstenwind.

*Chanukka* hebr., wörtl. Einweihung. Achttägiges Lichterfest zur Erinnerung an die Wiedereinweihung (165 v. Chr.) des von den Griechen entweihten Tempels, nach deren Vertreibung durch Juda Makkabi.

*Chassidim* hebr., »Fromme«, die Anhänger einer jüd. religiösen Bewegung, die um 1740 von Israel Baal Schem Tow in der Ukraine und in Polen gegründet wurde und in Osteuropa weite Verbreitung fand. Die Chassidim betonen das Gefühl in der Religion, dem Gesetzesglauben gegenüber die Offenbarung in der Natur.

*Cheschwan* hebr., der zweite Monat im jüdischen Kalender (Oktober–November).

*Cordovero,* Moses (1522–1570), Rabbi. Der hervorragendste Kabbalist in Safed (Palästina) vor Isaak Luria.

*Dibbuk* hebr., wörtl. Anhaftung. Im jüd. Volksglauben ein Totengeist, der in den Körper eines Lebenden eintritt und bei den so Besessenen ein irrationales Verhalten bewirkt. Nur einem Wundertäter kann es gelingen, die »Dämonen« auszutreiben.

*Elieser ben Hyrkanos* Rabbi, einer der bedeutendsten Gesetzeslehrer nach der Zerstörung des Tempels.

*Elul* hebr., der zwölfte Monat im jüd. Kalender (August–September).

*Etrogbüchse* Behälter zur Aufbewahrung der Paradiesfrucht. Eine Zitrusfrucht und eine der vier Pflanzen, die in den für das Laubhüttenfest vorgeschriebenen Feststrauß gehören.
(Lev. 23, 40).

*Freud/Schmeud* eine in der jiddischen Umgangssprache gelegentlich pejorativ verwendete Redeweise, um etwas wegwerfend abzutun.

*Gebetsriemen* werden beim wochentäglichen Morgengebet am linken Arm, dem Herzen gegenüber, und an der Stirn angelegt; sie tragen Kapseln mit vier auf Pergamentstreifen geschriebenen Texten aus dem Pentateuch: Exodus 13, 2–10; Ex. 13, 11–16; Deut. 6, 4–9 (Glaubenbekenntnis); Deut. 11, 13–21.

*Gehenna* hebr.: Gehinnom = Tal der Söhne Hinnoms. Tal im Süden Jerusalems, wo dem Moloch Kinderopfer dargebracht wurden. (2. Kön. 23,10.) Metaphorisch: Stätte der Pein für die Bösen nach dem Tode.

*Gemara* hebr., wörtl. vervollständigte Erklärung, Erläuterung. Diskussion der babylonischen und palästinensischen Talmudisten über die »Mischna«, mit der zusammen die Gemara den Talmud bildet, die mündlich überlieferte Lehre.

*Golem* hebr., wörtl. ungestaltete Masse. Nach der jüd. Mystik (Kabbala) hat ein Mensch, der den geheimnisvollen Namen Gottes von 72 Buchstaben kennt, die Macht, einen Golem aus Lehm auf Zeit zu beleben und so einen künstlichen Menschen zu schaffen. Diese Gabe wurde seit dem 13. Jahrh. verschiedenen Rabbinern nachgesagt, so dem Hohen Rabbi Löw in Prag (1520–1609).

*Gur* (recte: *Gora Kalwaria*), jiddisch: Ger; polnisch: Kalwariga. Ort in der Umgebung von Warschau. Sitz einer »Dynastie« von chassidischen Rabbis.

*Hillel* Rabbi. Gelehrter, der das Haupt eines Lehrhauses um 30 v. Chr. in Jerusalem war. Vertreter einer milderen Gesetzespraxis.

*Jerobeam* Sohn des Nebat, der erste König (928–907 v. Chr.) im nachsalomonischen Israel.

*Jeschiwa* hebr., höhere Lehranstalt, Hochschule für das Studium des Talmud.

*Jom Kippur* hebr., Versöhnungstag, der höchste jüd. Feiertag, bildet den Abschluß der mit dem Neujahrsfest beginnenden 10 Bußtage. (Lev. 23, 27 ff).

*Juda (Jehuda) Halevi* Rabbi, (1083–1140) bedeutendster jüd. Dichter des Mittelalters und Religionsphilosoph. Verfasser der Dichtung »Zionide« und des »Kusari«, eines religionsphilosophischen Werkes, dessen Titel der Handlung entnommen ist, der Bekehrung des Königs von Kusar vom Islam zum Judentum.

*Kabbala* hebr., wörtlich »das Empfangene«, »Überlieferung«; die Lehre und die Schriften der mittelalterlichen jüd. Mystik ab ca. 1200. Sie beschäftigt sich besonders mit dem geheimen, mystischen Sinn des Alten Testaments und der talmudischen Religionsgesetze, mit Begriffs- und Zahlenkombinatorik, mit der geheimen Bedeutung und mystischen Kraft der verschiedenen Gottesnamen. Hauptwerk: das Buch ›Sohar‹.

*Kaddisch* aram., wörtlich »heilig«; Gebet mit Verkündung der Heiligkeit Gottes und der Erlösungshoffnung. Schlußteil des tägl. Gebets und Gebet bei der Bestattung und an Gedenktagen der Verstorbenen.

*Kaftan* arab., langer geknöpfter Oberrock der orthodoxen Juden.

*Ketev M'riri* hebr., böser Geist. (Hebr. Deut. 32, 24).

*Ketubba* hebr., wörtl. »das Geschriebene«. Ein Dokument, in dem bei der Eheschließung die finanziellen Verpflichtungen des Ehemanns seiner Frau gegenüber festgesetzt werden.

*Ketura* eine der Frauen Abrahams, nach dem Tode von Sara. (Gen. 25,1)

*Kischkes* jid., gefüllter Rindsdarm, gekocht oder gebraten.

*Knisches* jid., gefüllte »Mehlspeise«, salzig oder süß, bei der es sich um Nudel-, Hefe-, Strudel-, Kartoffel- oder Kuchenteig handeln kann.

*Kock* Städtchen im ehem. Russisch-Polen, in dem zu Beginn des 19. Jahrhunderts sich eine Richtung im Chassidismus entwickelte.

*Kol Nidre* hebr., wörtlich »alle Gelübde«, Anfangsworte des jüd. Gebets, das am Vorabend des Versöhnungstages (Jom Kippur) den Gottesdienst in der Synagoge einleitet.

*Komplex / Schmomplex* s. Freud/Schmeud

*Konstitution / Schmonstitution* s. Freud/Schmeud

*koscheres Essen* hebr., den jüdischen Speisegesetzen entsprechend.

*Krochmal, Nachman,* (1785–1840), Philosoph und Historiker. Einer der Wegbereiter für die »Wissenschaft des Judentums«. Führend in der Aufklärungsbewegung.

*Kräppelach* jid., Teigtaschen mit Fleisch gefüllt und in Wasser gekocht. An besonderen Feiertagen (Purim) als Suppeneinlage.

*Lag Baomer* hebr., der 33. Tag der Omer-Zählung, der die 49 Tage lange Omerzeit, während der Trauungen nicht vorgenommen werden, unterbricht.

*de Leon, Mosche,* Rabbi, (1240–1305), führender Kabbalist. Vgl. ›Sohar‹.

*»lernen«* jid., sich eifrig mit Talmudstudien beschäftigen.

*Litwak* Litauischer Jude.

*Luria, Isaak,* Rabbi, (1534–1572), bedeutender Kabbalist.

*Maimonides, Moses ben Maimon,* Rabbi, (1135–1204). Religionsphilosoph und Theologe. Neben der Kenntnis des religiösen Schrifttums umfassendes Wissen in Philosophie, Mathematik, Astronomie und Medizin. Leibarzt Saladins. Geistiges Oberhaupt seiner Glaubensgenossen. Verfasser grundlegender Werke.

*Masel tow* hebr., wörtl. Masal = Stern, Glück; tow = gut. Glückwunsch.

*Mendele Mocher Sforim* Pseud. von Schalom Jakob Abramowitsch, (1835–1917). Der »Großvater« (von Scholem Alejchem so genannt) der modernen hebr.-jiddischen Literatur.

*Midrasch* hebr., wörtlich »Schriftauslegung«. Vortrag im Anschluß an die Toravorlesung der alten Synagoge, sowie die daraus erwachsene Literatur.

*Mischna* hebr., wörtlich »Wiederholung«. Kern der mündlichen Lehre des Judentums, eines der beiden Teile des Talmud, ist ein Sammelwerk von Lehrsätzen und Ausführungsbestimmungen zum Pentateuch. Um 200 n. Chr.

*Mizwa* hebr., Gebot Gottes, religiöse Pflicht, gute Tat.

*Nachman, ben Simcha aus Braclaw*, (1771–1810), chassidischer Meister. Urenkel des Israel Baalschem.

*Neunzig / Schmeunzig* s. Freud/Schmeud

*Omerzählung* hebr., »Omer« = »Garbe«; ein Opfer, das vom 16. Tage des Monats Nissan (März–April) im Tempel während 49 Tagen dargebracht wurde. Diese Tage mußten gezählt werden und während dieser Periode durften keine Trauungen vorgenommen werden.

*Ouija-Brett*, herzförmiges Brett, auf dem bei spiritistischen Sitzungen das Medium die Mitteilungen niederschreibt.

*Pentateuch* griech., die fünf Bücher Moses: Genesis, Exodus, Leviticus, Numeri, Deuteronomion.

*Pessach* hebr., wörtlich »Vorüberschreiten, Verschonung«. Nationales Fest, wird zu Beginn des Frühjahrs zur Erinnerung an den Auszug der Kinder Israel aus Ägypten gefeiert. »Fest der ungesäuerten Brote«. »Sechs Tage sollst du Ungesäuertes essen und am siebenten Tag ist Festversammlung dem Ewigen deinem Gotte.« (Deut. 16,8).

*Quorum* lat., die Mindestzahl von 10 männlichen Juden, deren Anwesenheit und Beteiligung beim Gottesdienst oder bei Trauungen, Beschneidungen erforderlich ist. »Wenn zehn zusammen beten, so ist Gottes Gegenwart mit ihnen.« (Talmud)

*Radzyn* Ort in Russisch-Polen, Sitz einer chassidischen »Dynastie«.

*Sabatai Zevi (Zwi)* (1626–1676), jüd. Schwärmer. Gab sich für den auf Grund kabbalistischer Verheißung 1648 erwarteten Messias aus; trat später unter Zwang zum Islam über. Die von ihm ausgelöste Bewegung (Sabbatianismus) war trotzdem erfolgreich, hatte noch im 18. Jh. Anhänger und reichte bis in die Zeit der franz. Revolution.

*Sanhedrin* griech., Synhedrion = »Sitzung«. Jüd. Ältestenrat in Jerusalem bis 70 n. Chr. (Tempelzerstörung). 71 Mitglieder; Zuständigkeit: allgemeine und religiöse Gerichtsbarkeit.

*Schamai* Rabbi. Jüd. Schriftgelehrter, wirkte gleichzeitig mit Rabbi Hillel (s. ds.) in Jerusalem, vertrat die strenge Richtung der Gesetzesauslegung.

*Schaufäden* Fäden, die nach alttestamentarischer Vorschrift (Num. 15, 38–39; Deut. 22,12) an den vier Zipfeln des Gewandes in Quastenform angebracht werden sollen; von orthod. Juden noch heute befolgt.

*Schawuot* hebr., »Wochenfest«, Ernte- und Wallfahrtsfest, im Christentum als Pfingstfest gefeiert. »Und sollst feiern ein Fest der Woche dem Ewigen deinem Gotte, eine Darbringung deiner freiwilligen Gaben deiner Hand.« (Deut. 16,10).

*Scheidebrief* wesentlicher Teil des Aktes der jüdisch-rechtlichen Ehescheidung. (Deut. 24, 1 ff).

*»Scheitel«* Perücke. Ein alter jüd. Brauch schreibt vor, daß verheiratete Frauen aus Keuschheit ihr Kopfhaar vor fremden Männern bedecken.

*»Schema Israel«* hebr., »Höre, Israel, der Ewige ist unser Gott, der Ewige ist einzig«. (Deut. 6,4).
Gilt als Glaubensbekenntnis der Juden.

*Schiwe (Schiwa) sitzen* hebr., Trauerritus nach Todesfällen. Sieben (hebr. schiw'a) Trauertage nach der Bestattung. Sitzen auf niedrigen Schemeln und unbeschuht.

*Schläfenlocken* nach biblischer Vorschrift darf das Kopfhaar nicht rundherum abgeschnitten werden. (Lev. 19,27).

*Schlemihl* jid., Pechvogel, unbeholfener Mensch.

*Schofar* hebr., althebräisches Blasinstrument aus einem Widderhorn. Wird heute noch im Kult verwendet.

*Siloa, Die Wasser zu,* das Wasserbecken, in welches das Wasser der Quelle Gihon im Osten unterhalb Jerusalems durch zwei Kanäle geleitet wurde. (Neh. 3,15; Jes. 8,6)

*Simon ben Jochai* Rabbi, einer der führenden Schriftgelehrten um die Mitte des 2. Jahrh. n. Chr., zur Zeit des Aufstands gegen die Römer (Bar Kochba); mußte, zum Tode verurteilt, fliehen. Er gilt in der Überlieferung als Verfasser des ›Sohar‹ und nimmt in der Welt der Kabbala eine zentrale Stellung ein.

*Sohar* hebr., wörtlich »Lichtglanz«. Hauptwerk der Kabbala; entwickelt in der Form einer Erläuterung zum Pentateuch ein System kabbalistischer Gotteserkenntnis. Wurde wahrscheinlich von Moses de Leon (gest. 1305) in Spanien verfaßt, galt zuerst als Werk des Rabbi Simon ben Jochai.

*Talmud* hebr., wörtlich »Belehrung, Lehre, Studium«. Nächst der Bibel Hauptwerk des Judentums, eine Zusammenfassung der Lehren, Vorschriften und Überlieferungen der nachbiblischen Jahrhunderte (begonnen im 6. Jh. v. Chr., abgeschlossen im 5. Jh. n. Chr.)

*Tammus* hebr., der 10. Monat des jüd. Kalenders (Juni–Juli).

*Tisch'a b'Aw* hebr., der neunte Tag im Monat Aw, an dem im Jahre 70 der Tempel von den Römern erobert und zerstört wurde. Seither als Trauer- und Fasttag begangen.

*»Toledot des Jakob Joseph«* »Die Geschichte des J. J.« aus Polonnoje (Ukraine), 1780 erschienen, enthält, zum erstenmal schriftlich fixiert, eine theoretische Formulierung des Chassidismus.

*Tora* hebr., wörtl. »Lehre«, die Fünf Bücher Mose, der Pentateuch.

*Torazeiger* Zeiger, meist aus Silber, zum Deuten auf die Schrift des Toratextes bei der Toravorlesung, von einem neben dem Vorlesenden stehenden Gemeindemitglied zu dessen Unterstützung geführt.

*Tosephot* hebr., wörtl. »Ergänzungen«, enthält Ergänzungen und Erläuterungen zur Mischna (einer der beiden Teile des Talmud).

*Vital Chajim,* (1543–1620), Rabbi, Kabbalist, bedeutendster Schüler Isaak Lurias.

# Inhalt

*Isaac Bashevis Singer* wurde 1904 in Radzymin (Polen) geboren. Er wuchs in Warschau auf, erhielt die traditionelle jüdische Erziehung und besuchte ein Rabbinerseminar. Mit zweiundzwanzig Jahren begann er Gedichte zu schreiben, zunächst auf Hebräisch, dann auf Jiddisch. 1935 emigrierte er in die USA. Im Hanser Verlag sind neunzehn Bücher von ihm erschienen, darunter die Romane *Das Landgut* (1979), *Die Familie Moschkat* (1984) und *Meschugge* (1996). Im Jahr 1978 wurde ihm für sein Gesamtwerk der Nobelpreis für Literatur verliehen. Singer starb 1991 in Surfside, Florida.